천리 밖에서 나는 죽고 그대는 살아서

천리 밖에서 나는 죽고 그대는 살아서
추사 집안의 한글 편지와 가족사

정창권 지음

2020년 2월 20일 초판 1쇄 발행

펴낸이 한철희 | 펴낸곳 돌베개 | 등록 1979년 8월 25일 제406-2003-000018호
주소 (10881) 경기도 파주시 회동길 77-20 (문발동)
전화 (031) 955-5020 | 팩스 (031) 955-5050
홈페이지 www.dolbegae.co.kr | 전자우편 book@dolbegae.co.kr
페이스북 /dolbegae | 트위터 @Dolbegae79

주간 김수한 | 편집 이경아
표지디자인 민진기 | 본문디자인 이은정·이연경
마케팅 심찬식·고운성·한광재 | 제작·관리 윤국중·이수민·한누리
인쇄·제본 한영문화사

ISBN 978-89-7199-000-1 (03910)
이 도서의 국립중앙도서관 출판시도서목록(CIP)은 e-CIP 홈페이지
(http://www.nl.go.kr/ecip)에서 이용하실 수 있습니다.(CIP제어번호: CIP2020004278)

책값은 뒤표지에 있습니다.

천리 밖에서 나는 죽고 그대는 살아서

추사 집안의 한글 편지와 가족사

───

정창권 지음

돌베개

한글 편지로 보는 추사 집안의 5대 가족사 이야기

> 저번 가는 길에 보낸 편지는 보아 계시옵니까? 그 사이에
> 인편이 있었으나 편지를 못 보오니, 부끄러워 답장을 아
> 니하여 계시옵니까? 나는 마음이 매우 섭섭하옵니다.

이 글은 대구 감영에서 아버지를 모시던 추사 김정희가 서울 집에 있는 아내 예안이씨에게 보낸 편지의 서두 부분이다. 추사는 아내 예안이씨보다 두 살이 많을뿐더러 예안이씨가 둘째 부인임에도 불구하고 항상 극존칭으로 존경과 사랑을 표현했다. 이러한 점은 추사의 아버지 김노경도 마찬가지였다. 김노경은 아내 기계유씨에게 "사람이 오는데 편지를 적으시니 보고서 든든하고 반갑사오며, 수일간 기운은 어떠하시옵니까?"라고 항상 극존칭을 쓰곤 했다.

이들 부자가 살았던 18~19세기의 조선 사회는 완고한 가부장제 사회로, 남자는 존귀하며 여자는 천하다는 남존여비 사상이 극심했다는 것이 지금까지 알려진 상식이다. 그런데 이들 부자는 항상 극존칭으로 아내에게 존경을 표시한다. 도대체 왜 그랬을까? 단지 편지이기 때문에 예의를 차린 것일까?

이러한 의문이 필자가 처음 추사 집안의 한글 편지에 주목하고

현대어 번역과 본격적인 연구를 시작한 계기였다. 어찌 보면 아주 사소한 의문에서 출발했다고 하겠다. 이 책은 그러한 의문에 대한 해답을 찾아가는 길이다.

추사 집안의 한글 편지는 모두 85통이다. 이 편지들은 추사를 비롯하여 선대와 후대 등 5대의 가족이 주고받은 한글 편지라는 점에서, 18~19세기 가족의 생활과 문화, 언어, 의식 등을 생생하게 엿볼 수 있는 중요한 자료다. 여러 세대의 다양한 가족 구성원의 편지가 이렇게 한꺼번에 많이 남아 있는 경우는 추사 집안이 거의 유일하지 않을까 한다. 특히 추사 집안의 한글 편지에는 당시 여성의 역할과 의식뿐 아니라 남성의 집안일 참여 모습이 구체적으로 드러나 있다. 나아가 이들 편지에는 추사의 학문과 예술이 어떻게 형성되었고, 또 추사의 글과 그림, 글씨 등에서는 쉽게 찾아볼 수 없는 추사의 인간적인 면모가 어떠했는지 아주 잘 나타나 있다.

집안일은 여성이 주관하고, 남성은 바깥일에 전념할 뿐 집안일에는 일절 관여하지 않았을 거라는 기존의 생각이 추사 집안의 한글 편지를 보면 여지없이 깨진다. 당시 남성이 집안일에 얼마나 많이 신경을 쓰고 적극적으로 참여했는지 실증적으로 확인할 수 있는 자료다. 지금까지 우리가 알고 있던 가부장제는 표면적인 부분에 해당하는, 아니 어쩌면 허울뿐인 것이었는지도 모르겠다.

추사 집안의 한글 편지는 이처럼 여성사·가족사적으로 매우 중요한 자료임에도 불구하고 여전히 현대어로 번역이 이루어지지 못하고 있는 실정이다. 몇몇 연구자들이 논의를 진행하면서 일부 작품을 번역해서 수록하긴 했지만, 전체적인 현대역 작업은 아직까지도 이루어지지 않았다. 이에 한글 장편소설 연구로 박사 학위를 받은 필자가 여러 선학의 도움을 받아 전체 작품의 현대역과 연구를 시도한 결과물이 바로 이 책이다.

이 책은 특히 다음과 같은 선행 연구에 큰 도움을 받았다. 먼저 추사 집안 한글 편지의 원문 판독은 고(故) 김일근 선생의 업적도 중요하지만, 보다 직접적으로는 황문환·임치균·전경목·조정아·황은영 등 다섯 분 선생의 업적에 큰 도움을 받았다. 한글 편지는 소리글자에다 흘림체와 이어쓰기가 많기 때문에 오히려 한문 편지보다 판독하기가 어려운 편인데, 이들의 노고로 어느 정도 제 모습을 드러내게 되었다.

서지적인 부분은 이종덕 선생의 도움이 컸다. 그는 추사 집안 한글 편지의 발신자와 수신자, 등장인물, 내용 등을 그야말로 자세히 조사했을 뿐 아니라, 추사가 쓴 한글 편지에 대해서도 기존 판독문의 오류 수정, 편지 속에 등장하는 친인척들, 편지의 발신 시기 등을 꼼꼼히 조사해서 밝혀 놓았다. 이 책의 특성상 비록 각주는 달지 않았지만 추사 집안 한글 편지의 발신자와 수신자, 발신 시기, 등장인물, 주요 내용 등의 추정은 상당 부분 이종덕 선생의 연구 결과임을 미리 밝혀 둔다.

지금까지 편지를 다루는 책들은 대부분 원문 번역에 해설을 붙이는 아주 단순하고 무미건조한 형식을 띠고 있었다. 그래서 이 책에서는 스토리텔링적인 요소를 가미해 생동감 있고 흥미진진하게 추사 집안의 한글 편지를 보여 주고자 했다. 먼저 발신자 소개를 통해 캐릭터를 설정하고, 편지를 쓴 시기와 상황을 설명하여 작품 배경을 설정하며, 그에 대한 해설까지 덧붙임으로써 마치 한 편의 짧막한 이야기, 즉 일화나 콩트의 연속처럼 만들어 놓았다. 그래서 전체적으로 추사 집안의 5대 가족사 이야기가 장대한 파노라마처럼 펼쳐지도록 구성했다.

1부는 추사 집안 가족 구성원의 한글 편지를, 2부는 추사가 쓴 한글 편지를 다루었다. 그리고 '마치며'에서는 추사 집안 여성의 역할과 의식 및 남성의 집안일 참여 양상을 종합적으로 정리하여 추사 집안의 한글 편지가 갖는 역사적 의미를 명확히 밝혔다.

한편, 한글 편지의 현대어 번역은 원문을 따라가며 직역 위주로 하되 독자가 이해하기 쉽도록 약간의 수정을 더했다. 주로 고어를 현대어로 바꾸고, 주어나 목적어 및 서술어가 빠진 것들을 채워 넣었으며, 필요 이상의 존칭어는 생략했다. 또 편지마다 핵심어를 뽑아 필자 나름대로 제목을 붙였다. 만약 해석이 불가능한 경우는 억지로 번역하기보다는 '미상'이라 표시하고 그대로 두었다. 이는 전적으로 필자의 역량 부족 때문이다. 후속 연구자의 질정을 바란다.

이 책은 모두 다섯 차례의 번역 과정을 거쳤는데 초기 번역과 마지막 검토 작업에 도움을 주신 윤종선 선생님과 현장 답사에 도움을 주신 김난희 선생님, 친절한 안내뿐 아니라 갖가지 자료를 제공해 주신 추사박물관의 허홍범 학예연구사님, 제주의 추사 관련 연구에 도움을 주신 강성훈 회장님, 윤영일 사무처장님, 정창남 관장님께 다시 한 번 감사드린다. 또 2018년 여름 무더위를 피해 북한산 계곡에서 세 번째 번역 작업을 할 때 물심양면으로 지원해 준 아내에게도 감사드린다.

2020년 2월
태정(泰井) 정창권

차례

005   서문 **한글 편지로 보는 추사 집안의 5대 가족사 이야기**

015   시작하며 **특별하지만 평범한, 그리고 아름다운 집안**
15 왕가의 외손 · 17 열녀 화순옹주 · 20 손이 귀한 집안 · 21 명필 가문 · 23 여권 존중의 집안 분위기

1부
추사 집안의 한글 편지

27 살아있는 조선의 가족사·여성사

028   **증조모 화순옹주가 혜경궁 홍씨에게 받은 편지**
28 원손 남매는 잘 있사옵니다

031   **조모 해평윤씨의 편지**
조카 김노직에게 보낸 편지
32 자식을 낳아도 그 속을 모른다 · 37 화합하기를 최우선으로 하소

아들 김노경에게 보낸 편지

40 너희 장인은 풀려나게 되니 기쁘더라 · 43 거기 아이들도 조심하게 하여라 · 46 네 마음이 눈에 보이는 듯하다 · 48 네가 반찬이 없어 밥을 아니 먹는다더라 · 52 판관이 음식을 못 먹는다니

며느리 기계유씨에게 보낸 편지

56 관아가 비니 더욱 쓸쓸하다 · 58 담바고는 괴이하다 · 62 아랫방 붉은 함에 깨끼적삼이 들었으니 · 64 깨끼적삼은 이젠 부질없으니 보내지 말거라

손자며느리 평산신씨에게 보낸 편지

69 네가 매사에 애쓰는 거동이 애처롭다 · 72 하동 선주가 왔을 때 어찌 대접했는고

075 **외조모 한산이씨의 편지**

75 너마저 병이 날까 걱정된다 · 78 소고기는 양지머리로 조금 얻어 보낸다

082 **어머니 기계유씨의 편지**

82 버선을 아니 보내었기에 보내옵나이다 · 86 옷가지나 해 입고 가관을 하게 하면 좋을 듯 · 89 어르신네께서 날로 기운이 없사오며

093 **아버지 김노경의 편지**

장조모 광산김씨에게 보낸 편지

96 저번에 덧없이 다녀오니 섭섭하오이다

누님에게 보낸 편지

98 최희는 편지 한번을 아니하니 미워 죽겠사옵니다

어머니 해평윤씨에게 보낸 편지

101 지금 누님의 모양이 어떠하단 말이옵니까

아내 기계유씨에게 보낸 편지

104 이 편지 돌아오는 편에 옷을 내려보내시옵소서 · 107 행여 덧나게 해서는 큰일이 날 것이니 부디 조심하소서 · 109 다른 시골 의원에겐 부디부디 보이지 마옵소서 · 111 이 회편에 천담복을 부디부디 부디부디 보내옵소서 · 113 적삼과 속곳을 보내니 잘 받으시옵소서 · 114 옷의 발기는 써서 누구를 주었사옵니까

며느리들에게 보낸 편지

118 오늘 이후는 소식이 막히니 애연하다 · 121 꽉출도 무탈하다 하니 기특하다

123 김노경의 고금도 유배

125 여기는 서울과 달라 모구 할 게 변변히 없다 · 126 천리 밖에서 걱정을 시키면 어떻게 되겠니 · 128 여기는 북어가 아주 귀하다 · 130 의원은 없고 이런 답답한 일이 없다 · 133 창녕의 생일에 만두를 해서 먹었다 · 134 나는 잘 있으니 걱정마라 · 136 그도 사람인가 한다 · 138 올려 보내는 것은 다 수를 세어 받아라 · 140 내가 세상에 있기 차마 괴롭다 · 143 멀지 아니한 길이라도 어찌 다녀올꼬 · 144 소고기를 못 먹어 기운 없이 지내니 괴롭다 · 147 새해가 가까우니 설이나 태평히 쇠거라

150 김노경의 해배와 죽음

151 **막내 동생 김상희의 편지**

153 딱한 일이 많으니 민망하옵니다 · 156 편지 여러 장 쓰기 어려워 이만 그친다

159 **증손자 김관제의 편지**

159 각띠와 사모를 좀 보내 주시옵소서

2부
추사의 한글 편지

165 추사의 인간적인 면모 • 166 추사의 전반생

172 아내 예안이씨에게 보낸 편지

172 부끄러워 답장을 아니하여 계시옵니까 • 176 어느 날 영문에 도착했사옵니까 • 178 이런 낭패가 없사옵니다 • 181 오죽이나 꾸짖어 계시오리이까 • 182 부디 참외 같은 것 많이 잡수시게 하옵소서 • 184 본래 앓던 병이나 아닐는지 • 186 편지를 오랫동안 아니 보내오니 섭섭하옵니다 • 187 삭예돈은 꾸어 쓰고 어느 때에 갚으려 하시옵니까 • 190 내년엔들 옷을 못 해 입겠습니까 • 193 관아의 선물은 얼마나 많이 얻어가지고 오시옵니까 • 194 무명이 왔으나 다 못 쓸 거라 하옵니다 • 195 근친을 가서 노친네가 걱정이나 아니하옵니까 • 200 아무래도 집안일이 말이 아니 되옵니다 • 203 인마를 보내니 즉시 돌아오시옵소서 • 204 멀리서 오죽이나 심려가 초박하오리이까 • 206 당신은 가서 조문이나 하여 계시옵니까 • 208 이집의 편지는 다 거짓말이니 곧이듣지 마옵소서 • 212 청지기들에게 착실히 수직을 시키시옵소서 • 214 사랑방 지키는 일은 착실히 한다 하옵니까

218 추사의 제주도 유배

219 천리 바다를 하루 만에 쉬이 건너오니 • 223 침채를 얻어먹을 길이 없고 • 227 북어도 좋은 것으로 잘 부치게 하옵소서 • 228 약식과 인절미가 아깝사옵니다 • 231 이문의 상사 소식을 들으니 놀랍사옵니다 • 233 병이 나았다 하나 나으실 리가 있사옵니까 • 237 인절미는 모두 썩어 버렸사옵니다 • 240 서울에서 내려온 장은 소금꽃이 피었사옵니다 • 244 소금 맛이 과하여 쓴맛이 나고 단맛이 없사옵니다 • 247 오히려 분수에 넘치는 듯하옵니다 • 252 약재를 한데 넣어 고게 하옵소서 • 253 문호에 이런 경사가 어디 있겠사옵니까 • 256 여기를 어찌 가벼이 올까 보옵니까 • 259 한의를 이제야 보내옵니다 • 261 딸이 죽는 슬픔을 어찌 견디어 내옵는고 • 265 방은 옮기되 부엌은 아직 아니 되옵니다 • 267 당신도 쾌히 나으신 소식 주야로 기다리옵니다 • 270 간절한 심사를 갈수록 진정치 못하겠사옵니다 • 272 멀리서 초조한 마음을 형용하지 못하겠나이다

275 부인 예안이씨 애서문 · 277 도망시

279 **며느리 풍천임씨에게 보낸 편지**

279 소상을 예법대로 지내지 못하니 더욱 비통하다 · 280 이름을 천은이라
지어 보내니 그리 불러라

284 추사의 말년

289 마치며 **허울뿐인 조선의 가부장제**

289 자유롭고 당당한 여성의 삶 · 291 조선의 살림하는 남자들 · 294 조선
후기 남성의 집안일은 일상적이었다

296 추사 집안 가족 연보
298 참고문헌
301 찾아보기

일러두기

- 이 책에서 인용하는 한글 편지는 번역된 편지글 뒤에 번호가 매겨져 있다.
  — 1부 '추사 집안의 한글 편지'는 황문환·임치균 외, 『조선시대 한글편지 판독집』 2(역락, 2013)에서 부여한 번호를 따른다. [예: 추사가 언간 19]
  — 2부 '추사의 한글 편지'는 황문환·임치균 외, 『조선시대 한글편지 판독집』 3(역락, 2013)에서 부여한 번호를 따른다. [예: 추사 언간 15]

특별하지만 평범한, 그리고 아름다운 집안

왕가의 외손

추사 김정희 집안이라고 하면 나는 먼저 백송(白松)부터 떠오른다. 추사의 서울 집인 통의동 월성위궁 터에는 백송이 말라죽은 채 밑동만 남아 있고, 예산 시골집의 추사 고조부인 김흥경(金興慶, 1677~1750) 묘소 앞에는 백송이 아직도 의연히 잘 자라고 있기 때문이다. 월성위궁의 백송은 영조가 하사했다고 전해지며, 예산 시골집의 백송은 추사가 24세 때 아버지를 따라 청나라에 다녀오면서 가져다 심은 것이라고 한다. 이렇게 백송은 거의 추사 집안의 상징물처럼 되어 있고, 또 그의 집안은 왕가의 인척이자 청나라에 다녀올 정도로 대표적인 벌열 가문이었다.

원래 추사 집안은 충청도 서산의 대교리(일명 '한다리')에 터를 잡고 살았는데, 경주 김씨 중에서도 가장 문벌이 뛰어나 일명 '한다리 김문'이라 불렸다. 특히 추사의 고조부 김흥경은 영조 때 이조판서를 거쳐 우의정에 오르고, 곧이어 영의정에 오를 정도로 권신이었다.

게다가 김흥경이 우의정이었을 무렵 그의 넷째 아들 김한신

(金漢藎, 1720~1758)이 영조의 둘째 딸 화순옹주(和順翁主, 1720~1758)와 혼인하여 월성위(月城尉)에 봉해지면서 추사 가문은 더욱 번성했다. 영조는 사위 김한신에게 서울 통의동의 월성위궁을 하사했는데, 여기서 궁이란 궁궐을 나온 왕실 가족이 사는 집을 말했다. 그와 더불어 충남 예산군 신안면 용궁리 일대를 사전(私田)으로 하사했을 뿐 아니라 그곳에 53칸짜리 집을 짓도록 해주었다. 그리하여 추사 가문은 이때부터 서산에서 갈라져 나와 예산에 터를 잡고 살았다.

— **추사 고택 전경** 추사의 증조부 월성위 김한신이 세운 집. 충청남도 유형문화재 제43호(충남 예산군 신암면 추사고택로 261 소재)

열녀 화순옹주

추사의 증조부 월성위 김한신은 어려서부터 총명했으며, 키가 크고 용모가 준수했다고 한다. 특히 글씨를 잘 쓰고 나무나 돌, 옥 등에 인장을 새기는 전각 솜씨가 뛰어났다. 그는 영조의 부마가 되었지만 더욱 조심하고 겸손하여 많은 사람의 칭찬을 받았다.

부인 화순옹주는 영조의 둘째 딸이라고는 하나 장녀인 화억공주가 태어난 지 1년 만에 죽었기 때문에 사실상 장녀나 마찬가지였다. 그래서 영조는 늘 그녀를 가까이 두고 싶어했다.

화순옹주는 13세 때 동갑내기인 김한신에게 출가하여 금슬 좋게 지냈다. 그런데 김한신이 39세의 젊은 나이로 갑자기 병사하고 말았다. 화순옹주는 남편의 죽음에 지나치게 슬퍼하며 스스로 죽기를 결심하고 물 한 모금도 입에 대지 않았다. 영조가 직접 월성위궁까지 찾아가 음식을 들기를 권했으나 끝내 그 마음을 돌릴 수 없었다. 결국 그녀는 곡기를 끊은 지 14일 만에 세상을 떠나고 말았다. 이러한 화순옹주의 절행(節行)은 『영조실록』 34년(1758) 1월 17일조의 '화순옹주 졸기'에 잘 나타나 있다.

> 화순옹주가 졸(卒)하였다. 옹주는 바로 임금의 첫째 딸인데 효장세자의 누이동생이다. 월성위 김한신에게 시집가서 비로소 궁궐을 나갔는데, 부도(婦道)가 깊고 정숙함과 유순함을 겸비하였다. 평소에 검약을 숭상하여 복식에 화려하고 사치한 것을 쓰지 않았으며, 부마(김한신)와 더불어 서로 경계하고 힘써서 항상 깨끗하고 삼감으로써 몸가짐을 하시니, 사람들이 이르기를 '어진 부마와 착한 옹주가 아름다움을 짝할 만하다'고 하였다. 부마가 죽자 옹주가 그를 따라서 죽기를 결심하고 한 모금의 물도 입에 넣지 아니하였다. 임금이 이를 듣고 그 집에 친히 거둥하여 미음을 들라고 권하자, 옹주가 명령을 받들어 한번 마셨다가 곧 토하니, 임금이 그 뜻을 돌이킬 수 없음을 알고는 슬퍼하고 탄식하면서 돌아왔다. 그리하여 음식을 끊은 지 14일이 되어 마침내 스스로 목숨을 끊었다.

신하들은 화순옹주의 절행을 극찬하며 묘소 앞에 정려문을 세울 것을 주청했지만, 영조는 자식으로서 아비의 말을 듣지 않고 먼저 죽은 것은 불효라고 하면서 끝내 허락하지 않았다. 화순옹주의 정려문은 정조 때에 이르러서야 세워졌다. 정조는 화순옹주의 절

— 예산 화순옹주 홍문(정려문) 충청남도 유형문화재 제45호

행이 조선 왕실에서는 처음 있는 일이라고 극찬하며 충남 예산의
화순옹주 묘소 근처에 정려문을 세우도록 했다. 그 정려문은 아직
까지도 잘 보존되어 있다.

　　영조 이후의 왕들은 김한신의 후손이 과거에 급제하면 특별히
음악을 내리고 김한신 내외의 사우(祠宇: 사당祠堂)에 가서 제사
를 지내도록 해 주었다. 예컨대 영조 50년(1774) 김한신의 손자이
자 추사의 양아버지 김노영이 문과에 장원급제하자 풍악을 베풀어
주었고, 순조 5년(1805) 추사의 친아버지 김노경이 과거에 합격했
을 때도 김한신 내외의 사우에 제사를 지내도록 해 주었다. 나아가
순조 19년(1819)에 추사 김정희가 과거에 합격했을 때도 음악뿐
아니라 김한신 내외의 사우에 가서 제사를 지내도록 했으며, 고종
25년(1888) 추사의 손자 김한제가 과거에 합격했을 때도 역시 음
악을 내리고 그 사우에 가서 제사를 지내도록 해 주었다.

손이 귀한 집안

특이하게도 추사 집안은 손이 귀해 양자로 대를 잇곤 했다. 김한신이 39세의 젊은 나이에 후사도 없이 죽자, 영조가 김한신의 맏형 김한정의 셋째 아들 김이주를 양자로 들여 집안의 대를 잇도록 했다.

다행히 김이주는 김노영, 김노성, 김노명, 김노경 등 네 아들을 두었다. 하지만 장자 김노영이 다시 딸만 다섯을 낳고 아들이 없어서 넷째 동생 김노경의 장자 김정희를 양자로 들였다. 추사가 작은집에서 태어나 월성위궁의 종손이 된 이유는 바로 이 때문이었다. 그래서인지 추사는 평생 동안 집안의 제사나 부모 봉양, 가족 돌보기 등 가문 의식이 매우 강했다.

추사도 첫째 부인 한산이씨, 둘째 부인 예안이씨 사이에서 후사가 없었다. 그래서 제주도로 유배를 간 이듬해인 1841년에 예안이씨가 추사와 12촌간이 되는 김태희의 아들 김상무를 양자로 들였다.

그런데 김상무 역시 아들이 없어 추사의 종질 김상묵의 아들인 김한제를 양자로 들였고, 그러한 김한제조차도 아들이 없어 생가의 맏형 김유제의 아들 김기원을 양자로 들였다. 이렇게 추사 집안은 계속해서 양자로 대를 이었다.

추사 집안이 이토록 손이 귀한 이유는 과연 무엇이었을까? 풍수지리 전문가 정경연 교수의 의견에 따르면 기는 맥을 따라 전달되는데, 추사 고택의 맥은 집 뒤에 있는 용산에서 비롯된다고 한다. 그 용산에서 내려온 맥을 받아 추사 고택, 김흥경 묘, 김한신·화순옹주 묘, 김정희 묘가 자리 잡고 있다는 것이다. 그중 추사 고택의 맥은 사당을 거처 내려오는데, 안타깝게도 안채는 맥에서 벗어나 있고 사랑채로 이어졌다. 안채보다 사랑채의 터가 더 좋다는 얘기다. 당연히 이런 집안에서는 대를 잇기가 힘들다. 만약 추사 고택을 지을 때 지금의 사랑채 자리에 안채를 세웠더라면 후손이 계속 끊기는 화를 피할 수 있었을 것이라고 한다.

명필 가문

추사 집안은 대대로 글씨를 잘 쓰는 집안이었다. 증조부 김한신을 비롯해서 조부모 김이주와 해평윤씨, 부모 김노경과 기계유씨 등이 모두 '명필' 소리를 들을 만한 필재를 갖고 있었다.

김한신은 〈숙빈최씨시책문〉, 즉 영조의 어머니 숙빈최씨의 시호를 올리면서 그녀의 덕행을 칭송하는 글을 쓰기도 했다. 추사의 조부 김이주도 20세의 나이에 이미 글씨로 명성을 떨쳤다. 그는 대표적으로 〈월성위행장〉과 〈월성위 김한신 묘비명〉을 남겼다. 조모 해평윤씨의 한글 편지 13통이 현재 전하는데, 추사 집안의 한글 서풍은 바로 해평윤씨로부터 비롯되었음을 알 수 있다.

나아가 추사의 아버지 김노경은 청나라 최고의 서예가 등전밀(鄧傳密, 1795~1870. 자字는 수지守之, 호는 소백少白)이 선친의 비문을 그에게 부탁할 정도로 글씨에 뛰어났다. 그래서 〈신라경순왕전비〉, 〈신의왕후탄강구비〉, 《추사진적》(4부자 서첩) 등 많은 작품을 썼다. 한글 편지도 현재까지 무려 23통이나 남아 있는데, 한문 서체뿐 아니라 한글 서체에서도 추사에게 많은 영향을 주었다.

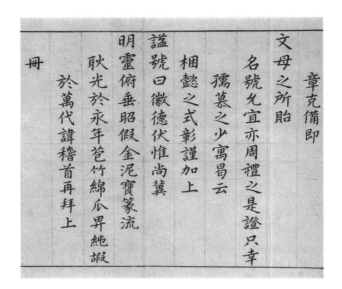

章克備即

文母之所貽

名號允宜亦周禮之是證只幸

孺慕之少寓昌云

諡號之式彰謹加上

諡號曰徽德伏惟尚冀

明靈俯垂昭假金泥寶篆流

梱懿

耿光於永年苞竹綿瓜昇純嘏

冊

於萬代諱稽首再拜上

— [위] **영조의 어머니인 숙빈최씨에게 시호를 올리는 글**
김한신, <숙빈최씨시책문>(淑嬪崔氏諡冊文), 1756년, 종이에 먹, 24.5×128cm, 보물 제547-2호
제주민속자연사박물관 소장

— [아래] **추사의 조부 김이주가 쓴 월성위 김한신의 일대기**
김이주, <선부군가장>(先府君家狀), 1760년, 종이에 먹, 총 24면 35.2×24.5cm, 보물 제547-2호
제주민속자연사박물관 소장

서예미학자 심현섭 교수의 지적처럼 지금까지 우리는 너무 추사에만 집중하여 그의 아버지 김노경을 제대로 평가하지 못했던 듯하다. 하지만 추사의 30대 초반까지의 학문과 예술에 가장 큰 영향을 끼친 사람은 바로 아버지 김노경이었다.

추사의 어머니 기계유씨도 남편 김노경에게 보낸 3통의 한글 편지를 남겼는데, 유려하고 역동적이며 빠른 필체를 구사하는, 그야말로 한글 명필이었다.

추사 김정희의 뛰어난 한문 및 한글 글씨는 이러한 명필 가문의 전통을 이어받아 형성된 것이라 하겠다.

여권 존중의 집안 분위기

추사 집안의 여성은 지금껏 주목을 받지 못했다. 하지만 할머니 해평윤씨, 어머니 기계유씨, 아내 예안이씨 등 여성들의 역할과 위상이 매우 컸고, 아버지 김노경과 아들 김정희는 아내를 매우 존중하고 집안 살림에도 적극적으로 참여했다. 그래서인지 추사 집안 사람들은 당시 어느 집안보다도 부부애가 돈독한 편이었다. 한마디로 추사 집안은 조선 시대의 대표적인 여권 존중 집안이었던 셈이다.

추사 집안의 여권 존중은 우선 한글 편지의 전통에서부터 확인할 수 있다. 조선 후기엔 왕은 물론 양반 사대부까지 거의 대부분 한글을 읽고 쓸 줄 알았는데, 그 이유는 일반 백성의 경우 한문보다 한글에 더 친숙했고, 특히 아내나 딸, 며느리 등 여성과 소통하기 위해선 반드시 한글을 알아야 했기 때문이다. 조선 후기 사람들의 의사소통에서 한글은 이미 한문과는 비교가 안 되는 상용문자였다. 추사 집안의 남성들도 집안의 여성들과 소통하기 위해 대대로 한글 편지를 쓰곤 했다.

추사 집안의 여성들은 자의식이 강한 편이었다. 앞으로 자세히 살펴보겠지만 조모 해평윤씨는 추사 집안의 가장으로서 집안의 대소사를 주도면밀하게 처리했다. 어머니 기계유씨와 아내 예안이씨도 추사 집안의 안주인으로서 집안일을 잘 관리했다. 심지어 예안이씨는 제주도로 유배를 간 남편의 뒷바라지뿐 아니라 집안 단속도 잘 해냈다.

김노경과 추사 모두 집안의 후사와 살림을 위해 첩과 서자녀를 두었지만, 그들을 차별하지 않고 한 가족으로 대우하고 사랑했다는 점도 특기할 만하다.

추사 집안의 한글 편지

살아 있는 조선의 가족사·여성사

현재까지 발굴된 추사 집안의 한글 편지는 추사 집안 사람들이 쓴 한글 편지 45통과 추사가 쓴 한글 편지 40통 등 모두 85통이다.

먼저 추사 집안의 한글 편지 45통은 추사의 증조모 화순옹주가 혜경궁 홍씨에게 받은 편지 1통을 비롯해서 조모 해평윤씨의 편지 13통, 외조모 한산이씨의 편지 2통, 어머니 기계유씨의 편지 3통, 아버지 김노경의 편지 23통, 막내 동생 김상희의 편지 2통, 서종손(庶從孫) 김관제의 편지 1통이다. 이들 편지 중 개인이 소장한 3통을 제외한 나머지 42통은 고(故) 김일근 교수가 소장하고 있었는데, 현재는 국립중앙박물관에서 구입하여 소장하고 있다.

추사 집안의 한글 편지는 다양한 세대의 가족 구성원 사이에 주고받은 편지라는 점에서 18~19세기 가족의 생활과 문화, 의식 등을 생생하게 엿볼 수 있는 아주 중요한 가족사 자료다. 특히 여성의 참여가 두드러졌다는 점에서 여성사적으로도 매우 중요하다. 한마디로 추사 집안의 한글 편지는 살아 있는 조선의 가족사이자 여성사라 할 수 있다.

증조모 화순옹주가
혜경궁 홍씨에게 받은 편지

추사의 증조모 화순옹주(1720~1758)는 영조의 딸로, 13세 때 월성위 김한신에게 출가했다. 당시 여성들처럼 그녀도 일생동안 많은 편지를 주고받았겠지만, 현재까지 남아 있는 것은 35~38세 무렵에 그 유명한 사도세자의 비인 혜경궁 홍씨(1735~1815)로부터 받은 편지 1통뿐이다. 비록 짧은 편지고 남에게서 받은 편지긴 하지만 조선 시대 왕실의 시누이-올케 간의 관계를 생생하게 파악할 수 있는 중요한 편지다. 그와 함께 사도세자의 비인 혜경궁 홍씨의 인간적인 면모도 알 수 있는 귀중한 자료다.

원손 남매는 잘 있사옵니다

화순옹주는 사도세자의 이복 누나였으므로, 혜경궁 홍씨와는 시누이-올케 관계였다. 두 사람은 사이가 꽤 좋았고, 특히 화순옹주는 자주 궁궐에 들어가 혜경궁 홍씨와 만났던 듯하다. 한번은 화순옹주가 궁궐에 들어갔다가 나온 지 한 달이 지나서야 안부 편지를 보냈는데, 혜경궁 홍씨는 그동안 애타게 소식을 기다렸던 듯 다음

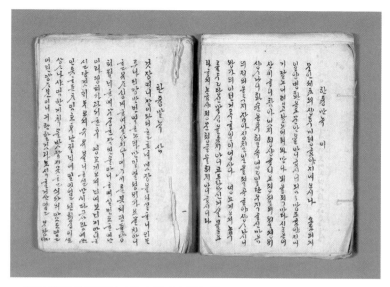

— 혜경궁 홍씨가 쓴 『한중만록』 6책 혜경궁 홍씨, 『한중만록』, 31.4×21.9cm, 국립중앙박물관 소장

과 같이 반갑게 답장을 보냈다. 이 편지는 추사 집안의 한글 편지 가운데 가장 이른 시기의 것으로, 정조의 누이 청연공주가 태어난 1754년 이후부터 화순옹주가 사망하기 직전인 1757년 사이에 쓴 것으로 추정된다.

> 가을 기운이 고르지 못한데 기후(기체)는 평안하신지 문 안을 알고자 바라옵니다. 오래 봉서(편지)도 못 하고 궁 에서 나가신 지도 달포(한 달) 되오니 아득히 그리워하옵 더니, 편지를 적으시니 받아 보고 직접 뵌 듯 든든하고 못 내 반가워하오며, 원손 남매(정조와 청연공주)는 잘 있사

옵나이다.

빈궁(혜경궁) 추사가 연간 1

혜경궁 홍씨는 우선 화순옹주의 안부부터 정중하게 묻고 있다. 그러고는 궁에서 나간 지 한 달이 되어 매우 그리웠는데, 편지를 받고서 직접 뵌 듯 매우 든든하고 반갑다고 한다. 두 사람이 평소 얼마나 친분이 두터웠는지 알 수 있는 대목이다. 그와 함께 정조와 청연공주 원손 남매도 잘 있다고 안부를 전해 주는데, 슬하에 자식이 없던 화순옹주는 평소 원손 남매에 대한 사랑이 남달랐던 듯하다. 시누이-올케 사이의 편지라기보다는 마치 자매간의 편지라는 느낌이 들 정도로 애틋하다.

조모 해평윤씨의 편지

추사의 할머니 해평윤씨(1729~1796)는 대사헌을 지낸 윤득화의 딸이다. 윤득화는 시력이 매우 좋아 100보 밖의 사물을 보았다고 하며, 글씨를 잘 쓰기로 유명했다. 해평윤씨는 14세 때 김이주(1730~1797)와 혼인하여 김노영, 김노성, 김노명, 김노경과 두 딸 등 4남 2녀를 낳고, 1796년 68세의 나이로 남편 김이주보다 한 해 먼저 세상을 떠났다.

해평윤씨는 자주 큰아들 김노영의 부임지에 따라가 살곤 했는데, 현재 남아 있는 그녀의 한글 편지 13통도 거의 대부분 김노영의 부임지에서 서울 집으로 부친 것으로 각종 집안일을 처리하는 내용이 담겼다. 아들과 며느리, 손자며느리 등에게 편지를 써서 자식 돌보기, 집안 행사 등 대소사를 처리하곤 했다.

해평윤씨의 편지는 수신인이 여럿이므로 조카 김노직, 넷째 아들 김노경과 며느리 기계유씨, 손자며느리 평산신씨 등 수신자별 그리고 시간 순서별로 나누어 차례대로 살펴보자.

조카 김노직에게
보낸 편지

자식을 낳아도 그 속을 모른다

해평윤씨는 30세에 시부모인 김한신과 화순옹주를 거의 동시에 잃고서 월성위궁의 안주인이 되었다. 이후 그녀는 남편 김이주가 있음에도 집안일을 거의 대부분 주관했다. 그녀는 겸손하면서도 온화하게 집안을 단속했다.

그런데 불행하게도 해평윤씨는 47세 때 셋째 아들 김노명 (1756~1775)을 잃고 말았다. 당시 김노명은 불과 20세의 젊은 나이였다. 가족 모두 슬픔에 휩싸였고, 장례 기간 내내 신경이 곤두서 있었다.

하루는 조카 김노직(1737~1778)이 조문하러 왔다. 그는 김한신의 첫째 형님인 김한정의 큰손자로, 다시 말해 경주 김씨 가문의 장손이었다. 김노직은 해평윤씨의 둘째 아들인 김노성(1754~1794)이 게으르게 생활하는 것을 보고 엄하게 꾸짖었다. '매번 늦게 자고 자기 모친 숙식도 살피지 않는다'고 야단쳤던 듯하다. 이에 김노성도 지지 않고 '불순한 말과 못된 행동'으로 대들었다. 아마도 동생 김노명의 죽음으로 신경이 예민해져 있을 때 사촌형 김노직이 크게 꾸짖자, 김노성이 갑자기 끓어오르는 화를 참지 못하고 심하게 대들었던 듯하다. 게다가 김노성은 어머니인 해평윤씨에게서 사촌형 김노직이 평소 행실에 문제가 있다는 얘기를 들었다고 당사자에게 말한 듯하다. 결국, 해평윤씨는 자신의 말실수 때문에 난처한 입장이 되고 말았다.

집으로 돌아간 김노직은 이 모든 일을 편지로 써서 해평윤씨에게 보냈다. 아들 김노성의 무례한 행동에다 자신의 말실수까지 겹쳤으니, 해평윤씨는 무척 난감했을 것이다. 김노직보다 나이가 상당히 많음에도 불구하고 해평윤씨는 최대한 자세를 낮추고 진정으로 사과하는 편지를 써서 보냈다. 당시 해평윤씨는 47세, 김노직은 39세, 김노성은 22세였다.

이 편지는 해평윤씨의 셋째 아들 김노명의 장례 기간 중인 1775년경에 쓰인 것으로 추정된다. 가족 간의 분쟁이 워낙 심하게 벌어지고 있는 와중에 쓴 편지라서 그런지, 말에 두서가 없어 정확한 내용 파악이 어려운 부분도 있음을 미리 알려 둔다.

> 의외의 편지를 보고 사연을 보니 하도 이상스럽고 망측하니, 속담에 '비록 자식을 낳으나 그 속을 모른다' 함을 오늘에야 깨닫네. 자네의 인사와 도리가 밝은 줄을 늘 탄복하다가 홀연히 내가 실성하지 않고서야 자네에 관한 그런 맹랑한 말을 자식에게 하였겠나. 자식들에게 늘 경계하기를 '여기저기서 들리는 소문을 주의하라'고 말했건만, 제(아들)가 거기에 가서 그리 말할 줄 알았던들 내가 저더러 그런 경계를 하였겠나.
>
> 내 반평생 밝기로 자부하더니 오히려 친자식의 위인 됨을 몰랐으니 그 불민함을 한탄할 뿐 아니라, 자네도 젊지 않은 나이에 우리와의 관계를 소중히 하여 사촌이라도 사람

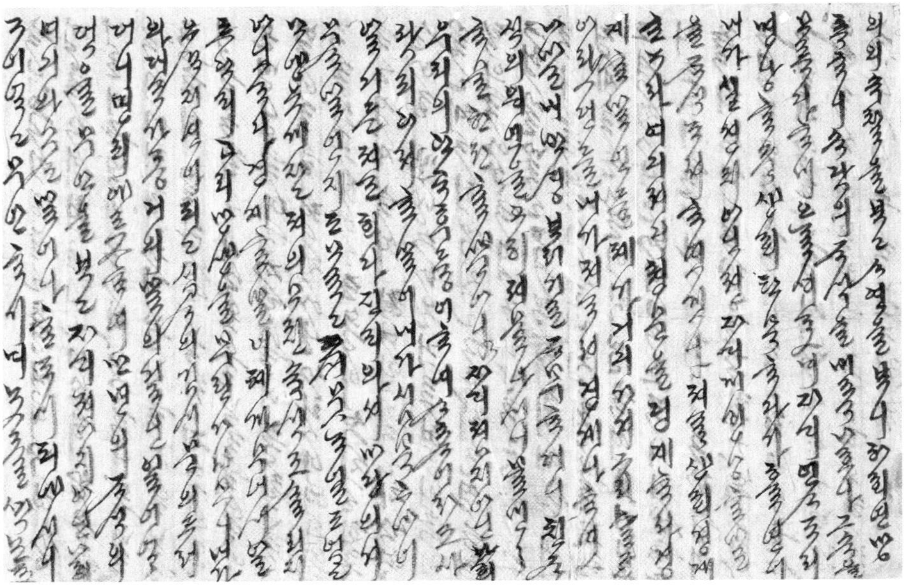

— 추사가 언간 2, 국립중앙박물관 소장

이 되라고 한 말을 내가 마음속으로 고맙게 알거든, 저는 해가 다 진 뒤에 와서 마당에서 무슨 말인지도 모르고, 다시 묻는 일도 없고, 매번 늦게 자고 자기 모친 숙식도 살피지 않는다고 경계한 말을 저에게 무엇이 아프건대 그리 망상을 부렸는가 싶네.

내가 50살이 되고, 14살에 김씨 가문에 들어와 대소가 등에 거의 말에 걸린 일이 없더니, 운명이 야릇하여 말년에 자식의 덕으로 이런 무안을 당하고, 자네도 젊지 않은 나이에 여기 와서 무슨 말이나 한 듯이 되었으니 무안하기가 끝이 없고 내 낯을 깎은 듯하네. 분한 마음이 뛰놀고 가슴이 막혀 상인(喪人: 큰아들 김노영으로 추정)을 매우 쳐서 내보내고 싶되 상복 중이요 내 근력이 모자라 그리 못하니 용렬하기가 그지없네.

자네의 분한 마음을 보는 듯하되 말의 발단은 분명 저주의 과격한 소리이니 이것은 내 마음을 모르는 일이요, 명인(둘째 아들 김노성으로 추정)에게는 자네가 불러 꾸짖을 일이로되 젊지 않은 사람이 여기 있고, 남도 부끄럽고, 조용히 꾸짖어 의혹을 풀고 경계하여 액을 막으며, 지각없는 아이의 망령된 짓을 혐의 두지 말고, 자세히 꾸짖고 가르쳐야 할 영유댁은 아니하였노라 하니, 자네도 그런 말 말고 덮어 잊어버리고 조용히 불러 진정으로 꾸짖게나. 경계하는 나도 이리 분하여 내 일도 점잖지 않고 자네 일도 남이 의심하면 괴이한 사람이 되니 요란하여 쓸데없네.

속에서 불이 나서 사연도 어찌하지 못하고 썼으니, 한

3~4일 지난 후에 한번 만나 보길 바라네. 아이의 소견이
이러한 줄을 오히려 몰랐으니 스스로 부끄러워…….

추사가 언간 2

해평윤씨는 조카 김노직의 편지를 보고서야 비로소 집안에서
일어난 사건을 알게 되었다고 한다. 그러고는 먼저 김노성이 했다
는 말, 즉 김노직이 평소 행실이 좋지 않다는 말을 설마 자신이 했
겠느냐며 애써 변명한다.

이후 해평윤씨는 어떻게든 김노직의 마음을 풀어 주고자 노력
한다. 그가 김노성의 게으름을 꾸짖은 것은 사람이 되라고 한 말이
었는데, 철없는 아들이 무례한 행동을 저질렀다는 것이다. 해평윤
씨는 이 모두가 자식을 잘못 가르친 자신의 탓이며, 자신도 분한
마음이 들어 자식들을 매우 쳐서 내쫓고 싶었다고 한다. 비록 사촌
조카지만 자신을 최대한 낮추고 먼저 진심으로 사과하고 있다.

사실 김노직이 아무리 집안의 장손일지라도 동생을 잃은 슬픔
에 신경이 곤두서 있는 자기 자식을 꾸짖는다면, 그 어떤 부모라도
좋게 받아들이지 못할 것이다. 그럼에도 해평윤씨는 아들을 잃은
절망적인 상황에서도 이성을 잃지 않고 먼저 자신을 낮추고 진심
어린 사과를 하고 있다.

끝으로 해평윤씨는 김노직에게 무례한 행동을 한 김노성을 조
용히 불러 꾸짖고 의혹을 풀도록 부탁한다. 여기서 '자세히 꾸짖고
가르쳐야 할 사람'인 영유댁은 김노성의 유모로 추정된다. 그와 함
께 해평윤씨는 며칠 후 화가 풀리면 한번 만나고 싶다고 말한다.

화합하기를 최우선으로 하소

김노직은 과연 해평윤씨의 부탁대로 김노성에게 먼저 편지를 보내 잘못을 깨닫게 해 주었다. 그리고 다시 해평윤씨에게 편지를 보내 이 사실을 알려 주었다. 그러자 해평윤씨도 이렇게 답장을 써서 김노성의 잘못을 거듭 사과하며 용서를 빌었다.

> 생각하던 중 글월(편지)을 보니 든든하네. 내가 반평생 겪은 풍상이 남에게 지지 않으나, 일평생 근신하기를 바라고, 아이들을 경계하여 괴이한 사람이나 되지 말기를 원했는데, 명인(둘째 아들 김노성으로 추정)의 못된 행동과 어리석고 불충한 언사로 자네에게 불손하고 어미에게 누가 되니 날이 갈수록 분하고 원통하네. 친자식의 소견이라도 헤아릴 길이 없으니 분한 마음 중 자세히 따져 묻지도 못하고, 이 마음으로는 내가 다시 저를 대면하여 서로 말을 주고받는 일이 없을 것이니, 큰아이(김노영)더러 말의 출처가 어떻게 나와서 된 것인지 알아오라 하니, 그 아이도 부끄럽고 분하여 갈 마음이 없다 하네.
> 늘 자네를 친자질과 같이 귀중히 여기다가 내 자식으로 인해 이런 무안한 일을 당할 줄 꿈에나 꾸었겠나. 본래 마음을 오래 썩이고 화가 난 사람이 어찌나 분한지 과연 병이 더해 이리 고생하니 아들의 효를 보았네. 자네가 편지한 것을 보고 뉘우치되, 그렇지 않고 만일 흐리고 눅은 사람이라면 그 기별을 아니하면 내가 어찌 알며, 저를 꺾어

질러 다시는 그런 생각을 하지 못하게 하였겠나.

자네가 먼저 기별한 것은 과연 잘한 일이었네. 그러나 제 (아들)가 '불순'(不順) 두 자에 있어서는 잘못 듣고 요망을 떨었으나, 어떻게 하였는지 어느 사이에 자네 귀에 과장되게 들어가게 한 것은 온 집안에 말이 많아 알 만하니, 옛 사람의 '인'(忍) 자를 최우선으로 하고, 자네가 집안의 장손이라 너그럽게 용서하여 혐의 두지 말고 조용히 보고 꾸짖고 가르쳐서 화합하기를 최우선으로 하소. 제 본심이 어질지 못함은 아니로되 이번 일은 내 운명인 듯싶네. 가슴속의 깊은 말을 익숙지 않은 붓으로 펼 길이 없고 조금 진정한 후에 만나고자 한 말이니, 자네의 뜻도 응당 그러하리니 천천히 쉬이 만나세. 화증이 끓고 내 심장이 요동하여 진정치 못하더니, 자네 수찰(편지)을 보니 자네가 고치려는 마음에 감탄하나 아이의 어리석고 미련한 지각을 알 길이 없어 이 심정을 풀 길이 없네.

추사가 언간 3

해평윤씨는 자식을 잘못 가르쳐서 김노성이 김노직에게 무례한 행동을 하게 했다면서 거듭 사과한다. 그와 함께 자신이 김노직을 비난했다는 말의 출처를 알아내고자 했으나 큰아들이 말을 듣지 않아 그럴 수 없었다고 한다. 그녀는 김노직의 마음을 풀어 주고자 끝까지 최선을 다했다.

한편, 해평윤씨는 김노직이 먼저 김노성에게 기별한 것은 아주 잘한 일이었다고 칭찬한다. 그와 함께 집안의 장손으로서 김노성의 무례와 자신의 말실수를 너그럽게 용서하고 가문이 화합하기를 최우선으로 해달라고 부탁한다. 또 앞의 편지에서처럼 화가 조금 진정된 후에 꼭 만나자고 한다.

이렇게 해평윤씨는 비록 김노직이 자신보다 어렸지만 자신을 최대한 낮추고서 진심으로 사과하고 용서를 빌었다. 이러한 해평윤씨의 편지를 받은 김노직의 마음은 과연 어떠했을까? 그 진정성에 화가 조금은 풀리지 않았을까? 이것이 바로 월성위궁의 가장 해평윤씨의 가문 관리법이었다.

아들 김노경에게
보낸 편지

조선 후기 양반가의 여성들은 평생 동안 바깥출입을 자제하고 집 안에서만 지낸 것처럼 생각하곤 한다. 하지만 양반가의 여성도 남편이나 아들이 지방관에 임명되면 가족들을 데리고 부임지로 따라가 함께 생활하곤 했다. 요즘 지자체의 단체장처럼 조선 시대에도 지방관은 가족을 데리고 가서 공무의 편의를 도모할 수 있도록 했기 때문이다. 또 그렇게 하면 부족한 살림에 입을 하나라도 덜 수 있었다. 특히 해평윤씨는 남편 김이주보다는 큰아들 김노영의 부임지로 자주 따라가 생활하곤 했다. 그녀는 주로 딸, 손자, 손녀를 데리고 가서 살았다. 그녀가 집을 비운 대신 서울 집에 있는 아들이나 며느리, 손자며느리 등에게 끊임없이 편지를 보내 서로 소통하고 가문을 관리했다. 먼저, 해평윤씨가 아들 김노경에게 보낸 편지부터 차근차근 살펴보자.

너희 장인은 풀려나게 되니 기쁘더라

해평윤씨의 큰아들 김노영은 1791년 9월에 황해북도 수안 군수에 임명되었다. 또 1793년 2월에는 황해북도 개성부 유수가 되었다가, 그해 11월 25일에 풍속 교화를 잘못했다 하여 파직되었다.

　　1791년, 당시 해평윤씨는 63세였는데 큰아들 김노영의 부임지인 수안에 따라가 살았다. 그러면서 자주 서울 집에 있는 넷째 아들 김노경 내외에게 편지를 보내 집안을 관리했다.

한번은 김노경이 수안으로 어머니 해평윤씨를 뵈러 왔다가 갑작스레 사정이 생겨 급히 서울로 올라갔던 모양이다. 그는 상경하자마자 곧바로 어머니께 도착 편지를 보냈는데, 해평윤씨도 편지를 받은 그날로 즉시 답장을 써서 보냈다.

> 영(넷째 아들 김노경)의 답서
> 어제 어두운 후 돌아온 인편의 글씨(편지)를 보고 든든하고 반갑되 급히 가서 계속 평안하냐? 그리 가니 섭섭하고 그립다. 여기는 금천(딸로 추정)이 감기로 앓으니 안타깝고, 수안(큰아들 김노영)도 오늘 편지를 보니 비를 맞고 가서 앓는다 하였느니 딱하고 걱정스럽기 끝이 없다.
> 나는 침을 맞지 않는다. 너희 장인(유준주)은 풀려나게 되니 기쁘더라. 너희 댁(김노경의 처 기계유씨)은 어제 창동(친정집. 현 마포구 창전동)에 가서 수일 사이에 돌아온다더냐? 사연이 번거로워 그치며, 그 사이에 평안히 지내다가 쉬이 오게 하거라.
>   즉일(편지 받는 날) 모(어머니) 추사가 언간 4

영은 김노경의 관직명인 영(令)으로 추정된다. 김노경은 26세인 1791년에 경기도 화성에 있는 사도세자의 묘인 현륭원(顯隆園)의 영(종5품)이 되었다. 정조는 즉위년(1776)에 아버지 사도세자가 묻힌 경기도 양주군 비봉을 '영우원'(永祐園)으로 고치고, 이

— **융릉 전경** 사도세자의 무덤으로, 정조 때 현륭원으로 불렸다가 고종 36년(1899)에 융릉(隆陵)이 되었다. 혜경궁 홍씨(경의왕후)와의 합장묘다. ⓒ 양영훈

후 13년(1789)에 묘를 경기도 화성으로 옮기고 '현륭원'으로 고친 뒤 그곳에 영과 참봉을 두었다. 한편 김노경은 왕가의 인척이어서인지 먼저 음서로 관직에 나가 벼슬살이를 하다가, 이후 40세인 1805년 과거에 합격하여 현달한 관직에 오르기 시작했다.

해평윤씨는 먼저 김노경에게 급히 서울로 올라가니 섭섭하고 그립다고 한다. 또 큰아들 김노영도 비를 맞고 상경하여 앓는다는 편지를 받았다면서 몹시 걱정한다. 그러고는 김노경의 장인 유준주(兪駿柱, 1746~1793)의 해배를 축하해 주는데, 유준주는 정조 15년(1791) 7월 호조낭관으로 근무하면서 종묘를 수리하다가 문제를 일으켜 금고형을 받은 적이 있었다. 해평윤씨는 친정에 근친을 간 며느리가 며칠 내에 집으로 돌아오는지 묻는다. 아무래도 해평윤씨는 자신뿐만 아니라 며느리마저 집을 비우게 되어 집안일이

못내 걱정되었던 듯하다.

　해평윤씨는 이렇게 비록 집밖에 나와 있으면서도 항상 자식들에게 편지를 보내 가문을 관리했다. 특히 그녀는 자기 집안뿐 아니라 사돈댁까지 챙기곤 했다. 당시 사람들이 생각한 가족의 범위가 매우 넓었음을 알 수 있다.

거기 아이들도 조심하게 하여라

1792년 여름, 해평윤씨는 여전히 큰아들의 부임지에서 머물고 있었다. 이번에도 김노경은 어머니를 뵈러 왔다가 큰형님 김노영과 함께 서울 집으로 돌아갔다. 그런데 김노경이 도착 편지를 보내면서 무더위에 돌아가다가 그만 더위를 먹고 말았다고 말했다. 자식 사랑이 대단한 해평윤씨는 1792년 6월 10일 곧바로 답장을 써서 보냈는데, 자식들의 건강을 한없이 염려하는 해평윤씨의 모습이 잘 나타나 있다.

　　첨정(넷째 아들 김노경) 답서
　　더위에 떠나갔는데 어찌 갔는고? 염려가 끝이 없더니, 돌아온 인편의 글씨(편지) 보고 무사히 들어갔는가 싶으니 매우 반갑고 기쁘나, 더위로 병을 앓는다 하였으니 염려가 끝이 없다. 어린것들은 잘 있다 하니 기쁘나, 명희 모(며느리, 김노경의 처 기계유씨)는 요새 감기를 앓는다 하니 가뜩이나 힘든 기운에 오죽하랴. 놀랍고 염려가 끝이 없다.

여기도 대단한 일은 없으나 괴이한 감기로 정인(손자)도 심하게 앓고 최아(손녀)도 심하게 앓더니 수일 째에는 조금 나아지는 듯한데 완전히 낫지 못하고, 경인(손자로 추정)도 어제부터 심하게 앓으니 거기 아이들도 조심하게 하여라.

장단(고을 이름)의 편지는 보내니, 보고서 홍주부집(홍최영에게 출가한 둘째 딸의 집으로 추정)도 보게 보내어라. 장단의 웃음거리가 된 일 기괴하고 우습다. 판관(둘째 아들 김노성)은 어제 내려갔느냐? 아직도 병이 채 낫지 못했는데 내려가서 어떨고? 염려가 끝이 없다. 육경(큰아들 김노영)은 서울에 올라가서 어디에 있는고? 섭섭한 마음을 잊지 못한데 차마 글씨 쓰는 일이 어려워 따로 편지 못하니 섭섭한 마음 전하고, 아침저녁으로 저를 더 생각하는 줄 어찌 알리오. 사연이 번거로워 이만 그치며 내내 평안하고 판관, 환관도 태평한 기별을 듣기 바란다.

6월 10일 모 추사가 언간 5

첨정은 조선 시대 돈녕부, 봉상시 등에 소속된 종4품의 관직으로, 당시 김노경의 벼슬 이름으로 추정된다. 김노경은 1792년 2월 첨정에 임명되었다.

해평윤씨는 우선 집으로 돌아가다 더위를 먹었다는 김노경을 염려하는 한편 감기로 고생한다는 며느리 기계유씨의 건강도 매우 염려한다. 특히 기계유씨의 감기 소식에 대해 "가뜩이나 힘든 기운에 오죽하랴. 놀랍고 염려가 끝이 없다"고 표현하고 있는데, 해평윤씨의 며느리 사랑을 느낄 수 있다. 그와 함께 해평윤씨가 데리고 있는 손자, 손녀들도 감기를 심하게 앓는다고 하면서, 서울 집의 아이들도 행여나 감기에 걸리지 않도록 조심시키라고 당부한다. 이해엔 괴이한 여름 감기가 전국적으로 유행했던 듯하다. 여기서 정인과 최아는 민상섭에게 출가한 첫째 딸의 자식들로 추정된다. 해평윤씨에겐 두 명의 딸이 있는데, 첫째 딸은 민상섭에게 출가했고, 둘째 딸은 홍최영에게 출가했다. 경인은 또 다른 손자로 추정되는데 정확히 누구인지 알 수 없다.

판관은 여러 관서의 종5품 벼슬 이름인데, 수원 판관을 지내고 이후 1794년에 사망한 둘째 아들 김노성이 아닐까 추정된다. 여기에서도 그는 병을 계속 앓고 있는 것으로 등장한다. 환관은 누구를 가리키는지 알 수 없다. 또 육경은 원래 이조, 호조, 예조, 병조, 형조, 공조 등 육조의 판서를 말하는데, 여기서는 큰아들 김노영을 가리키는 듯하다. 김노영은 1788년 형조참판(육조의 종2품 벼슬, 판서의 다음)에 오른 바 있다. 당시 수안 군수로 있던 김노영은 잠시 볼 일이 있어 김노경과 함께 서울에 올라갔던 듯하다. 해평윤씨는 큰아들 김노영을 무척 좋아했던 듯 그의 부임지를 자주 따라다녔을 뿐 아니라, 여기에서도 "아침저녁으로 저를 더 생각하는 줄 어찌 알리오"라고 밤낮으로 그를 잊지 못한다고 하고 있다. 옛사람은 자식이 장성하면 이름 대신 첨정, 판관, 육경 등 벼슬 이름으로 부르곤 했는데, 이 때문에 옛 편지를 분석할 때 주변 사실들을 충분히 조사하지 않으면 그러한 관직명들이 도대체 누구를 지칭하는지 파악하기 어려울 때가 많다.

해평윤씨는 비록 떨어져 지내면서도 항상 자식들의 건강을 걱정하며 살았다. 여기에서도 몇 줄 되지 않는 짤막한 편지 속에 모든 가족의 건강을 염려하며 한없이 걱정하고 있다.

네 마음이 눈에 보이는 듯하다

김노경은 자주 큰형님의 부임지인 황해북도 수안에 머물고 있는 어머니 해평윤씨를 찾아뵙곤 했다. 1792년에도 또다시 어머니를 찾아가 뵈었는데, 갑자기 그에게 새로운 벼슬이 제수되었다는 연락을 받고 급히 서울로 돌아갔다.

그런데 서울로 돌아간 김노경은 무슨 바쁜 일이 많았는지 어머니께 잘 도착했다는 안부 편지도 보내지 못했다. 이에 소식이 궁금한 해평윤씨가 먼저 김노경에게 편지를 보낸다.

> 그리(한양)로 올라간 후 기별을 모르니 어제 어느 때 들어갔는고? 기별도 모르니 답답하고 염려스러운 마음이 끝이 없다. 그리 가서 오늘 임금께 나아가 인사하고 창동(처가)까지 다녀왔느냐? 그리 가서 보니 병든 장인(김노경의 장인 유준주)의 거동과 정경들이 오죽하랴. 네 마음이 눈에 보이는 듯하다. 너희 댁(기계유씨)은 어찌 지내며, 병이나 아니 났느냐? 주야로 염려가 끝이 없다.
> 옆집에 염병(장티푸스)하는 것들이 다 들었다 하니, 양반이 양식 한 되도 못 주니 저희도 나갈 길이 없고 거기 모

여 있는가 싶으니 불쌍하기는 하지만 궁궐 가까이에 저희를 두지는 못 할 것이니 부디 가서 내어보내고, 동네에도 수상한 것이 있는지 잘 살펴 임장(任掌: 동리에서 호적 및 공공사무를 맡아보던 사람)을 불러내어 내쫓게 하여라. 김 선달[1]이 돌아오거든 내 약을 만들던 질화로에 남은 것을 어디에 두었는지 물어보아 환약을 또 만들어 보내어라. 사연이 번거로워 이만 그치고, 내내 평안하여라.

16일 모 추사가 언간 6

해평윤씨는 우선 김노경에게 상경하자마자 임금께 나아가 감사 인사를 하고 처가에까지 다녀왔는지 묻는다. 당시 처가에선 장인 유준주가 목숨이 위급한 상태에 놓여 있었고, 그에 따라 김노경의 아내 기계유씨도 근친을 가서 병간호를 하고 있었던 듯하다. 실제로 유준주는 이듬해인 1793년 4월 12일에 세상을 떠났다. 해평윤씨는 지금 그러한 장인을 대하는 아들의 마음을 헤아리며 매우 걱정하고 있다. 특히 "네 마음이 눈에 보이는 듯하다"라는 구절은 자식을 생각하는 그녀의 안타까운 심정을 보여 준다. 물론 해평윤씨는 며느리에 대해서도 혹시 병이나 나지 않았는지 물으며 끝없이 염려하고 있다.

그러고 나서 해평윤씨는 가장으로서 집안 단속을 시키는데, 집 주변에 몰려들어 구걸하는 염병 환자들을 내쫓을 뿐 아니라 동네

---

1   선달은 원래 문무과에 급제하고 아직 벼슬하지 않은 사람이나, 여기서는 의원으로 추정된다.

에 있는 염병 환자들도 임장을 시켜 내쫓게 하라고 지시한다. 이것을 단순히 해평윤씨의 인심이 야박하다고 생각해서는 안 된다. 오늘날과 달리 조선 시대엔 전염병을 치료할 수 있는 유일한 방법이 전염병에 걸린 사람을 외딴 곳에 격리시키는 것이었기 때문이다.

그밖에 64세인 해평윤씨가 잦은 질병에 시달려서인지 의원 김선달을 시켜 환약을 또다시 만들어 보내달라고 하고 있다.

네가 반찬이 없어 밥을 아니 먹는다더라

1793년 2월, 김노영은 개성부 유수에 제수되었다. 해평윤씨 역시 이전처럼 자식과 손자들을 데리고 개성부에 가서 머물렀다. 1793년 여름, 이번에도 김노경은 어머니께 편지로 가족들의 안부와 함께 처갓집의 상사(喪事) 소식을 알렸다. 이에 해평윤씨는 답장을 보내면서 집안 단속을 하였다.

> 첩정(넷째 아들 김노경) 답서
> 어제 범산(노비)이 오거늘 글씨(편지) 보고 매우 반갑고, 더위에 무사하고 어린것들도 잘 지낸다 하니 기특하고 기쁘다. 창동(김노경의 처가)에서는 어제 상사(장인 유준주의 사망)를 지내고 나니 갈수록 얼마나 망극하고 가슴 아파하랴. 눈에 보는 듯 생각되며, 요새 상인(유준주의 아들 유계환으로 추정)의 병은 어떠하니?
> 여기도 모두 평안들 하니 기쁘고, 정희(추사 김정희)도

잘 있으나 글을 차마 읽기 싫어하니 답답하다. 나는 오늘 제사를 당하니 어버이 생각이 끝이 없고, 너희 형제도 처음으로 내 곁을 떠나 지내고, 민집(첫째 딸 민상섭의 처. 민씨가에 출가하여 민집이라 함) 형제를 생각하니 더욱 심사를 진정치 못하겠다. 유수(큰아들 김노영)는 한양에 올라가니 든든하리라 일컫고 지낸다.

너희 댁(며느리 기계유씨)도 없고, 소문을 들으니 안동댁(김노경의 소실)이 제 집에 가서 돈을 빌려 썼는가 하니 저런 가엾은 일이 어디 있겠느냐. 지금은 유수도 가고 판관(둘째 아들 김노성)도 이미 올라왔을 것이니 돈이 아니 쓰일까 싶으랴. 어떻게든 변통하여 주거라.

저번은 안동댁 편지에 네가 반찬이 없어 밥을 아니 먹는다고 하여 황송하다 하였기에 웃었다. 사연이 남았으나 조금 아파서 네 형에게도 편지 못 하고 그친다. 내내 잘들 있거라.

20일 모 추사가 언간 7

우선 첨정은 앞에서처럼 당시 김노경의 벼슬 이름이었다. 창동의 상사는 김노경의 장인 유준주의 장례를 가리키는 듯하다. 유준주는 1793년 4월 12일에 사망했다. 또 상인(喪人)은 부모의 거상 중에 있는 사람으로, 유준주의 아들 유계환을 말하는 듯하다. 다시 말해 해평윤씨는 아들의 처가인 사돈댁의 처지까지 생각하며 가슴 아파하고 있는 것이다.

그리고 나서 해평윤씨는 자신의 소식을 전해 주는데, 데리고

있는 손자 김정희가 잘 지내고 있으나 글을 읽기 싫어하여 답답하다고 한다. 이때 추사는 여덟 살 어린아이로, 아무리 천재적인 인물일지라도 어린 시절에 놀기 좋아하는 건 누구나 마찬가지였던 듯하다. 그리고 바로 이 무렵에 추사는 큰아버지 김노영의 양자로 들어가 월성위궁의 종손이 되었다. 그래서 아마 해평윤씨가 추사를 데리고 있는 게 아닐까 한다. 나아가 해평윤씨는 오늘 제사를 당하니 어버이 생각이 간절하며, 아들과 딸 모두 곁에 없으니 마음이 몹시 심란하다고 말한다.

그런 다음 편지의 끝부분에서 해평윤씨는 안동댁에 대해 꽤 길게 얘기한다. 며느리 기계유씨가 친정에 가고 없어 안동댁이 대신 살림을 주관하고 있는데, 생활비가 없어 자기 집에서 빚을 얻어 썼다는 것이다. 해평윤씨는 그런 가엾은 일이 어디 있느냐고 하면서, 아들 김노경에게 어떻게든 갚아 주라고 한다. 또 안동댁은 해평윤씨에게 편지를 보내 김노경이 반찬 투정을 하며 밥을 먹지 않았다고 일러바친 듯하다.

안동댁은 과연 누구일까? 금방 눈치 챌 수 있듯이 그녀는 바로 김노경의 소실, 즉 첩이었다. 그렇기 때문에 해평윤씨는 기계유씨와 안동댁, 즉 김노경의 처와 첩을 거의 매번 함께 언급하고 있는 것이다. 평소 해평윤씨는 며느리 기계유씨뿐 아니라 첩인 안동댁도 무척 아끼고 사랑했다. 그래서인지 훗날 추사도 서모 안동댁과 두 서누이들을 아주 깍듯이 대접했다.

당시 안동댁은 월성위궁 근처에 살면서 가끔씩 집안에 들어와 살림을 해 주었고, 해평윤씨에게 한글 편지를 쓸 정도의 교양을 갖추고 있었던 듯하다.

판관이 음식을 못 먹는다니

김노경은 틈나는 대로 어머니 해평윤씨에게 편지를 보내 집안 소식을 전해 주었다. 앞의 편지를 보낸 지 얼마 되지 않은 시기에 그는 또다시 여러 가지 집안 문제들을 알려 주었는데, 해평윤씨는 언제나처럼 몹시 걱정하며 그것들을 어떻게 처리할지 차근차근 일러 주었다. 다만 이 편지는 앞의 편지들에 비해 무슨 말인지 이해하기 힘든 부분이 많은 편이다. 편지는 발신자와 수신자만의 사적인 얘기이므로, 제3자가 보기엔 도대체 무슨 말을 하는지 모를 때가 많다.

글씨(편지) 보고 친히 보는 듯 매우 반갑고 더위에 평안하다니 다행 다행이나, 어린것(손자)이 복학(학질, 말라리아)으로 많이 앓는다 하니 오죽이나 갑갑하고 애를 쓰랴. 놀랍고 염려가 끝이 없다. 침이나 맞히느냐? 판관(둘째 아들 김노성)은 음식을 못 먹는다고 하였으니 어찌하여 그러한고? 갑갑하고 근심과 걱정이 끝이 없다. 여기는 모두 무사하니 기쁘다.

고장의 일은 조모지인이요 병도 너무 괴이하니 끝내 염려하여 올려 보내자 하되 혼자 보내지 못하고 결정을 내리지 못하다가 뜻밖에 그 고약한 거동을 보니 놀랍고 참담한데, 80살에 객사(客死)를 하고 갈 것 같으면 한 가지도 못 쓰니 그런 몹쓸 팔자가 어디에 있으리. 네 형(둘째 아들 김노성)이 가뜩이나 병이 많은데 딴 걱정이 되니 그런 무안한 일이 어디 있으리.

— 조선 시대에
비단으로 만든 수젓집

육경(큰아들 김노영)은 온다 해서 날마다 기다리더니 내
일이나 떠난다고 하니, 이달에 끝내 버리면 좋을 것을 애
달프다. 돈 두 냥만 주면 올 것이니 네가라도 차려 줄 것
아니냐? 무슨 큰일이라고 여러 날을 그냥 둘까 싶으니, 날
이 어두워지면 구석구석 생각나고 업혀 나가던 모양이 눈
에 밟혀 가뜩이나 정신이 다 빠졌다.

판관댁(둘째 아들 김노성의 아내) 편지에 서울에서는 수
젓집을 살 길이 없어 하더니, 네가 말하기를 여기서 붉은
비단 두 개를 사서 신을 짓는 걸 보니 곱더라고 하며 수젓
집 감을 여기서 사서 보내라고 하였는데, 나는 여기 온 후
가죽신을 본 일도 없는데 보지도 않고서 말을 어떻게 했
겠느냐? 마음을 정하지 못하고 질질 끌며 이틀을 두고 나
를 잡아들이니(미상) 그 비단이야 이 집(둘째 아들 김노
성) 딸의 혼인에나 쓰지 무엇에다 쓰리. 그러니 여기 믿지
말고 서울 선전(線塵)에 고운 장단(비단)이나 금견(비단)

이나 사서 쓰라고 하거라. 네가 혼자서 그저께 보채던 일
로 다시금 웃는다. 사연이 번거로워 그치며, 내내 무사하
기를 바란다.

20일 모 _{추사가 언간 13}

해평윤씨는 먼저 김노경의 자식 중 누군가가 학질을 앓고 있다
고 하자 몹시 걱정하며 침이라도 맞혀 보라고 한다. 당시에는 학질
치료법으로 침도 쓰였음을 알 수 있다. 그와 함께 둘째 아들 김노
성이 이젠 음식조차 먹지 못할 정도로 아프다고 하니, 해평윤씨는
한없이 걱정하며 어찌할 바를 모른다.

사실 김노성은 해평윤씨의 자식들 가운데 가장 평탄치 않은 삶
을 살았던 듯하다. 앞선 편지글에서는 22세이던 1775년 동생 김노
명의 장례 기간 중에 사촌형 김노직과 부딪치며 한바탕 집안을 소
란스럽게 했고, 39세인 1792년엔 원인을 알 수 없는 병을 계속 앓
으며 어머니를 걱정스럽게 했다. 결국 김노성은 1794년 2월 20일
에 41세의 나이로 먼저 세상을 떠나고 만다.

둘째 단락은 현재로선 정확히 무슨 말인지 이해하기 힘들다.
아마도 해평윤씨가 부리던 노비 중 80세 된 노인이 고약한 병에 걸
려 객지에서 죽은 것을 두고 안타까워하는 내용인 듯하다.

셋째 단락의 육경은 앞에서처럼 큰아들 김노영을 말하는데, 가
지고 가야 할 돈 두 냥이 없어 부임지인 개성부로 돌아오지 못하고
여태 서울에 머물러 있었던 듯하다. 그래서 해평윤씨가 김노경에
게 서둘러 그 돈을 마련해 주라고 한바탕 야단치고 있다. 워낙 물
자가 부족한 시대이니 아무리 벌열 가문 출신의 관료라 해도 돈 두

낭이 없을 때도 있었던 것이다. 또 김노영은 당시 개성부 유수로 재직 중이지만 의외로 자주 서울을 왕래했음을 알 수 있다.

마지막으로 둘째 아들 김노성의 병세가 깊어지자 그의 아내가 딸의 혼사를 서둘렀던 듯하다. 그래서 며느리가 시어머니에게 혼수품 중 수젓집을 만들 붉은 비단을 구해서 보내달라고 했는데, 해평윤씨는 그런 비단은 본 적도 없다면서 서울에서 대강 구해서 쓰라고 한다. 또 말을 잘못 전한 김노경도 살짝 꾸짖고 있다.

이와 같이 해평윤씨는 큰아들 김노영의 부임지에 따라가 살면서도 끊임없이 넷째 아들 김노경에게 편지를 보내 집안을 단속했다. 주로 가족들을 돌보거나 혼인, 제사와 같은 집안 행사를 처리하곤 했다.

며느리 기계유씨에게 보낸 편지

관아가 비니 더욱 쓸쓸하다

현대에도 고부 관계는 그리 가까운 편이 못 된다. 특히 고부가 서로 편지를 주고받으며 마음을 나누기란 쉽지 않은 일이다. 요즘으로 치면 SNS로 소통하거나 휴대폰 문자 보내기와 비교할 수 있겠다. 그러나 해평윤씨는 며느리나 손자며느리와 자주 편지를 주고받으며 매우 가깝게 지냈다.

앞의 김노경과 마찬가지로 그의 아내 기계유씨도 여전히 개성부에 머물고 있는 시어머니 해평윤씨에게 자주 편지를 보내 집안 소식을 전하곤 했다. 그때마다 해평윤씨는 답장을 써서 자식 돌보기와 살림살이 같은 집안 단속을 시키곤 했다. 1793년 6월 9일에도 해평윤씨는 며느리의 편지에 답장을 보내며 자식들의 건강을 염려하는 한편 자신의 안부를 전했다.

당시 해평윤씨의 나이는 65세이고, 며느리 기계유씨는 27세로 무려 40년 가까이 나이 차이가 있지만, 이들은 서로의 안부를 물으며 돈독한 관계를 유지했다.

이 편지는 말미에 '모'(어머니)라고 하여 아들 김노경에게 보낸 것처럼 되어 있으나, 내용상 며느리 기계유씨에게 보낸 것으로 봐야 할 듯하다. 어쩌면 그녀는 이 편지를 아들과 며느리가 함께 읽는다는 것을 염두에 둘 뿐 아니라 아들과 며느리를 똑같은 자식으로 간주하고 '모'(어머니)라고 표현하지 않았을까 한다.

사람이 오거늘 글씨(편지) 보고 이전에 없던 혹심한 더위에도 무사한 안부를 알고 매우 반갑기 그지없으나, 유수(큰아들 김노영)가 머리를 심하게 앓는다 하니 더위로 그런가 싶다. 더위로 길에서 고생하는 일이 애처롭고 걱정하는 마음이 끝이 없다. 요 며칠 사이는 어떠하니? 첨정(넷째 아들 김노경)은 무사하고 어린것의 병은 어떠하니? 여기도 겨우 무사들 하나 불볕더위가 심하니 사람들의 더위 타는 것은 일상사가 되고 곡식은 말이 아니 되는가 하니 염려가 끝이 없다. 걱정이 가득한데 관아가 비니 더욱 쓸쓸하고, 떠나갈 날이 가까웠는데 아무리 예방(禮房: 지방 관아에 속한 육방 가운데 예전禮典에 관한 일을 맡아보던 부서)이 있다 해도 유수(큰아들 김노영)가 올라간 후 충실한 하인이 심부름하는 일이 별로 없고, 어제 저녁 정인(손자. 큰딸 민집의 아들)이가 윤집(손녀. 큰아들 김노영의 셋째 딸로 윤경성에게 출가함)의 시아주버니와 길청(관아에서 구실아치가 일을 보던 곳)에 묵었기에 나가 보려 했는데 사령이 하나도 없고 초롱도 없어 걱정하는데 하물며 나를 어찌 차려 간다는 말이니? 아마도 이 더위에 가마 속에서 숨이 걸려 넘어갈까 싶으니, 다시 날을 택해 갈 수밖에 할 일이 없다.
윤득(노비)은 내려오며 사랑채(아들)의 편지 아니 맡아 온 일 용렬하고 절통하고 괘씸하다. 사연이 번거로워 그

치며 내내 무사하기 바란다. 수원 판관(둘째 아들 김노
성)의 병은 어떠하니? 걱정이 끝이 없다.

1793년 6월 9일 모 _{추사가 언간 8}

예나 지금이나 여름에 더위로 고생하는 것은 마찬가지인 듯하
다. 1793년 여름에도 무더위가 극심했던 듯 큰아들 김노영이 서울
에 올라가다가 더위를 먹어 머리가 아프다고 하고, 김노경의 자식
들도 더위에 병이 들었던 모양이다. 해평윤씨는 먼저 그런 자식들
의 건강을 매우 걱정하고 있다.

그러고 나서 해평윤씨는 큰아들이 자리를 비우니 관아가 더욱
쓸쓸하게 느껴질 뿐 아니라, 집으로 돌아가는 날이 가까워지자 충
실하게 심부름하는 하인이 별로 없다고 하소연한다. 바로 뒤에서
보겠지만 이때 해평윤씨는 둘째 아들 김노성의 딸인 손녀 경희의
혼례식을 보기 위해 집으로 돌아갈 준비를 하고 있었다.

끝으로 해평윤씨는 심부름꾼이 내려올 때 사랑채의 편지, 즉
아들 김노경의 편지를 가져오지 않아 몹시 안타깝다고 한다. '수원
판관'은 둘째 아들 김노성의 벼슬 이름으로 추정되는데, 여전히 병
이 심상치 않았던 듯 해평윤씨가 한없이 걱정하고 있다.

담바고는 괴이하다

앞의 편지를 보낸 지 4일 정도가 지난 1793년 6월 13일 해평윤씨
는 또다시 며느리 기계유씨에게 편지를 보냈다. 무더위로 상경이

늦어지고 있다는 것을 알리고, 몇 가지 짐을 미리 올려 보내기 위해서였다.

> 무더위가 갈수록 심한데 다들 평안하냐? 어린것은 며칠 사이에 병이 좀 나아졌고, 안동댁(넷째 아들 김노경의 소실)은 다리 통증으로 앓는다더니 그 사이는 어떠한고? 가지가지로 걱정이 끝이 없다. 정인(손자. 큰딸 민집의 아들)은 떠난 후 날이 도로 더우니 어제 어느 때 어찌 집에 들어갔는고? 허전하고 섭섭하여 잊지 못하겠도다.
>
> 그 사이에 인편의 왕래가 있으되 날이 하도 덥고 글씨 쓰는 일도 갈수록 어려워 편지도 못하고 섭섭해 도리어 웃는다. 올라갈 날이 얼마 남지 않았으나 견디어 갈 만하면 과연 이미 올라갈 길이니 때맞춰 아니 가랴마는, 가마 속에서 아이들하고 갈 방법이 없어 7일엔 못 가게 되었다. 경희(둘째 아들 김노성의 딸)의 혼인을 부디 보려던 것을 끝내 못 보니 섭섭하고 궁금하고, 경희의 성적(成赤: 혼인 날 신부가 얼굴에 분을 바르고 연지를 찍는 일)하고 단장하여 동뢰연(신랑 신부가 서로 번갈아 절하고 술잔을 나누는 의식) 하는 거동을 못 보니 섭섭하고 원통하고 애달프기 그지없다.
>
> 7월 19일 제사(셋째 아들 김노명의 제사)는 임박하니 생각할수록 비참하고 통박한 중에 안동댁이나 그 사이에 와서 제사상을 차리는가? 어찌 차리는고? 멀리서 잊지 못하겠도다.

점동(노비)은 위태로운 지경은 면하였으나 끝내 시원히 병이 낫지 못하기에 그냥 두고서 행차 때 따라갈 길이 없고, 그냥 두었다가 병이 더 심해지면 놀란 정신이 채 진정치 못할 텐데 걱정하기 싫어서 먼저 올려 보낸다. 집이나 먼저 보내고 싶은데, 항아리 여섯 개는 아무 것도 못 보내고 밀가루 한 말 보낸다.

여기도 윤집(손녀. 큰아들 김노영의 셋째 딸로 윤경성에게 출가함)의 설사가 계속 심하고, 경오(손자. 미상)와 최희(손녀. 큰딸 민집의 딸)의 설사도 대단하지는 않아도 쾌히 낫지 못하니 답답하다. 사연이 번거로워 그치며 내내 평안들 하기 바란다.

문안하인이 오는데 보낸 글씨(편지)를 자세히 보았으며, 담바고(담배)는 고약하다.

6월 13일 시모(시어머니)

> 기름종이로 만든 작은 상자 보내니, 그 상자 속에 경희의 옷 보낸다. 대동(지명) 혼인의 이불감 보낸다.

추사가 연간 9

무더위가 갈수록 심해지면서 식구들 가운데 몸이 아픈 이들이 많아졌다. 서울 집의 아이들도 병에 걸린 듯하며, 개성부에서 해평 윤씨와 함께 있는 손자, 손녀도 설사 증세를 보였다. 노비 점동도 위태로운 지경을 겨우 넘겨 먼저 서울 집으로 올려 보내고 있다.

― **담배를 피우는 여성**
신윤복,《신윤복필 여속도첩》,
18~19세기, 29.7×24.5cm,
국립중앙박물관 소장

또 해평윤씨는 여기에서도 김노경의 첩인 안동댁에게 많은 신경을 쓰고 있는데, 그 사이에 다리 통증은 좀 나아졌는지 걱정하면서 다음 달에 있는 김노명의 제사 때는 집에 와서 제사상을 좀 차려달라고 부탁한다. 원래 첩은 따로 거주할 경우 제사까지 챙길 필요는 없었지만, 집안에 일손이 부족할 때는 첩도 제사에 참여했음을 알 수 있다.

한편, 해평윤씨의 상경은 생각보다 쉽지 않았던 듯하다. 날이 무더워 아이들과 함께 비좁은 가마를 타고 올라갈 수가 없었던 것이다. 해평윤씨는 혹시라도 손녀 경희의 혼례식을 못 볼까봐 날마다 노심초사한다. 그와 함께 손녀의 혼인을 돕기 위해 기름종이로 만든 상자에 옷을 싸서 보낸다.

편지 끄트머리에 해평윤씨는 "담바고는 고약하다"라고 담배

맛을 평가하는데, 아마 그녀도 당시 여성들처럼 날마다 집안일로
애타는 심정을 담배로 해소했던 듯하다. 담배는 광해군 6년(1614)
에 이수광의 『지봉유설』에서 처음 언급된다. 담바고란 이름은 포
르투갈어인 tabaco의 일본식 표기인 타바코가 담바고로 전해진 것
이다. 당시 양반 여성들은 집안에만 있으면 하루 종일 담배를 피웠
다고 한다. 여기에서도 조선 후기 여성들의 담배 풍속에 대한 일면
을 확인할 수 있다.

아랫방 붉은 함에 깨끼적삼이 들었으니

가족들의 상경 날짜는 다가오는데, 날씨는 갈수록 무더워지고 있
었다. 해평윤씨는 더위를 무릅쓰고 상경하려고 하니 걱정이 이만
저만이 아니었다. 그런데 앞의 편지를 보낸 지 며칠 지나지 않아
며느리 기계유씨로부터 또다시 안부 편지가 왔다. 해평윤씨는 그
에 대한 답장을 보내면서 상경할 때 입을 시원한 옷들을 좀 보내달
라고 부탁한다. 이 편지에서는 특히 시어머니와 며느리, 즉 여자들
끼리의 내밀한 이야기가 주목할 만하다.

> 기별을 몰라 답답하고 궁금하더니, 어젯밤 2경(밤 9시
> ~11시) 때 윤득(노비)이 오거늘 글씨(편지) 보고 매우 반
> 갑고, 유수(큰아들 김노영)는 그 더위를 무릅쓰고 겨우
> 들어와 문안하고 곧장 가니 앓는 데나 없는지 염려가 끝
> 이 없다. 그날 저녁 때 한양 집에 들어갔다 하니, 그 더위

에 곧장 가서 몸이 얼마나 상했으랴. 애처롭고 답답하고 염려가 끝이 없다. 어린것(손자)은 지금도 낫지 못하고 침도 못 맞는다 하니 답답하고 염려를 잊지 못하겠다.

여기도 다 무사하나 날도 밤낮으로 끓으니 이리 더우면 아마도 집에 돌아갈 방법이 없으니, 20일 후에나 다시 날을 택하면 좋을 듯하다. 아마도 가다가 길이 막힐 듯하다. 천신(미상)은 말을 들으니 정말 어이가 없으니, 회초간[2]에 또 일가의 돈을 얻자는 말이니 명갑(미상, 이름)도 재촉한다니 답답하다.

내가 홑속곳을 입어도 이리 못 견디니 가마 속에서는 모시 겹바지도 더워서 못 입겠다. 아랫방 서랍 속에서 내 중동(중간) 속곳이 있는가 잘 찾아보아 품을 고쳐서 떠나기 전에 부디 보내고, 아랫방 붉은 함에 깨끼적삼이 들었으니 하나를 영덕(바느질꾼으로 추정)에게 주어 고쳐 달라 하여라. 즉시 보내라. 유수는 언제 내려오려는지 몰라 답답하다. 사연이 번거로워 그치며 내내 평안하거라.

시모 추사가 연간 14

큰아들 김노영은 한여름 무더위에도 불구하고 또다시 서울에 다니러 갔던 모양이다. 해평윤씨는 먼저 그러한 큰아들의 건강부터 매우 걱정하고 있다. 아울러 이렇게 계속 날씨가 더우면 자신도

---

2   그믐께부터 다음 달 초승까지의 사이. 앞서 돈을 빌리고 며칠 안 돼서 다시 돈을 빌린다는 말이니, 아주 간격이 짧다는 의미다.

상경 날짜를 20일 이후에나 다시 정해 가야 할 듯하다고 말한다.

그런 다음 해평윤씨는 무더위의 가마 속에서 입으려 하니, 아랫방 서랍과 붉은 함에서 속곳과 깨끼적삼을 찾아 서둘러 고쳐서 보내달라고 한다. 속옷을 챙겨 보내달라는 말은 사실 딸이나 며느리에게만 할 수 있는 이야기다.

또한 해평윤씨는 가족 중 누군가가 또다시 일가에서 돈을 빌린다는 소식을 듣고 답답해 죽겠다고 하소연한다. 천신이란 권위가 있는 사람 또는 지체가 높은 사람을 말하는데, 현재로선 정확히 누구인지 알 수 없다. 추사 집안의 한글 편지에는 가끔씩 빚 이야기가 나오는데, 당시 최상층 벌열 가문의 사람들도 의외로 자주 남에게 빚을 얻어 썼던 듯하다.

깨끼적삼은 이젠 부질없으니 보내지 말거라

해평윤씨는 여전히 상경하지 못하고 개성부에 머무르고 있었다. 아들의 제사와 손녀의 혼사가 다가오는데 큰 걱정이 아닐 수 없었다. 1793년 7월 17일, 해평윤씨는 답답한 마음에 또다시 며느리 기계유씨에게 긴 편지를 써서 자신의 처지를 하소연하며 급한 집안일을 어떻게 처리해야 할지 일러주었다. 서울과 개성의 거리가 그리 멀지 않아서인지 이들은 비교적 자주 편지를 주고받았다.

> 관인이 돌아오는 편에 안동댁(넷째 아들 김노경의 소실)의 편지 보고 매우 반갑고, 요새는 병이 나아 그리(집)로

왔다 하니 다행스럽고 기쁘다. 창동댁(미상)은 그 사이에 돌아왔는가 몰라 답답하고, 어린것은 조금 나아졌다고 하더니 며칠 사이에 더 나아 지내느냐? 제사(셋째 아들 김노명의 제사)도 가까이 다가오는데 내가 이리 멀리서 지내게 되니 더욱 답답하고 괴로운 설움이 마음속 깊이 사무칠 따름이로다. 어찌 제사상을 차려 지낼지 걱정을 헤아릴 길 없도다.

여기도 모두 한결같이 지내고 아이들의 설사도 쾌히 나으니 다행이나, 오늘이 집으로 돌아갈 날인데 끝내 못 가니 섭섭하고 애달프구나. 며칠째 낮은 더워도 식전 아침, 저녁과 밤은 가을 기운이 역력한데 돌아가기로 정한 날 발행했더라면 좋았을 것을 애달프고 답답해서 화증(화)이 난다.

윗집(둘째 아들 김노성의 딸 경희)의 혼인도 4~5일 남으니 든든하고 몹시 기쁘되, 사랑방에 앉아 그 혼인을 못 보기는 의외이니 아니 괴이하고, 판관(김노성) 내외의 마음인들 오죽 갑갑하고 재미없게 여기랴. 가지가지로 섭섭하고 궁금하고 원통하다. 집안사람은 안동댁밖에 아무도 얼굴을 내밀어 볼 이가 없으니 더욱 애달프다.

판관(김노성)은 어제 올라왔느냐? 하동(지명) 소식은 몰라 답답하더니 제 편지 보니 지금도 병을 떨치지 못하고 그저 앓는다 하니 변변히 먹지도 못하고 오죽하랴. 눈으로 직접 보는 듯 차마 불쌍하여 가슴 아플 따름이로다. 하동 사람(심부름꾼)이 내려간다 하니 보낼 것은 없으나 자반,

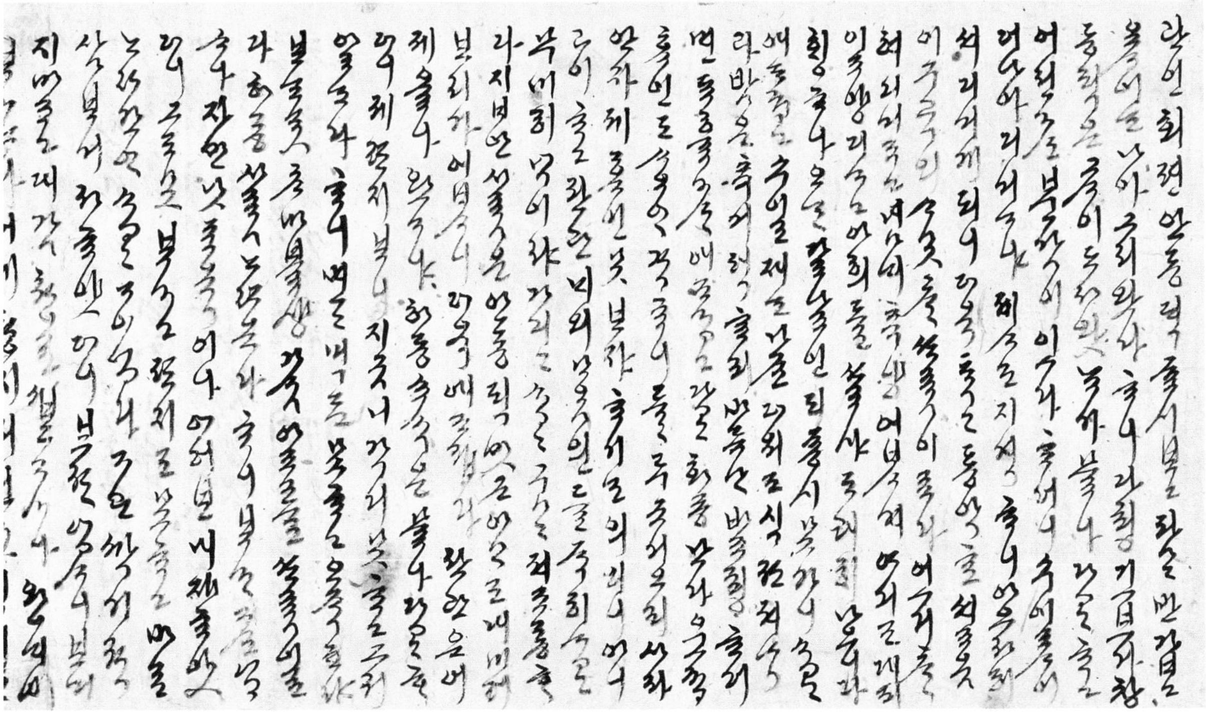

— 추사가 언간 10, 국립중앙박물관 소장

좁쌀, 포육이나 얻어 보내고자 하였더니, 그것도 못 보내고 편지도 못 하고 바로 내려간 일이 섭섭하기 그지없다.

저번에 깨끼적삼을 보내라 하였더니 이젠 부질없으니 보내지 말고, 대감(해평윤씨의 남편 김이주)의 청색 도포 빤 것이나 왕래에 보내거라. 어제 청어 저린 것 보내었더니 잘 갔더냐? 사연이 번거로워 그치며 내내 무사히들 지내거라.

안동댁과 최희 어미(큰딸 민집)가 편지를 보았노라 하였으니 저도 아주 반겨했으리라 생각된다. 점동(노비)이 갈 적에 편지와 기름종이로 만든 작은 상자에 담아 경희의 혼인에 쓸 무명 아청색 이불과 함께 보내었더니 즉시 전해야 할 것 아니냐.

17일 시모 추사가 언간 10

관아의 심부름꾼이 돌아올 때 김노경의 첩 안동댁의 편지를 가져왔던 듯하다. 그 편지에 안동댁의 병이 나아 월성위궁에 와서 제사나 혼사 등 집안 행사를 돕게 되었다고 했다.

여기서 창동댁은 누구인지 정확히 알 수 없다. 원래 창동댁은 며느리 기계유씨의 친정을 가리켰는데, 여기서는 기계유씨가 아닌 다른 인물로 추정된다.

그런 다음 해평윤씨는 본격적으로 며느리 기계유씨에게 자신의 상경이 늦어진 것에 대해 하소연한다. 7월 19일 셋째 아들 김노명의 제사가 임박하고, 7월 21일~22일경 손녀 경희의 혼사도 지척으로 다가오고 있었다. 밤낮으로 끓던 날씨도 이젠 아침저녁으로 가을 기운이 역력했다. 해평윤씨는 애초 상경하기로 했던 날 출발했더라면 오죽 좋았겠느냐며 애달프고 답답해서 화가 난다고 말한다.

또한 하동에 가 있던 둘째 아들 김노성이 상경했느냐고 물으면서, 아직도 몸이 아파 밥도 제대로 먹지 못해 안타까울 뿐이라고 한다. 게다가 심부름꾼을 통해 김노성에게 영양가 있는 반찬거리를 보내 주려 했더니 그것도 못 했다면서 섭섭하기 그지없다고 한다.

끝으로 해평윤씨는 저번에 보내라고 했던 깨끼적삼은 이젠 필요 없으니 보내지 말라고 한다. 그리고 지난번 기름종이로 만든 작은 상자 속에 넣어 보낸 경희의 혼수는 왜 아직도 전해 주지 않았는지 살짝 야단하듯이 말한다.

손자며느리 평산신씨에게
보낸 편지

네가 매사에 애쓰는 거동이 애처롭다

해평윤씨는 1793년 7월 21일~22일경 끝내 못 볼 줄 알았던 손녀
의 혼례식을 보고 얼마 안 있어 다시 큰아들의 부임지인 개성부
로 내려왔다. 그때 서울 집에선 며느리 기계유씨가 친정에 근친을
가 있고, 대신 손자며느리 평산신씨(1769~1823)가 안동댁과 함
께 집을 지키고 있었다. 평산신씨는 해평윤씨의 죽은 셋째 아들 김
노명의 장자 김관희(1773~1797)의 아내로 당시 25세였다. 그녀
역시 어른들처럼 인편이 있을 때마다 시조모 해평윤씨에게 편지
를 써서 집안 소식을 알렸고, 해평윤씨도 답장을 써서 자신의 안부
와 함께 집안일에 대해 자세히 알려주었다. 특히 이 편지에서는 옛
사람의 소통법 가운데 윗사람이 아랫사람에게 일을 시키는 방법이
잘 나타나 있다.

> 행차 편에 글씨(편지) 보고 직접 만나서 말한 듯 매우 반
> 기나, 그리 아프다 하니 빈집에 혼자 남아 있어 어찌 지내
> 는고? 염려가 주야로 끊이지 않는구나. 그 사이는 좀 나아
> 지내느냐? 여기도 관아가 태평하니 기쁘나, 나도 조금 설
> 사로 아프니 괴롭다.
> 유수 삼 형제(김노영, 김노성, 김노경)는 길에서 무사히

들어오니 기쁘고 반갑다. 그러나 떠나던 날 파주에서 숙참(조선 시대 중앙 관리의 출장을 위해 만들어 놓은 숙소)을 하려다가 파주 목사가 하필 그날 죽는 바람에 거기서 못 자고 풍우를 무릅쓰고 장단으로 가니 3~4경(밤 11시~3시)이나 되어 자고, 귀가해서는 감기로 앓으니, 어제는 궁금하여 겁이 나더니만 오늘은 조금 나아진 듯하니 그런 기막힌 일이 어디 있으리.

내일 관아의 노인잔치에 얼굴을 비치게 되니 민망하다. 노인잔치를 하는데 관아의 주절헌 뜰에 임시로 계단을 만들어 차일을 치고, 내일 노인들 들어올 적에 삼 형제가 삼문(三門: 관아의 정문) 밖에 가서 맞아 들어오는데 주인들이 관복을 입고 네 번 절하여 맞아 들어온다고 한다. 기구의 갖가지 것들이 볼만하고 화려할 텐데 너희들은 못 볼 것이니 애달프고 절통하다.

하동에서 배가 이제야 왔다 하던데 선주가 왔더냐? 대접은 어찌하였는고? 네가 매사에 애쓰는 거동이 애처롭고 불쌍하다. 배 편에 솜이 왔다 하니 몇 근인고? 먼저 솜 다듬는 데에 갖다 주고 근수를 알려주면 솜 다듬는 값은 내가 즉시 보내마. 우리 며느리(김노경의 처 기계유씨)에게 하동에 가는 메줏덩이를 똑똑히 세라고 이르고, 장무(노비)에게 일러 솜 한 섬을 부디 보내게 하여라.

안동댁(김노경의 소실)은 어찌 살았다 하느냐? 급하게 대감(해평윤씨의 남편 김이주)의 상침(上針: 대강 꿰맨 옷) 속곳 마름한 것 보내니 덕창의 처(바느질꾼)에게 주어 마

— **노인잔치 모습** 작자 미상,《이원기로회계첩》(梨園耆老會契帖), 1730년, 종이에 채색, 국립중앙박물관 소장

디마디 늘어지게 하지 말고 상침도 정성껏 해서 속속들이 지어 보내라고 하여라. 실 값으로 돈 두 냥을 보내고 좋은 실도 보낸다. 사연이 급해 그치며 내내 무사하여라. 이것은 속보다는 앞뒤의 품을 두 푼씩 줄이라고 하여라.

26일 시조모 추사가 연간 11

당시 손자며느리 평산신씨가 혼자서 빈집을 지키고 있었는데, 몸도 아픈 상태였다. 그래서인지 해평윤씨는 먼저 손자며느리의 건강부터 염려하고 있다.

그러고는 개성부의 소식을 아주 자세히 알려주는데, 세 아들이 개성부로 내려올 때 풍우(風雨)로 고생한 이야기, 감기에 걸렸다가 나아진 이야기, 내일 자식들이 주관할 노인잔치 모습 등을 마치 눈에 보이듯이 생생하게 들려준다. 김노영, 김노성, 김노경 세 아들이 부모님을 비롯한 관내의 노인들을 위한 노인잔치 참석차 개성부에 내려온 듯하다. 노인잔치란 70세 이상의 노인을 관아로 초대해 술과 음식을 대접하고 기녀들의 노래와 춤을 베풀어 주는 이른바 '양로연'(養老宴) 또는 '기로연'(耆老宴)을 말한다.

끝으로 해평윤씨는 손자며느리에게 조심스럽게 집안일을 부탁한다. 하동 선주가 가져온 솜을 다시 솜 다듬는 곳에 맡기고, 며느리 기계유씨에게는 메주를 똑똑히 세어서 하동 선주에게 맡기라는 것이다. 또 안동댁에게는 남편 김이주의 마름질한 속곳을 바느질꾼에게 주어 정성껏 빨리 지어 보내도록 하라고 시키고 있다.

해평윤씨는 아랫사람이 일하기에 수월하도록 집안일을 최대한 자세히 일러주었다.

하동 선주가 왔을 때 어찌 대접했는고

해평윤씨는 자주 손자며느리 평산신씨에게 편지를 보내 집안일을 부탁했던 듯하다. 이 편지에서만 보더라도 어제 편지를 보냈는데 오늘 또 보내고 있다. 내용상 하동 선주에 대한 이야기가 계속되는 점으로 미루어 앞의 편지를 보낸 지 얼마 되지 않은 시기에 보낸 것인 듯하다.

손부(손자며느리)에게

어제 행차 편에 편지하였더니 보았느냐? 판관(둘째 아들 김노성)과 육경(큰아들 김노영)이 비오는 중에 떠났는데 오늘도 비가 이리 오니, 찬비를 맞고 들어가 건강에 관계치 않을까 하는 염려가 잠이 들지 않고는 잊지 못하겠다. 어제 보낸 것은 다 각각 전하였는지 얼마나 걱정을 하였으랴 염려가 끝이 없다.

창동댁(미상)은 집을 옮겼다 하느냐? 하동 선주가 왔을 때 돈은 없는데 어찌 대접했는고? 염려가 끝이 없다. 솜은 미처 못 다듬었을 것이니 배 편에 못 보내나, 돈 한 냥을 얻어 보내니 된장 네 돈, 간장 여섯 돈어치만 사서 부디 배로 보내거라. 방석 하나 보내고 팥 서 말 보낸다. 배로 가는 것 메줏덩이 세고, 소금 한 섬과 함께 발기(물건 목록)에 자세히 적어 선주에게 맡겨 보내게 해라. 저번에 판관 집에 베보자기 보낸 것, 이 보자기도 즉시 찾아 보내거라. 집에는 장을 담갔느냐? 사연이 총총3하여 이만 적으며, 내내 무사하여라. 시월이의 아비(노비)를 급히 초생(미상)으로 하동에 보내려 한다. 배로는 이것하고 메주, 소금, 장만 보내거라. 기장과 방석을 선주에게 주어 비에 맞히지 말고 가져가라고 당부하거라.

추사가 연간 12

---

3   몹시 급하고 바쁜 모양을 말하는데, 편지글에서 내용을 마무리함을 나타내는 말로 쓴다.

마침내 노인잔치를 마친 자식들이 집으로 돌아갔는데, 해평윤씨는 우선 그들이 찬비를 맞고 가서 병이나 나지 않았을까 걱정하고 있다. 여전히 그녀는 자식들의 건강이 최우선이었다.

그런 다음 손자며느리에게 하동 선주를 통해 물건을 보내는 방법을 자세히 일러준다. 돈 한 냥을 보낼 테니 그것으로 된장과 간장을 사고, 여기서 보내는 방석, 팥과 함께 집에 있는 메주와 소금을 보내라는 것이다. 특히 그것들을 물건 목록인 발기에 자세히 적어 보내라고 하고 있다. 혹시라도 중간에서 물건을 잃어버릴지 모르기 때문이었다. 당시엔 물건이 워낙 귀한 시절이고 중간에서 물건을 빼돌리는 경우가 있어, 이렇게 반드시 발기를 써서 충실한 하인에게 맡겨 보냈다. 앞에서처럼 과거 하동엔 둘째 아들 김노성이 내려가 있었지만, 이번에 그는 딸의 혼사와 부모님의 노인잔치를 위해 올라와 있었다. 그럼에도 해평윤씨는 계속 그곳에 있는 누군가와 갖가지 물건을 주고받고 있는데, 과연 그곳에 누가 남아 있었는지 정확히 알 수 없는 실정이다. 혹시 김노성의 아내 연일정씨(1754~1832)가 내려가 있었던 건 아닐지 모르겠다.

외조모 한산이씨의 편지

너마저 병이 날까 걱정된다

추사 집안의 한글 편지에는 겉봉투에 '호순부 내외 겸'과 '호순부 답'이라고 적힌 2통의 편지가 있다. 처음엔 그것들이 누구의 편지 인지 알 수 없었으나, 이종덕 선생에 의해 어느 정도 실체가 드러 나게 되었다. 그에 따르면 호순부 내외는 김노경과 기계유씨일 가 능성이 크며, 호순은 그들의 딸 이름인데 어릴 때 일찍 죽어서 족 보에 남아 있지 않았을 것이라고 했다. 실제로 기계유씨는 첫째 아 들 김정희를 19세, 둘째 아들 김명희를 21세, 셋째 아들 김상희를 27세에 각각 낳았는데, 나이 터울로 보면 김상희 앞에 누군가 있었 을 가능성이 있다.

또한 이들 편지는 호순이 아직 살아있을 때 기계유씨의 친정 어머니인 한산이씨가 보낸 것이라고 했다. 앞에서처럼 한산이씨 (?~1807)는 유준주의 아내로 1793년 4월 남편을 잃었고, 딸 기계 유씨도 자주 몸이 아팠다. 이들 편지는 남편 유준주가 사망하기 이 전인 1793년 4월 이전, 특히 1793년 1월 말과 2월 2일에 보낸 것 으로 추정된다.

이들 편지에는 조선 후기 친정어머니와 딸의 관계, 특히 출가
한 딸에 대한 친정어머니의 걱정과 사랑이 잘 나타나 있다. 조선
후기에 출가한 딸과 친정어머니가 긴밀한 관계를 유지하며 살았다
는 반증이다.

> 훌쩍 가니 섭섭하여 맺힌 마음이 끝이 없고, 답장을 고대
> 하더니 글씨(편지) 보니 든든하고 반가우며, 무사히 돌아
> 간 일은 다행 다행이나 너희 시댁의 어버이께서 몸이 불
> 편하시고 며느리도 편치 않다 하니 답답하여 염려가 끝이
> 없고, 어린것(외손녀 호순으로 추정)의 병은 매우 놀라우
> 니 어떻다고 말할 길이 없다.
> 그 사이에 병의 차도는 어떠하니? 젖도 먹지 못한 어린것
> 이 하루 넘게 그러하니 기운이 달려 살아갈 길이 있겠느
> 냐? 내 소견에는 신음하는 중에 잔뜩 체하여 병이 겹쳤는
> 가 보니, 즉시 기름이나 잘 끓여 먹였으면 싶다. 설사는 어
> 떻게 하는지, 만일 유행병(전염병) 같으면 임산부도 옮길
> 까 두렵고 여러 가지로 염려가 끝이 없으니 답답하여 심
> 신을 진정하지 못하겠다. 성도(노비)에게 물어 사람을 또
> 보내나 답장을 어찌 기다릴까 심란 심란하다. 그렇듯 하
> 니 경사의 날(경축일)이 임박하였으나 기쁜 줄도 모르겠
> 다. 모든 일마다 너희 내외가 애쓰는 일이 민망 민망하다.
> 의복은 다 되었느냐? 두루 염려뿐이요, 너희 시어머니(해
> 평윤씨)께서도 감구지회(感舊之懷: 옛일을 떠올리며 느끼
> 는 회포)가 새로우신 중에 또 우환이 그러하니 더욱 경황

없을 일이 민망하다. 너희 백씨(해평윤씨의 큰아들 김노영)께서는 아직 소식이 없나 보니 염려가 오죽하랴. 매사에 답답하다. 황육(소고기)도 얻기가 매우 어려운가 보니 얼마나 답답하랴. 잊지 않고 여기서도 조금 얻어 보내려 한다마는 뜻대로 될지 답답하다. 치마는 물을 다시 들였더니 푸르긴 하나 다듬어서 다음 편에 보내마. 나는 한결같고 약도 그대로 먹는다.

마음속의 말을 다 못하니, 어린것(호순)의 병이 덜하다는 답장이 있기를 바란다. 너무 조급히 애쓰지 마라. 너마저 병이 날까 걱정된다.

즉일 모(어머니) 추사가 언간 16

엊그제 친정에 다녀간 딸 기계유씨가 도착 편지를 보내왔는데, 다른 무엇보다 어린 딸 호순이 아파서 젖도 먹지 못한다고 했던 듯하다. 친정어머니 한산이씨는 몹시 걱정하며 병의 원인과 치료법을 자세히 알려준다. 아이가 몸이 아픈 데다 체하기까지 해서 그런 것이며, 즉시 기름이라도 끓여서 먹이라고 한다. 어린아이에게 어떤 기름을 끓여 먹이라는 것인지 그 치료법이 궁금하다. 또 만약 그것이 유행병(전염병)이라면 임산부에게도 옮길까 두렵다면서 더욱 걱정한다. 이로 보면 당시 호순은 젖먹이였고, 기계유씨는 또다시 임신 중이었음을 알 수 있다. 아마 그 뱃속의 아이가 이듬해인 1794년에 태어난 막내아들 김상희였을 것이다.

편지의 말미에서도 한산이씨는 딸 기계유씨마저 병날까 두렵다며 너무 조급히 굴지 말라고 당부한다. 심지어 한산이씨는 딸의 안위가 걱정되어서인지 나라의 경축일이 다가와도 기쁜 줄을 모르겠다고 한다. 경축일이란 왕과 왕비 및 왕대비의 탄신일, 임금의 존호를 올리는 일 등 나라의 경사스러운 일을 기뻐하고 축하하는 날을 말하는데, 『조선왕조실록』에서 이 무렵의 경축일을 검색해 보았으나 아쉽게도 찾을 수 없었다. 아니면 집안의 경사일는지도 모르겠다.

끝으로 한산이씨는 해평윤씨와 그녀의 큰아들 김노영 등 사돈집의 우환을 얘기하며 함께 걱정해 준다. 또 딸이 부탁한 황육(소고기)을 구해서 보내 줄 뿐 아니라 물들인 푸른 치마도 좀 더 다듬어서 보내 주겠다고 약속한다.

한산이씨는 마지막에 가서야 자신의 병은 여전하고 약도 계속 먹는다고 한다. 이렇게 예나 지금이나 우리네 어머니들은 아무리 힘든 상황일지라도 항상 자식이 먼저였다.

소고기는 양지머리로 조금 얻어 보낸다

한산이씨는 날마다 딸의 편지가 오기만을 가슴 졸이며 기다리고 있었다. 지난번 외손녀 호순이 많이 아프다는 소식을 들었기에 딸의 편지가 더욱 기다려졌다. 다행히 1월 그믐날 인편이 돌아올 때 딸 내외의 편지가 왔다. 2월 2일 밤, 한산이씨는 등불 아래에서 두 사람에게 아울러 답장을 썼는데, 쓰다 보니 주로 딸 기계유씨에게 말하는 것이 되어 버렸다.

기다리느라 가슴 졸이던 차에, 그믐날 돌아오는 편에 너희 내외의 글씨(편지)를 보고 든든하고 반가우며, 그 사이에 시부모 모시고 한결같이 지내니 아주 다행스럽고 기쁘다. 어린것이 그만치라도 동정이 있으니 매우 다행 다행하다. 그 사이에는 차차 더 나아졌느냐? 염려로 마음이 잡히지 않으며, 경축일이 수일 내로 다가오니 든든하고 기대하는 마음이 남에게 없는 듯 경행 경행하다. 우리 마음도 든든하나 어린아이의 병과 너희 백씨(해평윤씨의 큰아들 김노영)가 아니 들어오시는 일이 민망하고 답답하다.

기쁘지는 못하고 애쓰는 모습이 애처롭게 생각된다. 아이의 병이 조금 낫다고 해도 마음을 놓을 수 없으니 조심하고, 음식 조심을 더욱 각별히 하여라. 몸조리를 잘못할까 걱정되고, 며느리도 꿈에서 계속 비치니 걱정되고 염려된다. 나는 담체도 조금 낫고 평안하나, 나으리(남편 유준주)께서 체기(체증)로 속이 거북하게 지내시니 걱정된다. 황육(소고기)은 양지머리로 조금 얻어 보내나 여기서도 사려고 하니 매우 어려워 밖의 장에까지 가서 산 것이 늘 약소하기 그지없고, 다시마는 없다 하여 못 얻어 보내니 답답하다. 실백잣 조금 보내고, 준시(꼬챙이에 꿰지 않고 납작하게 말린 감) 20개, 잣을 박은 곶감 한 접(100개) 수대로 보낸다.

흰떡은 보내지 말라고 해서 쌀 서 말만 보낸다. 조금 넉넉히 보내고 싶으나 가져갈 길이 없어 못 하고, 구일이(노비) 편에 급히 보내려다 못 하고 답답하다. 정과 두 그릇,

연사(유밀과) 한 동구리(상자), 새우젓, 하란(새우알)을
조금 곁들여 한 항아리 보낸다. 치마를 보내나 사람들이
모인 곳에서는 입을 만하지 않으니 답답하다. 이 저고리
입어 보아 어떨고? 자세히 보고 좌도와 섶 아래와 진동을
자세히 보아 훗날 편지에 기별하거라. 근심 중 어린것을
잘 보살피지 못할까 보아 염려가 놓이지 아니한다. 사연
이 많으나 등불 아래에서 겨우 이만 적으니 너의 시어머
니(해평윤씨)와 태평히 잘 지내고 곧 오기 바란다.

2월 2일 모 추사가 언간 15

딸 내외의 편지에 다행히 외손녀 호순의 병이 조금 차도가 있
다고 했다. 한산이씨는 매우 다행스럽게 생각하며 이제야 나라의
경축일이 조금 기대된다고 말한다. 그녀는 '다행 다행하다', '경행
경행하다' 같은 중복 표현을 써서 기쁘고 다행스러운 마음을 더욱
강조한다. 물론 한산이씨는 딸에게 아이가 조금 나았다고 해서 방
심하지 말고, 특히 음식에 각별히 조심하라고 당부한다. 그와 함께
딸에게도 몸조리를 잘하라고 말하면서, 꿈에 죽은 며느리가 계속
보이니 더욱 걱정된다고 한다.

한편, 한산이씨는 지난번에 딸이 부탁한 소고기를 어렵게 구
해서 보내 줄 뿐만 아니라, 그밖에도 실백잣, 준시, 건시, 쌀, 정과,
연사, 새우젓, 하란 등 매우 많은 먹거리를 챙겨서 보낸다. 아마 추
사 집안에 제사나 잔치가 들었는데, 그것을 임신한 딸 대신 친정어
머니가 마련해 준 듯하다.

또 딸의 치마와 저고리도 지어서 보내는데, 치마는 대강 만든

것이니 사람들이 많은 곳에서는 입지 말라는 표현이 재미있다. 당시 여성들에게 옷 만드는 솜씨는 자존심과 직결되는 것이었음을 알 수 있다.

이렇게 한산이씨는 딸 기계유씨가 이미 출가했음에도 여전히 항상 걱정하며 뭐든지 조금이라도 도와주고자 했다. 엄격한 출가 외인 풍속은 찾아보기 어렵다.

어머니 기계유씨의 편지

추사의 어머니 기계유씨(1767~1801)는 김제 군수를 지낸 유준주와 한산이씨의 딸이다. 유씨 집안은 영의정을 지낸 유척기를 비롯해서 함경 감사를 지낸 유한준, 예서에 능했던 유환지 등을 배출한 벌열 가문이자 명필 가문이었다. 그래서인지 기계유씨도 유려하고 역동적이며 빠른 필세를 구사하는 한글 명필이었다. 훗날 추사의 필재(筆才)는 바로 이러한 외가의 영향도 있었다고 한다.

기계유씨는 18세 무렵 해평윤씨의 넷째 아들 김노경과 결혼하여 김정희, 김명희, 김상희 등 세 아들을 낳고, 젊은 나이인 35세에 병으로 세상을 떠났다.

기계유씨는 3통의 한글 편지를 남겼는데, 모두 외지에서 근무하는 남편 김노경에게 보낸 것이다. 다시 말해 부부간의 편지로서, 당시 부부 관계나 생활, 소통법 등을 살펴보기에 좋은 자료다.

버선을 아니 보내었기에 보내옵나이다

기계유씨는 몸이 아파 자주 친정에 가서 지내곤 했다. 그런 중에도 남편과 편지를 주고받으며 큰 문제없이 집안일을 처리해 나갔다. 정조 15년(1791) 8월, 이즈음 김노경은 현 경기도 화성시에 있는 사도세자의 묘 현륭원의 영(종5품)으로 근무하고 있었다. 그달 25일에 김노경은 서울 집에 다녀갔는데, 웬일인지 곧바로 도착 편지를 보내지 않았다. 이에 궁금한 기계유씨가 먼저 편지를 써서 저번에 보내지 못한 버선과 함께 보냈다. 당시 김노경과 기계유씨는 아직 26세와 25세에 불과한 젊은 부부였다.

> 떠나가시던 날 비가 왔사온데 어찌 근무지에 도착하셨는가요? 문안을 모르니 염려가 무궁하오며, 계속해서 기운은 어떠하신지 문안을 알고자 하옵니다. 장동(시댁)에서는 어머님(해평윤씨)께서 그 사이에 조금 나으셔서 기쁘게 생각하였더니, 오늘 조반 후 도로 못하시어 침도 맞으셨으나 낫지 않으셨다 하오니, 점점 근력이 떨어지시는 일이 저도 갑갑하고 민망하기 그지없사옵고, 당신도 멀리 떨어져 계셔서 애태우는 것이 오죽하오시랴 걱정을 떨치지 못하옵니다. 적소(친정아버지 유준주의 유배지)의 문안은 무사히 도착하신 편지가 오늘에야 왔으니 든든하옵고, 연로하신데도 그리 낭패는 당하지 아니하셨다 하니 다행이오며, 편지가 왔기에 보내옵나이다.
> 나는 요새도 병이 낫지를 않아 지내니 민망하옵고, 홀연 며칠째 감기가 극심하여 목이 잠겨 말을 통 하지 못하니 차마 괴롭사오며, 쉬이 못 나으면 못 견딜 듯싶사옵니다. 저번 의복에 버선을 아니 보내었기에 보내옵나이다. 어머

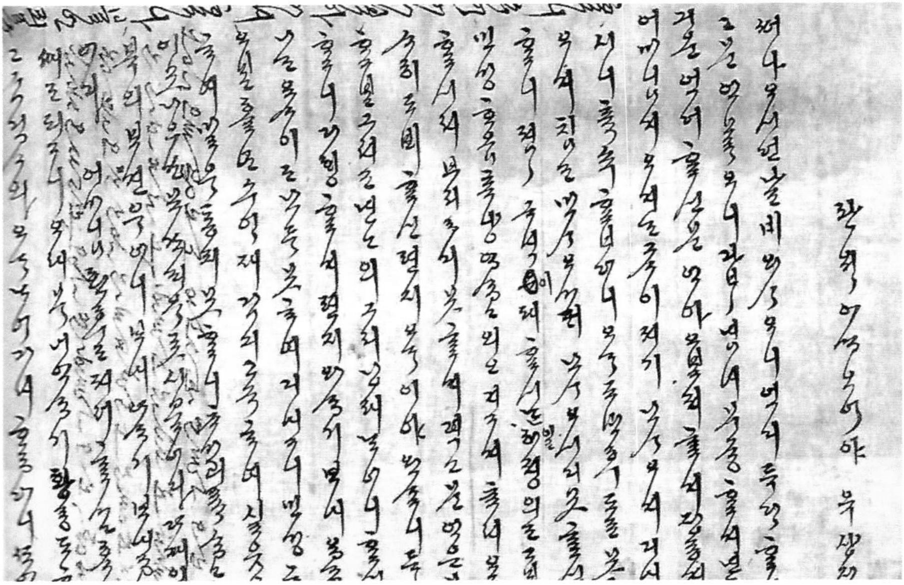

— 추사가 언간 17, 국립중앙박물관 소장

님(해평윤씨) 병환도 저러하시고 혼인 때도 되니, 오래 친
정집에 머물러 있기에 황송도 하고 궁금도 하여 오늘내일
사이에 시댁에 가려 하였는데 또 이러하오니, 수일이나
보아 가려 하나 불안하고 죄스러움을 무어라 말할 바가
없사옵니다.

병이 난 후 경복이(노비)가 갈까 하였더니 장동에서 내려
가라 하신다 하기에 편지를 적사오며, 계속해서 기운이
한결같이 지내심을 바라옵나이다.

　　　　　　　　　8월 25일 밤 유씨 올림 _{추사가 언간 17}

　　기계유씨는 먼저 빗속에 근무지로 떠난 남편 김노경의 안부를
묻고 있다. 그러고는 월성위궁에 있는 시어머니 해평윤씨가 도로
편찮으셔서 침을 맞고 있으며, 친정아버지는 유배지인 경상도 기
장에 무사히 도착했다는 편지가 왔다고 알려준다. 하지만 자신은
아직도 병이 낫지 않았고, 게다가 며칠째 감기가 심해 목소리가 나
오지 않아 괴롭다고 한다. 끝으로 기계유씨는 저번에 미처 보내지
못한 버선을 이 편지와 함께 보낸다고 한다. 또 친정에 오래 머무
를 수 없어 오늘내일 사이에 시댁으로 가려 했더니, 몸이 또 아파
서 가지 못하게 되었다면서 못내 불안하고 죄송스럽다고 한다.

　　한편, 이 편지에선 부부간의 언어생활도 엿볼 수 있는데, 아내
가 남편에게 '~하옵나이다'라고 극존칭을 쓰고 있다. 물론 뒤에서
보겠지만 남편도 아내에게 존칭어를 사용한다. 즉, 부부가 서로 존
칭어를 쓰면서 존경과 사랑을 표현했음을 알 수 있다.

　　그와 함께 흥미로운 점은 기계유씨가 자신을 가리킬 때 '저'라

고 하지 않고 '나'라고 하고 있다는 점이다. 이는 과연 무엇을 말하는 것일까? 당시 아내는 남편에게 자신을 낮추지 않고 동등하게 얘기했던 것이다. 그래서 기계유씨는 자신도 높임과 동시에 상대도 높여 주는 '나는 ~하옵나이다'라는 이상한 표현을 쓰고 있는 것이다.

옷가지나 해 입고 가관을 하게 하면 좋을 듯

1791년 8월 28일, 앞의 편지를 보내고 3일 뒤에 기계유씨는 또다시 남편 김노경에게 편지를 보냈다. 급히 집안일, 특히 노비 문제로 의논할 게 있어서였다. 이때도 여전히 기계유씨는 친정집에 머물러 있었고, 김노경은 경기도 화성의 현륭원에서 근무하고 있었다. 다만 이 편지에는 해독이 불가능하고 내용도 이해하기 어려운 부분이 몇 군데 있음을 미리 밝혀 둔다.

> 수일 전 인편의 답장은 보셨는지 모르오며 그 사이에 기운은 어떠하시나이까? 걱정을 떨치지 못하오며, 장동(시댁)에서는 두 분의 건강이 한결같으시니 기뻐하옵고, 아주버님께서도 계속해서 잘 지내신다 하니 더욱 기쁘옵니다. 여기(친정)서는 기장(친정아버지 유준주의 유배지)에 사람을 어제 또 보내었으나 ○한하여(판독 불가) 어찌 오실지 걱정이옵니다. ○○(노비 추정)이 가져온 나중에 보내신 답장을 보고 황급히 겨우 거칠게 써 보내었더니

잘 갔사오며 어찌 보셨는가 궁금하옵나이다.

나는 오늘 시댁에 가려 하였더니 어머님(해평윤씨)께서 내일 오라 하시기에 내일 가려 하오며, 정희(추사 김정희)는 데려가려 하나 기침이 아직까지 낫지 아니하니 민망하오이다.

경복(노비)은 장동에서 내려가라 하신대 ○○오라 하니 보내오며, 번(番: 당번)은 어느 날 나오신지 여쭈옵나이다. 의복은 그 사이에 입으셨는지 모르옵고 두껍지 아니하였는지 걱정이옵나이다. 사연이 지루하여 이만 그치오며, 계속해서 기운이 평안하심을 바라옵나이다.

28일 유씨 올림

경복의 가관(혼례)을 시켜 주려면 비용을 많이 들일 것이 아니라, 양반이 전부터 옷 한 가지씩 해 준 일은 없사오니 겸하여 옷가지나 되게 해 주면 좋을 듯하옵니다. 그 돈 네 냥이 그것도 양반에게서 못 하시오니 다 주오리이까마는, 이름이 되먹는(미상) 것이오니, 양반이 이제 다만 두세 냥이라도 다 주어 보태어 옷가지나 해 입고 가관을 하게 하면 좋을 듯하여 이리 적사오니, 어찌 여기실지 주저하옵니다. 실로 이런 사연이 싫어 하지 말자 하였더니 마지못해 이리 하옵니다. 그 유모를 내여 보내려다가 여기도 이번 두 번 길을 차려 보내고 남은 가마가 없는데 저(유모)는 저리 가겠

노라 서두르니 저견(미상)도 하였삽거니와 그리
보내기도 어렵고 저도 그리는 못 가겠노라 인사
불성으로 저리 앉았사오니, 아무래도 돈냥이나
주어 보낼 수밖에 달리 생각할 길이 없으니 어찌
하오리이까? 하도 답답하여 이리 쓰나 도리어 불
안하고 답답하오이다.

추사가 연간 18

역시 기계유씨는 먼저 시댁 식구들의 안부와 유배지에 있는 친
정아버지의 소식부터 전한다. 또 자신은 시어머니의 말씀에 따라
시댁에 가려 하는데, 아들 정희의 감기가 아직도 낫지 않아 걱정
된다고 한다. 그런 다음 남편에게 번(당번)은 언제쯤 나오며, 옷은
너무 두껍지 않은지 묻는다. 남편에 대한 그리움과 사랑을 이렇게
에둘러서 표현하고 있다.

하지만 기계유씨가 이 편지를 보낸 목적은 마지막의 추신에 있
었던 듯하다. 추신에서 그녀는 남편과 함께 집안일, 특히 노비의
대우에 대해 본격적으로 의논한다. 먼저 노비 경복이 이번에 혼례
를 올리는데, 양반(주인)이 되어가지고 한 푼도 보태 주지 않을 수
없으니 두세 냥의 돈이라도 주어 옷이나 해 입고 혼례식을 올리게
하자고 제안한다. 또 유모도 내보내야 하는데 아무래도 돈푼이나
주어 내보내면 어떻겠느냐고 묻는다. 돈 이야기를 해서인지 그녀
는 매우 조심스럽게 말하고 있다. 조선 후기 양반 남성의 경우 학
문과 덕을 쌓는 것이 제일 중요한 까닭에 겉으로나마 돈과 일정한
거리를 두고 살아야 한다고 생각했다. 한편, 이를 통해 당시 문벌

가문 사람들도 돈 몇 냥을 걱정할 정도로 생활 형편이 그리 넉넉지 않았음을 다시금 확인할 수 있다.

어르신네께서 날로 기운이 없사오며

이후로도 기계유씨는 자주 친정과 시댁을 오가며 살았다. 앞의 편지를 보낸 지 1년 반 가량이 지난 1793년 3월 23일이었다. 이즈음 기계유씨는 시댁으로 돌아와 살고 있었고, 남편 김노경은 또다시 현륭원 영이 되어 그곳에 가서 근무하고 있었다. 그런데 친정아버지의 병환이 갈수록 위급해지는데 곁에서 간호할 사람이 없었다. 기계유씨는 답답하여 남편 김노경에게 편지를 썼다.

> 수일간 기운 어떠하신지 문안을 알고자 바라옵니다. 여기(시댁)는 어머님(해평윤씨)께서 한결같이 편찮으시니 저도 민망하오며, 20일에 일복(노비)이 온 후 2일에 경복(노비)을 보내려 하였더니, 아버님께서 "옷을 돌아가는 말에 부쳐 보내기가 그러하니 경복을 두었다가 함께 보내라" 하시기에 기다렸다가 오늘에야 떠나보내오니, 그 전에 기다려 계실 일이 걱정이옵니다.
> 여기는 인이(아들의 아명으로 추정)가 두창(천연두)을 앓은 지 사흘째인 오늘 피부에 발진이 나오기 시작하니 기특하옵니다. 형님께서는 길도 못 가시고 어머님께서도 자연 힘드시오니 민망하고 답답하옵니다. 길에서 학질을

옮으면 나이 많은 이도 다 앓는다고 하여 아직 학질을 앓지 않은 이도 피접을 나간다고 하시고, 내일 집으로 가라 하셔서 가려 하나 도리어 우습사오이다.

집에서 온 책이 가는데, 두 권은 아주버님께서 뒤쫓아 보내마고 기별하라 하시기에 24권 먼저 가옵나이다. 옷을 어느 날 입으실지 벗으신 후에 혹 인편이 있으면 즉시 올려 보내시면 좋을 듯하오이다.

창동(친정)에서는 어르신네(유준주)께서 날로 기운이 없사오며, 지금은 수일 사이로 계속 음식을 못 드시고 증세가 매우 중대하시다 하고, 계환(남동생) 혼자 저리 애태우고 염려하여 하오니 제 마음의 갑갑함이 무어라 할 것이 없사오이다. 사연이 지루하여 이만하오니 내내 기운이 한결같이 지내시기 바라옵나이다. 생무명 두 자, 경복이 편의 물목에만 적사옵나이다.

　　　　　　　　　　　23일 밤 유씨 올림 <small>추사가 언간 19</small>

　　마찬가지로 기계유씨는 먼저 남편의 안부를 묻고, 시아버지의 말씀에 따라 노비 경복이 내려갈 때 옷을 함께 보내려 하니 조금만 더 기다려달라고 한다. 그러고는 시댁의 사정을 자세히 알려 주는데, 시어머니 해평윤씨가 계속 몸이 아프고, 아들 인이는 천연두를 앓고 있으며, 형님께서도 아파서 길을 떠나지 못하고 있다 한다. 특히 시아버지께서 길에서는 나이 많은 사람도 학질에 옮을 수 있

─ 추사가 언간 19, 국립중앙박물관 소장

다며 자신에게 내일 친정으로 돌아가라 했다고 전한다.

시댁에서의 기계유씨의 일상은 분주하기만 했다. 여전히 편찮으신 시어머니를 봉양해야 하고, 남편의 옷은 물론 책도 챙겨서 보내야 하며, 아픈 아들 인이도 돌봐야 했다.

하지만 지금 그녀에게 가장 힘든 점은 친정집의 급박한 사정이었다. 유배에서 풀려난 친정아버지 유준주가 며칠 전부터 계속 음식을 들지 못하며 위급해지자, 남동생 유계환이 혼자 곁에서 간호하며 애태우고 있었던 것이다. 과연 유준주는 며칠 뒤인 1793년 4월 12일에 세상을 떠났다. 그녀는 남편에게 답답한 마음을 토로한다. 다행히 시아버지 김이주가 학질을 핑계로 그녀에게 내일 친정으로 돌아가라고 했다. 며느리 사랑은 시아버지라고, 기계유씨의 애타는 심정을 알고 짐짓 그렇게 한 듯하다.

아버지 김노경의 편지

김노경(1766~1837)은 김이주와 해평윤씨의 4남 2녀 중 넷째 아들로 태어났다. 막내아들 김노경은 자식 중에서 가장 영민하고 학식이 뛰어나서, 어머니 해평윤씨에게 많은 사랑을 받았다. 그는 유준주의 딸 기계유씨와 결혼해 김정희, 김명희, 김상희 등 세 아들을 낳았고, 정확히 언제인지 모르나 소실(첩)인 안동댁을 들여 서녀 둘을 낳았다.

김노경은 『유당유고』(酉堂遺稿) 8권을 남겼으며, 글씨를 잘 써서 많은 서예 작품을 남겼다. 젊은 시절 추사의 학문과 예술은 아버지 김노경 덕분이었다고 한다.

김노경은 일찍부터 음서로 벼슬길에 나가 첨정, 현릉원 영, 사복시 주부 등 여러 관직을 역임했다. 그러다가 40세인 1805년 현감으로서 과거에 합격하여 본격적으로 예조좌랑, 예조참판, 공조판서, 경상 감사, 평안 감사, 동지부사, 동지정사 등 현달한 관직에 오르기 시작했다.

김노경은 추사 집안의 한글 편지 중 가장 많은 23통의 편지를 남겼다. 아내 기계유씨의 할머니인 장조모, 누님들, 어머니 해평윤씨, 아내 기계유씨, 여러 며느리와 서녀 등에게 많은 편지를 써서

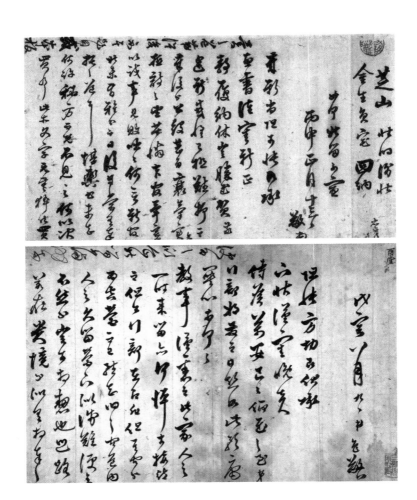

— [위] 김노경이 쓴 편지 「지산 김생원댁 회납」(芝山金生員宅回納)
김노경, 1836년, 종이에 먹, 27.8×47.7cm, 제주민속자연사박물관 소장
— [아래] 김노경이 쓴 편지
김노경, 19세기, 종이에 먹, 31.3×46.5cm, 수원시박물관 소장

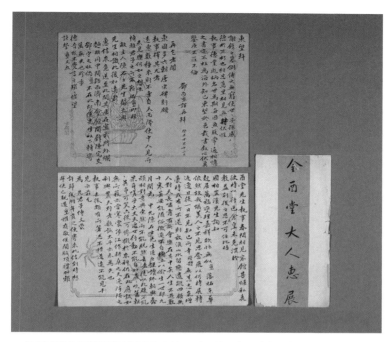

— **청나라 서예가 등전밀이 김노경에게 쓴 편지**(1823년 10월 12일) 등전밀, 19세기, 종이에 먹, 16.7×23cm, 19×9cm(봉투), 국립중앙박물관 소장

보냈는데, 부부애와 가족 돌보기, 집안 단속 등 조선 후기 집안일에 적극적으로 참여한 남성상과 다정한 아버지상을 생생하게 엿볼 수 있다. 김노경의 편지를 수신자별로 나누어 살펴보자.

장조모 광산김씨에게
보낸 편지

저번에 덧없이 다녀오니 섭섭하오이다

김노경은 평소 처가와 밀접한 관계를 맺으며 살았던 듯하다. 처가 사람들과 가깝게 지내고, 처갓집도 자주 방문했다. 하루는 아내 기계유씨의 할머니인 장조모 광산김씨가 편지와 함께 물건을 보내왔다. 이에 그는 간략히 감사의 답장을 써서 보낸다. 이 편지는 최소한 장조모가 사망하기 이전인 1788년 6월 이전에 쓴 것으로 추정된다.

> 사람이 오거늘 하서(편지)를 받아 보고 든든하오되 어르신의 병환이 여전하신가 싶으니 제 마음에 염려를 떨치지 못하오며, 손서(손녀사위 김노경)는 저번에 덧없이 다녀오니 섭섭하오이다. 보내신 것은 자세히 받자왔사옵나이다.
>
> 즉일 손서(손녀사위) 추사가 언간 21

비교적 짧은 내용의 편지지만 장조모를 대하는 김노경의 정성 어린 마음이 잘 나타나 있다. 어르신의 병환이 한없이 걱정되고, 저번에 덧없이 다녀와 죄송하다는 것이다. 아무래도 웃어른께 보내는 편지라서 그런지 '~하옵나이다.', '하서', '손서'와 같이 격식을 차린 표현이 눈에 띈다. 또 앞선 편지에서 기계유씨도 자신의 아버지를 '어르신'이라고 표현하고, 이 편지에서 김노경도 장조모를 '어르신'이라고 표현하고 있는데, 조선 후기엔 윗사람들을 대개 '어르신'이라는 객관적 호칭으로 표현하기도 했던 듯하다.

누님에게
보낸 편지

최희는 편지 한번을 아니하니 미워 죽겠사옵니다

김노경에겐 '민집'(민상섭에게 출가하여 민집이라 부름)과 '홍
집'(홍최영에게 출가하여 홍집이라 부름)이란 두 누님이 있었다.
김노경은 출가한 누님들과도 아주 가깝게 지냈다. 특히 큰누님 민
집을 비롯한 매형, 조카들과는 허물없이 지냈다.

　한번은 김노경이 처음 관리로 나가 근무하고 있을 무렵 누님이
위로의 편지를 보내왔다.

　김노경은 1790년 장악원 주부, 사복시 주부 등으로 본격적인
관직 생활을 시작했는데, 아마 그 무렵이 아닐까 한다. 누님이 보
내온 편지에서 '누님'을 큰누님 민집으로 추정하는 까닭은 편지 내
용 중에 큰누님의 딸인 최희가 등장하기 때문이다. 김노경은 큰누
님에게 다정한 답장을 써서 보낸다.

　　　지난번 공간(선물이 딸리지 않은 편지)은 잘 받았으나 도
　　　리어 우습사옵니다. 요사이 어머님(해평윤씨)께서는 기
　　　후(기체)가 어떠하시옵니까? 어머님을 생각하는 마음을
　　　떨치지 못하오며, 오늘 생신 다례⁴가 되었으나 아우(김노
　　　경 자신)는 참석도 못 하니 몹시 서운하고 섭섭하던 중 어
　　　머님 생신이 멀지 아니하여 계시니 어찌 모시고 든든히들

지내오랴 멀리서 걱정이옵니다.

아우는 태어나 처음으로 집을 떠나 지내니 집안 소식이 매우 궁금하옵고, 공경하고 두려워하는 말씀을 어찌 다 아뢰오리이까? 이번엔 형제가 다 모여 지내지 못하오니, 관리로 있는 이 아우야 그래도 어찌하리이까마는 영외(지방)에서 황량히 계신 이를 생각하오니, 이런 좋은 날을 만나 더욱 생각이 나옵니다.

두 분 형님(김노영, 김노성)의 외직은 다만 감축드릴 뿐이오나, 몹시 더운 날씨에 먼 길을 가실 일을 생각하니 걱정이 끝이 없사옵니다. 아우는 무사하나 염병(장티푸스)이 두루마기 속에 외롭고 쓸쓸하게 앉아 있으니 도리어 어이가 없사옵니다.

최희(큰누님 민집의 딸)는 편지 한번을 아니하니 미워 죽겠사옵니다. 어머님 생신은 다다랐고 궁금하기에 이리 아뢰오니, 아주머님과 같이 편지를 보시기 바라옵나이다.

18일 아우(김노경)가 올린 편지는 겉봉투가 없어 한곳에 넣어 보내오니 누님이 보시고 흉보며 웃지 마옵소서. 정인(큰누님 민집의 아들로 추정)은 무사히 들어오고 영행(매형 민상섭의 행차)도 안녕히 도착하신 일 기쁘오나, 큰누님 편지를 보니 새로이 애통한 마음이 드옵나이다.

추사가 연간 20

---

4   죽은 사람의 생일에 지내는 다례. 이 편지에서는 누구의 생신 다례인지 알 수 없다.

김노경이 어머니 해평윤씨의 생신을 앞두고 큰누님에게 편지를 보냈다. 오늘 집안에 제사가 있고 머잖아 어머니 생신이 다가오고 있었다. 먼저 어머니의 안부를 묻고, 무더위에 외직으로 나간 두 형님의 사정을 몹시 걱정하고 있다. 평소 그의 효성과 형제애가 얼마나 깊었는지 보여 주는 대목이다.

김노경은 큰누님 민집과 친근한 사이였던 듯하다. 이 편지에서 그는 누님에게 계속 농담을 던지며 얘기하고 있다. 예컨대 누님에게 선물이 없는 편지를 받으니 우습다는 둥, 염병이 두루마기 속에서 외롭고 쓸쓸하게 앉아 있다는 둥, 조카 최희가 편지 한번을 보내지 않으니 미워 죽겠다는 둥, 겉봉투가 없어 집안 편지를 한꺼번에 보내니 흉보지 말라는 둥 계속 농담조로 얘기하고 있다. 이런 재미있는 편지를 받은 누님은 얼마나 배꼽을 잡고 웃으며 즐거워했을까?

지금 누님의 모양이 어떠하단 말이옵니까

김노경은 출가한 큰누님만이 아니라 둘째 누님에게도 많은 신경을
썼다. 실제로 그는 둘째 누님에게 무슨 일이 생기면 곧장 편지를
보내 알아보곤 했다. 김노경이 현륭원에서 근무하던 시절 둘째 누
님 홍집(홍최영에게 출가함)의 딸이 죽었다는 소식을 듣고는 깜짝
놀라 서울 장동의 월성위궁에 있는 어머니 해평윤씨에게 편지를
썼다. 이 편지는 김노영이 수안 군수로 재직 중이고 김노경이 현륭
원 영으로 근무하고 있다는 점으로 미루어 1791년경에 쓴 것으로
추정된다.

> 저번에 원군(노비)이 돌아오는 편에 어머님의 편지를 받
> 아 보고 병환이 조금 나아 지내시는가 싶으니 저도 다행
> 하고 기쁘오며, 그 사이 수일간의 건강이 어떠하신지 문
> 안을 알고자 하옵나이다.
> 누님이 참척(慘慽)5을 당하신 일은 그런 괴이하고 애달픈
> 일이 어디 있사오리이까? 아무리 자식 복이 좋지 않다고

---

5   자손이 부모나 조부모보다 먼저 죽는 일. 여기서는 누님 홍집의 딸이 죽은
     것을 가리키는 것으로 추정된다.

한들 딸까지 보전을 못하는 데가 어디 있을까 싶으옵니다.
아무리 철석같이 굳은 마음이라도 차마 못 견딜 것이오니
지금 누님의 모양이 어떠하단 말이옵니까? 더구나 병환
중 구회(咎悔: 자신을 탓함)하실 것이오니 저는 마음이 놓
이지 아니하옵니다.

저는 무사하되 입병으로 괴로이 지내니 민망하오며, 수안
(큰형님 김노영)의 기별은 그 사이에 있사옵나이까? 안성
(지명)에서는 초7일에 사람을 보내었기에 문안은 들었사
오며, 고기를 보내었으되 상하여 못 먹었으니 도리어 우
습사옵나이다.

지난번 하교하신 말씀은 자세히 보았사오며, 마침 한 말
이 어르신네까지 아셔서 이리하여 계시니 걱정이나 아니
하셨는지 송구스럽고 민망함을 어이 다 아뢰오리이까. 그
러나 이제는 세상 사나이들 다 간 것과 같아서(미상) 아무
런 줄을 모르고 아무 말도 못 하면 원활하지 아니할 듯하
니 도리어 웃사옵나이다.

번(당번)은 서로 미루고 아니하려 하니 절박하오며, 이집
(미상)은 장무(노비)의 집으로 피신 갔다 하니 산기(産
氣)나 있습니까? 최희(큰누님 민집의 딸)는 몸이나 성하
옵니까? 종종 걱정이옵니다. 아뢰올 말씀이 무궁하오되
바쁘고 분주하여 이만 적사옵나이다.

추사가 언간 26

앞의 편지와 마찬가지로 김노경은 우선 어머니의 안부를 물은

뒤 동기간에 대한 관심을 보이고 있다. 특히 어떤 누님이 전염병으로 딸을 잃은 듯한데, 편지의 말미에서 큰누님 민집의 딸 최희의 안부를 묻는 것으로 보아 아마도 둘째 누님 홍집의 딸이 죽은 듯하다. 그는 마치 자신의 딸이 죽은 듯 몹시 애통해하며 누님의 건강을 걱정하고 있다.

다만 편지의 중반 이후부터는 이해할 수 없는 내용들이 상당히 많다. 당시 안성에선 일가친척 중 누가 살고 있었고, 지난번 해평윤씨가 하교하신 말씀은 과연 무엇이었으며, '이집'은 또 누구인지 현재로선 정확히 파악할 수 없는 실정이다. 앞의 해평윤씨의 편지에서도 얘기했듯이 당시 전염병은 피하는 게 상책이었는데, 이 편지에서 '이집'도 노비의 집으로 피신하고 있다.

끝으로 앞의 편지에서도 김노경은 큰누님의 딸 최희가 편지를 한번도 하지 않아 미워 죽겠다고 하더니, 여기에서는 다시 최희의 건강을 물으며 걱정하고 있다. 김노경은 조카딸 최희를 무척 아끼고 사랑했던 듯하다.

아내 기계유씨에게
보낸 편지

이 편지 돌아오는 편에 옷을 내려보내시옵소서

화성의 현륭원에서 근무하던 김노경은 서울 집에 있는 아내 기계
유씨에게 자주 편지를 보내 집안사람의 안부를 묻거나 자신의 의
복을 부탁하곤 했다. 이 편지는 김노경이 현륭원 영으로 근무하고
장인 유준주가 아직 생존하고 있는 것으로 미루어 1791년경에 쓴
것으로 추정된다.

> 상장(부인에게 올립니다)
> 사람이 오는데 편지를 적으시니 보고서 든든하고 반갑사
> 오며, 수일간 기운은 어떠하시옵니까? 그 사이에 고조할
> 아버지의 제사를 지내시니 얼마나 새로워하실까 걱정이
> 옵니다.
> 나는 더위와 음식과 모기로 못 견딜 듯하니 차마 민망하
> 옵니다. 이제 시기는 진정되었으나 학질이 또 성행한다
> 하니 위태함을 어찌 다 적겠사옵니까. 이 편지가 돌아오
> 는 편에 옷을 내려보내시옵소서. 만일 미처 못 빨았으면
> 말이 안 될 것이니 부디 보내옵소서. 인편이 매양 있는 것
> 과 달라 과신하면 아니 되옵니다.
> 장인(유준주)께도 편지를 올리는데 빌려주십사 하는 것이

— **청색 창의** 창의, 조선, 섬유-견, 경기도박물관 소장

있으니, 혹 장인께서 잊으실지라도 여쭈시고, 주시거든 옷
보따리에 한데 넣어 보내옵소서. 더워서 이만 그치옵니다.

27일 남재(남쪽 재실)

청색 창의와 버선은 받았사옵니다. 벗은 버선과
보를 보내옵니다.

추사가 언간 22

이 편지에선 무엇보다 부부간의 언어생활이 눈에 띈다. 남편이
아내에게 '상장'(부인에게 올립니다), '~하시옵니까?', '~이옵니
다' 등 존칭어를 쓴다. 다만 앞에서 기계유씨는 '~하옵나이다'라
고 극존칭을 썼는데, 김노경은 원문에선 '~하옵(니다)'이라고 생

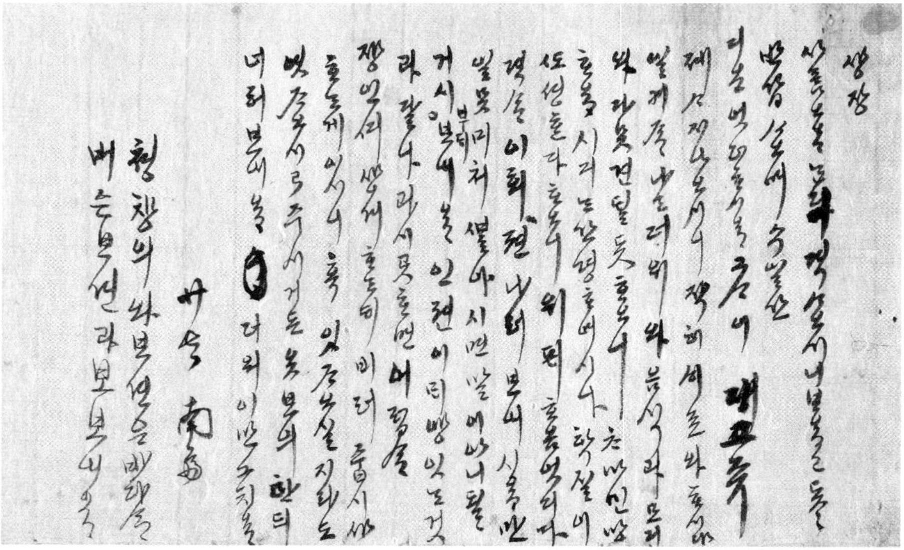

— 추사가 언간 22, 국립중앙박물관 소장

략 표현과 함께 한 단계 낮은 존칭어를 쓴다. 그럼에도 이들 부부는 서로 존칭어를 사용하며 존경과 사랑을 표현하고 있다.

또한 김노경은 먼저 아내의 안부부터 물은 뒤 자신의 안부를 전달할 뿐 아니라 남편 없이 혼자서 제사를 지내느라 고생한 아내를 위로하고 있다. 고조할아버지의 제사를 지낸다는 것으로 보아 당시 추사 집안도 4대를 봉사했던 듯하다.

그러고 나서 김노경은 세탁한 옷을 꼭 보내달라거나 벗은 버선과 보자기를 보내는 등 멀리 있는 아내에게 의복 수발을 부탁하고 있다. 물론 이는 아내를 고생시키려는 것이 아니라 오히려 아내를 존중해서 그런 것이다. 왜냐하면 그 사람의 몸을 접촉하거나 알아야만 할 수 있는 조선 시대의 의복 수발은 전적으로 부인만의 권한이었기 때문이다. 다시 말해 김노경은 아내의 권한을 존중해 남에게 시키지 않고 부인에게 직접 의복 수발을 부탁했던 것이다. 그와 함께 김노경은 장인에게 부탁한 물건도 꼭 챙겨서 보내달라고 하고 있다. 이렇게 김노경은 제사나 의복 수발, 심부름 같은 집안일을 전적으로 아내에게 의존하며 살았다.

행여 덧나게 해서는 큰일이 날 것이니 부디 조심하소서

김노경은 이후로도 계속 화성의 현륭원에서 근무하며 서울 집에 있는 아내와 편지로 소통하고 집안일에 참여했다. 1791년 7월 21일, 갑자기 집안의 심부름꾼이 와서 아내의 편지를 전해 주었는데, 하필 그녀의 뒤통수에 종기가 났다는 것이다. 지금이야 외과 수술과 의약이 발달하여 종기를 어렵지 않게 치료할 수 있지만, 당시엔 사람의 목숨까지 앗아갈 정도로 위험천만한 병이었다. 실제로 조선 시대 왕과 왕비를 비롯한 수많은 사람이 종기 때문에 사망했다. 이에 덜컥 겁이 난 김노경은 그 즉시 아내에게 편지를 썼다.

> 의외에 사람이 오거늘 글월(편지) 보고 든든하오나, 뒤통수에 종기가 나셨다 하니 농(고름)처럼 생기지 아니한 듯 싶으옵니다. 멀리서 염려가 끝이 없사오며, 심부름을 온 놈의 편지에는 경복(노비)의 동생이라 하고 자기는 아저씨라 하니 어찌하여 족패(친족 관계)가 그러한지 괴이하옵니다. 나는 이질은 조금 나았으나 번(당번)을 서고 나갈까 하였더니 또 수일을 못 나갈 사정이 생겼사오니, 어느 때 똑 나갈 줄 모르니 참노라 하면 백발이 오래 전에 났을 듯하옵니다. 경복은 오늘 옷 보따리를 주어 올려 보내었사옵니다. 부디 즉시 빨아 보내옵소서. 번은 어느 날 나갈 줄 모르고 아버님 병환도 낫지 못하시니 매우 걱정하는 중 19일 제사도 매년 이 벼슬로 인해 참석하지 못하니 원통함을 어이 다 적겠사옵니까?
>
> 뒤통수에 난 종기가 매우 심해질 듯하거든 즉시 가라앉을 약을 붙이고, 행여 덧나게 해서는 큰일이 날 것이니 부디 조심하옵소서. 독이 있고 뿌리가 있거든 즉시 의원에게 보이고 행여나 괴이하고 잡스런 약을 붙여 덧내지 마옵소서. 이 하인이 즉시 떠나기에 바빠서 이만 적사옵니다.
>
> 신해년(1791) 7월 21일 상루에서 _{추사가 언간 23}

김노경의 아내 사랑이 잘 나타난 편지다. 우선 그는 아내의 뒤통수에 난 종기가 혹시 곪지나 않았는지 몹시 걱정하고 있다. 그러면서 즉시 가라앉을 약을 붙이고 행여나 덧나지 않게 조심하라고 신신당부한다. 특히 병이 심하거든 즉시 의원에게 보이고 아무 약이나 함부로 붙이지 말라고 강조한다. 이런 남편의 지극한 걱정과 사랑에 아내 기계유씨는 가슴이 뭉클했을 것이다.

이밖에도 김노경은 또다시 사정이 생겨 나가지 못하게 되었다면서, 이렇게 계속 참다보면 흰머리가 나겠다고 농담처럼 말한다. 또 이번 제사에 참여하지 못해 원통하고 미안하며, 지난번처럼 옷보따리를 올려 보내니 즉시 빨아 보내달라고 부탁한다. 조선 시대 부부의 일상과 사랑이 짧지만 함축적으로 잘 표현된 편지다.

다른 시골 의원에겐 부디부디 보이지 마옵소서

아내를 지극히 사랑한 김노경은 아내가 다시 감기에 걸리자 편지를 보내 '부디부디' 조심하라고 호들갑을 떤다. 이 편지도 바로 앞의 편지를 보낸 지 얼마 되지 않은 1791년 초가을에 보낸 것으로 추정된다.

> 답상장(답장으로 부인에게 올리는 편지)
> 어제 경복(노비)이 오는데 글월(편지) 보고 든든하오나,
> 장모님(기계유씨의 어머니 한산이씨)의 병환이 더하시고
> 당신께서도 병이 도로 더하시다 하오니, 더구나 몸조리를

못 하시기에 그러하신가 싶으니 민망하옵니다. 밤사이에는 장모님의 병환이 어떠하시고 당신께서도 어떠하옵니까? 조승(기계유씨의 남동생 유계환)은 이질이 더하다 하옵니까? 감기도 더하다 하옵니까?

나는 뜻밖에 괴이한 생병을 얻어 왼팔을 쓰지 못하고 조금이라도 운신을 하면 쑤시고 저려서 꼼짝을 못하고 누운 지가 7~8일이나 되어 가오니, 소식이 끊긴 중 음식 범절(법도에 맞는 질서와 절차)이나 겨우 하고 아마도 못 견딜 듯하여 화병만 더하옵니다. 서울 집의 편지를 보면 어머님과 형님께서 감기가 대단하시다 하오니 더욱 신경이 쓰이옵니다.

장인께서 저번에 편지를 하셔서 이번에 답장을 올려야 하는데, 집에 편지를 쓰고 나니 다시 쓸 길이 없어 붓을 잡았다가 도로 놓고 못 쓰니 이것을 아시도록 하옵소서. 당신께서는 그렇게 도로 병을 앓으신다 하오니 혹 감기의 열이 저번처럼 속으로 파고드는 날이면 큰일이 날 것이옵니다. 들으니 의원 황필이를 거기서 데려오고자 한다던데, 혹 오거든 진맥이나 하여 보옵소서. 다른 시골 의원 같은 것은 혹 온다고 해도 부디부디 보지 마옵소서. 더구나 감기에는 잘못하면 큰일이 날 것이니 부디부디 조심하고 보이지 마옵소서.

7일 추사가 연간 24

조선 시대엔 의약이 발달하지 않아 작은 질병에도 쉽게 사망하곤 했기 때문에 사람들은 항상 질병에 민감할 수밖에 없었다. 그래서인지 추사 집안 사람들은 거의 모든 편지에서 크고 작은 병들을 언급하며 매우 걱정하고 있다.

이 편지에서도 김노경은 장모와 아내, 처남 등 처가 사람들뿐만 아니라 자신과 어머니 해평윤씨, 형님 등의 병을 언급하며 걱정하고 있다. 특히 이때는 여름에서 가을로 바뀌는 환절기로 감기가 유행했던 듯한데, 이때 기계유씨도 지병에다 감기까지 걸려서 고생했다. 이에 김노경은 감기도 잘못하면 큰일이 날 것이라고 하면서 황필이란 의원에게 진맥해 보라고 한다. 다른 시골 의원은 믿을 수 없으니 '부디부디'라고 강조하며 절대 보지 말라고 한다. 김노경이 아내 기계유씨를 얼마나 아끼고 사랑했는지를 다시금 확인할 수 있다.

한편, 노비 경복이 또다시 등장하는데, 김노경은 계속 그를 통해 기계유씨와 편지를 주고받고 있다. 다시 말해 경복은 추사 집안의 편지 심부름꾼이었던 것이다.

이 회편에 천담복을 부디부디 부디부디 보내옵소서

현릉원에서 근무하던 김노경은 가끔씩 서울 집에 다녀가곤 했다. 이번에도 그는 잠시 짬을 내어 서울 집에 다녀갔는데, 꼭 챙겼어야 할 천담복(淺淡服)을 빠트리고 그냥 오고 말았다. 천담복은 제사 때 입는 엷은 옥색의 옷을 말한다. 이에 김노경은 급히 아내에게 편지를 써서 천담복을 보내달라고 한다. 그 시기는 앞의 편지와 그리 멀지 않은 1791년 말경으로 추정된다.

> 밤사이에 어머님의 병환이 어떠하시옵고, 당신 앓으시는
> 데는 어떠하시옵니까? 약은 계속해서 자시옵니까?
> 나는 무사히 오니 기쁘옵니다. 올 때 천담복 말을 아주 잊
> 고 못 가져왔기에 또 사람을 바꾸어 보내오니 이 회편에
> 보내옵소서. 전에 입던 천담복은 품이 좁은 듯하니 좀 더
> 내어 보아 좁거든 형님 것이나 그렇지 않으면 누님께 빌
> 려 보내도 좋을까 싶으옵니다. 만일 빨지 못하였으면 하
> 루만 하면 될 것이니, 경복이(노비)에게 관대를 주어 보
> 낼 때 같이 주어 사흘날 떠나보내고, 입을 만하거든 이놈
> 이 돌아오는 편에 부디부디 주어 보내옵소서. 관대도 관
> 대거니와 이 천담복이 제일 시급하니, 만약 제때에 못 오
> 면 그런 낭패가 없을까 보옵니다.
>
> 22일 재직(근무 중)

> 다시 생각하니 일이 어떻게 될 줄 모르니 천담복
> 을 이 회편에 부디부디 부디부디 보내옵소서.
>
> 추사가 언간 25

이때 나라의 제사가 당장 내일이나 모레쯤 있었던 듯하다. 김
노경은 처음엔 형님이나 누님에게 품이 넓은 천담복을 빌려서 보
내달라고 하다가 자신의 것을 즉시 빨아서 내일 보내라고 하며, 그
것조차 안 되겠는지 그냥 지금 가는 노비 경복에게 '부디부디 부디

— **옅은 옥색의 천담복** 천담복, 조선, 섬유-모시, 단국대학교 석주선기념관 소장

부디' 천담복을 보내라고 부탁한다. 한없이 여유 있고 근엄할 것만
같은 양반 사대부 김노경도 급한 일 앞에서는 이렇게 쩔쩔매며 허
둥대는 모습이 우습다. 김노경은 과연 아내로부터 천담복을 제대
로 전달받았을까?

적삼과 속곳을 보내니 잘 받으시옵소서

1791년 12월 23일, 올해도 벌써 저물어 가고 설날이 며칠 앞으로
다가왔다. 하지만 현륭원 영으로 재직하는 김노경은 집에도 다녀
가지 못하고 객지에서 설을 쇨 수밖에 없었다. 문득 울적한 마음이
든 그는 붓을 들어 아내에게 편지를 썼다.

밤사이에 어머님(해평윤씨)을 모시고 기운이 어떠하시옵니까? 어머님께서 병환이 점점 나아지시는지 몰라 답답한 마음이 끝이 없사오며, 정인(큰누님 민집의 아들)은 이 추위에 어찌 가는지 고생을 보는 듯하옵니다.

나는 근무하고 밤 2경(9시~11시)쯤 들어왔으나 저물도록 얼고 밤바람과 이슬을 쐬어 이리 아프니 민망하옵니다. 적삼과 속곳을 보내니 잘 받으시옵소서. 나는 이리 떠나와 설을 쇠니 더구나 마음이 좋지 아니하옵니다.

23일 남재(남쪽 재실)에서 재직 중 추사가 언간 27

이 편지에서는 특히 아내에게 어리광을 부리는 듯한 남편의 모습이 인상적이다. 밤늦게까지 근무하고 들어와 몸이 아프다거나, 객지에서 혼자 설을 쇠니 마음이 아프다는 둥 김노경은 마치 어린아이처럼 투정을 부리고 있다. 그러면서 은근히 아내에게 위로와 사랑을 받고 싶어하는 것이다.

또한 여기에서도 남편이 적삼과 속곳을 벗어 멀리 집에까지 보내 빨래하도록 하는 당시 양반의 의복 문화가 잘 나타나 있다.

옷의 발기는 써서 누구를 주었사옵니까

김노경은 현릉원에서 근무하며 자주 서울 집에 편지를 보내 가족의 안부를 묻고 아내로부터 옷시중을 받곤 했다. 그런데 한번은 아내가 발기(물건 목록)도 없이 옷을 보낸 모양이다. 이에 김노경은 상당히 짜증난 어투로 아내에게 편지를 써서 보낸다.

> 두어 날 사이에 두 분 부모님의 기후(기체)는 어떠하오시
> 고, 당신도 모시고 평안하시옵니까? 나는 이리 와서 과거
> 시험을 당하고 보름을 참는다 하면 어려울 듯하옵니다.
> 옷은 벗어 보내되 겹저고리는 아직 두었사옵니다. 옷의
> 발기는 써서 누구를 주었사옵니까? 여기는 온 일이 없으
> 니 그 어찌된 일이옵니까? 아이들은 어찌 있사옵니까? 관
> 대를 대강 접어 보내옵니다.
>
> 20일 [수결] 추사가 언간 28

김노경은 이후 40세인 1805년 과거에 급제하는데, 그 이전에
도 계속 이렇게 과거에 도전했던 듯하다. 이번 과거 시험도 보름
앞으로 다가오자 김노경은 긴장되어 신경이 매우 예민해졌던 듯하
다. 그래서인지 부모님과 아내의 안부를 짧게 물은 뒤, 옷의 발기
는 써서 대체 누구를 주었느냐며 자못 짜증난 어조로 묻고 있다.
발기가 없으면 무슨 옷을 보냈는지 모를뿐더러 심부름꾼이 도중에
옷을 분실해도 알 수 없었기 때문이다. 그래서 옛날 사람들은 물건
을 보낼 때면 항상 발기를 적어 보내곤 했다. 성격이 꼼꼼한 김노
경은 옷뿐만 아니라 발기까지 챙겼다. 어머니 해평윤씨가 1796년
에 사망하므로 이 편지는 최소한 1796년 이전에 쓴 것인 듯하다.

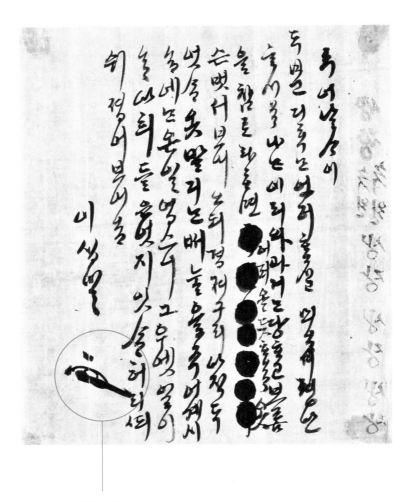

[수결]

— 추사가 언간 28, 국립중앙박물관 소장

며느리들에게
보낸 편지

김노경의 편지는 이후 30여 년을 훌쩍 건너뛰어 1822년으로 이어진다. 어느덧 김노경의 나이도 57세로, 흰머리가 무성한 노인이 되었다. 그간 김노경은 많은 우여곡절을 겪었다. 먼저 그토록 자신을 아끼고 사랑하던 어머니 해평윤씨가 1796년 8월 8일에 68세의 나이로 세상을 떠나고, 이듬해인 1797년 7월 4일엔 큰형님 김노영이 51세의 나이로 세상을 떠났으며, 다시 12월 26일엔 아버지 김이주마저 68세의 나이로 세상을 떠났다.

또 아버지의 삼년상을 마치자마자 아내 기계유씨가 1801년 8월 21일에 35세의 젊은 나이로 세상을 떠나고 말았다. 당시 김노경은 한창 때인 36세였고, 그 나이라면 대개의 남성들은 재혼하여 후처를 들이곤 했다. 하지만 그는 71세에 세상을 떠날 때까지 후처를 들이지 않고 첩인 안동댁과 살았다. 젊은 나이에 아내를 잃었는데도 후처를 맞이하지 않은 것을 보면 아마도 김노경은 기계유씨를 진심으로 존경하고 사랑했는지 모르겠다.

이후 김노경은 추사 집안의 가장으로서 아들과 며느리, 서녀들과 끊임없이 편지를 주고받으며 집안을 단속했다. 그는 항상 자식들을 아끼고 사랑하는 다정한 아버지상을 보여 주었다. 게다가 집안에 안주인이 부재하므로 그는 때로 어머니의 역할까지 병행해야 했다.

한편, 김노경은 40세인 1805년 마침내 과거에 급제하여 본격적으로 현달한 관직에 오르기 시작했다. 1806년 이후엔 성균관 전적, 예조좌랑, 사헌부 지평, 동부승지(정3품 당상관) 등을 거치며 당상관의 반열에 오르고, 1809년 이후엔 예조참판, 호조참판, 이조참판(종2품) 등을 거쳐, 1819년 공조판서(정2품)가 되어 9경(九卿)의 반열에 올랐다. 그는 예조, 호조, 형조, 이조판서를 두루 거치며 세자시강원에서 왕세자 교육을 담당하는 측근으로 부상했다. 또한 외직으로는 1816년~1818년 경상 감사, 1828년엔 평안 감사의 자리까지 차지했다. 나아가 1809년엔 동지부사, 1822년엔 동지정사가 되어 두 차례나 중국 북경에 다녀오기도 했다.

오늘 이후는 소식이 막히니 애연하다

1822년 11월 25일, 동지정사 김노경은 중국에 가기 위해 압록강에 도착하여 강을 건널 준비를 하고 있었다. 서울에서 압록강까지만 해도 한 달여가 걸리고, 다시 압록강에서 한 달여를 가야만 북경에 도착할 수 있었다. 지난 1809년 동지부사로 중국에 갔을 때는 첫째 아들 김정희를 자제군관으로 데려갔는데, 이번 동지정사의 행차엔 둘째 아들 김명희를 데려갔다. 김노경은 자식들에게 중국 지식인들과 학문을 교류하고 선진 문물을 접할 수 있도록 해 주었다.

압록강을 건너기 직전, 김노경은 마지막으로 둘째 며느리 경주 최씨와 질녀, 서녀 등에게 편지를 써서 보냈다.

> 그 사이에 여러 번 보낸 글씨(편지)는 든든하며, 그동안 모두 아무 탈 없이 잘 지내고, 홍역의 남은 증세는 다 쾌히

회복하여 태평히 지내느냐? 꽉이 남매(셋째 아들 김상희의 자식들로 추정)는 잘 있고, 꽉이의 장난은 어떠하여 가며, 지각(知覺)은 더 열려 가는지 잠들 때 말고는 어찌 잊으리. 홍역은 끝내 아니 하는가 싶지만, 꼭 그렇다 여기지 말고 부디 조심하여라.

나는 여기(압록강)까지 무사히 오고 진사(김명희)도 잘 오니 다행하다. 지금은 강을 건너려 하니 오늘 이후는 소식도 막힐 일을 생각하니 애연하기 이를 데 없다. 윤집(큰형 김노영의 셋째 딸로 윤경성에게 출가함)은 그저 있느냐? 호동(김노영의 첫째 딸이 시집간 집. 이우수와 결혼)[6]의 우환은 좀 나아가는지 걱정이로다. 총총 이만 적으니 그 사이에 태평하기 바란다.

임오년(1822) 지월(11월) 념오일(25일) 구(시아버지)

추사가 언간 29

이렇게 김노경은 자식들에게 편지를 보내 안주인이 없는 집안을 단속했다. 며느리의 홍역은 다 나았는지, 손자의 교육은 어떻게 시키고 있는지, 조카 윤집은 잘 있는지 걱정스런 마음으로 묻는다. 또 지금 이후로는 더 이상 편지를 못하니 슬프기 그지없다고 한다.

한편 김노경은 아들이나 서녀 자식들의 아명(兒名)을 '꽉'으로 지어 부르곤 했는데, 꽉이 남매, 꽉출, 꽉쇠 등이 그것이다. 조선 시대엔 질병이나 전염병으로 인한 유아 사망률이 아주 높았다.

---

6   호동은 종로구 원남동 혹은 이화동에 있었던 마을 이름이다.

글시 보고 든든 반기나 일한

치위의 엇디들 디내며 년이

새히 되니 더옥 새로이

념녀 일콧디 못

꿋꿋치 디내며 셩환도

그 스이 엇더호온디 념녀

브리디 못호여 호노라

무리 드러 가니 든든

반겨라 아는 몯몯이 든든

호여라

록나 아기네 아모 든

도 업시 셔나지의 다랑

특히 아이들의 이름이 예쁘면 악귀가 시기해서 데려간다는 속설이 있었다. 그래서 사람들은 악귀의 시기심을 피하기 위해 아명을 일부러 밉게 짓곤 했다. 김노경은 여러 손자들의 아명을 '꽉'으로 지어 불렀는데, 그에 관한 기록이 별도로 없어서 그들이 정확히 누구를 지칭하는지 판단하기 어려운 경우가 있다. 그러므로 필자는 최대한 가까이 추정하여 그들의 존재를 밝혀 두고자 한다.

우선 위의 꽉이 남매는 김상희의 아들 김상준(1819~1854)과 그 누이의 아명으로 추정된다. 『완당전집』 1권에서 추사가 김상희에게 보낸 편지를 보면 꽉이 남매가 김상희의 자식으로 나오기 때문이다. 물론 누이는 이후 먼저 세상을 떠났다.

꽉출도 무탈하다 하니 기특하다

세월은 또다시 흘러 김노경의 나이 63세인 1828년이 되었다. 동지정사로 중국에 다녀온 뒤로 김노경은 이조판서, 호조판서, 병조판서 등 요직을 두루 역임하다 1828년 7월 조선에서 가장 노른자위의 지방관인 평안 감사에 제수되었다. 당시 평안 감사가 머무는 평양은 물산이 풍부하고 미인이 많기로 유명했다.

이때도 김노경은 자주 서울 집에 편지를 보내 집안을 단속하곤 했다. 1828년 12월 17일에는 둘째 며느리 경주최씨와 셋째 며느리 죽산박씨에게 이러한 안부 편지를 써서 보내기도 했다.

글씨(편지)들 보고 그 사이에 아주 심한 추위에도 아무 탈 없이 지낸다 하니 기쁘며, 꽉출(셋째 아들 김상희의 아들로 추정. 꽉이)도 무탈하다 하니 기특하다. 날씨가 몹시 춥고 역질도 아주 심하다 하니 부디 조심들 하여라.

나는 요새는 조금 나아 지내나 오늘도 순행하느라 관아를 멀리 떠나 지내고, 창녕(둘째 아들 김명희)도 아득히 떠나 지내고 교관(셋째 아들 김상희)도 미처 못 왔으니 섭섭하다. 그만 전한다.

무자년(1828) 납월(12월) 17일 구 _{추사가 연간 30}

평안도 관내를 순행 중이던 김노경이 두 며느리의 편지를 받고 간단히 답장을 써서 보내고 있다. 심한 추위에도 며느리들이 잘 지내니 기쁘고, 꽉출도 아프지 않으니 기특하다. 꽉출은 김상희의 자식인 꽉이 남매 중 아들로 추정된다. 두 아들인 창녕(김명희)과 교관(김상희)이 여태까지 오지 않으니 섭섭하다고 한다. 63세의 노인 김노경은 자식도 없이 혼자 지내기가 무척 쓸쓸했던 것이다.

1810년에 진사에 합격한 둘째 아들 김명희는 이 무렵인 1828년에 창녕 현령이 되었다. 그래서 가족들은 그를 '창녕'이라 부르고 그의 아내 경주최씨를 '창녕댁'이라 불렀다. 또 셋째 아들 김상희는 1813년에 진사에 합격하고 1828년에 동몽교관(童蒙敎官)[7]이 되었다. 그리하여 가족들은 김상희를 '교관', 그의 아내 죽산박씨를 '교관댁'이라 불렀다.

---

7   조선 시대에 서울의 사학(四學: 중학·동학·남학·서학)과 지방의 학동들을 가르치기 위해 각 군현에 둔 종9품의 벼슬이다.

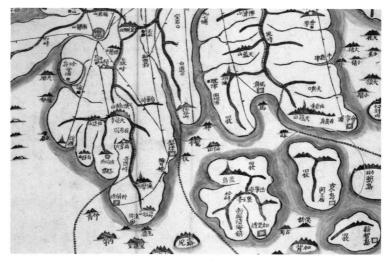

― **고금도의 위치(O)** 전라남도 완도군 고금면 고금도(김정호, 《대동여지도》 부분, 1861년, 보물 제850호, 서울대학교 규장각 소장)

김노경의 고금도 유배

순조 30년(1830), 김노경의 나이 65세, 추사는 45세였다. 지난 1828년 7월 평안 감사가 된 김노경은 얼마 전 벼슬에서 물러나 있었다. 그런데 1830년 8월 27일 부사과(조선 시대 오위五衛의 종6품 무관직) 김우명이 전 평안 감사 김노경은 탐욕스럽고 비루하여 벼슬살이를 하면서 사익을 취하고 폭압을 저질렀다고 처벌을 요구하는 상소를 올렸다. 김우명은 과거에 추사가 충청우도 암행어사를 나갔을 때 비인 현감으로 있는 그의 비리를 적발하여 파직시킨 인물로, 그때의 앙갚음이라도 하듯 거의 모함에 가까운 상소를 올렸다. 다행히 순조 임금은 직접 보지도 않고 상소를 올렸다며 오히려 김우명을 삭직했다.

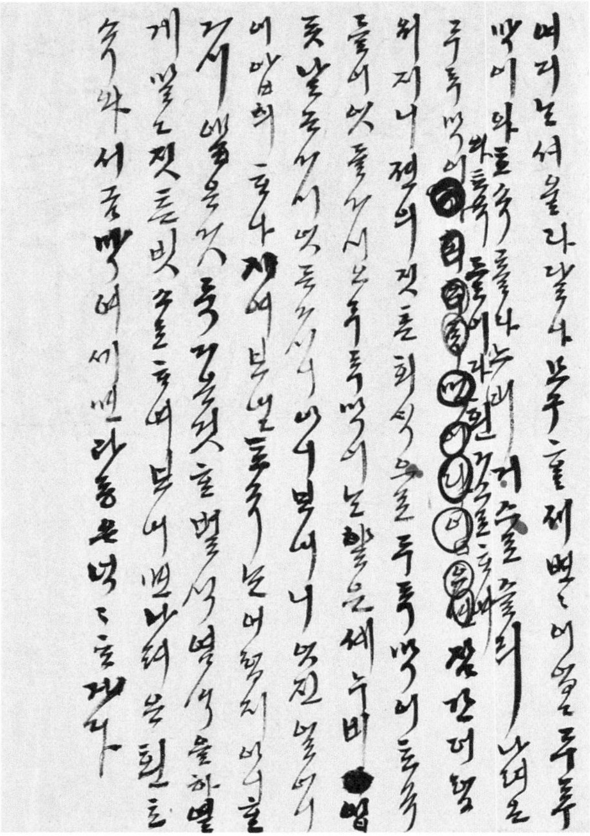

— 추사가 언간 31, 국립중앙박물관 소장

한편, 같은 날 부사과 윤상도도 호조판서 박종훈, 전 유수 신위, 어영대장 유상량 등 3인을 탐관오리로 몰아 탄핵했다. 하지만 그는 도리어 무고한 상소를 올려 군신 사이를 이간질했다는 이유로 추자도로 유배되었다. 그런데 임금은 윤상도의 뒤에서 사주한 자가 분명히 있었을 것이라 여겼고, 신하들은 김노경을 바로 그 배후 조정자로 지목했다. 그리하여 김노경은 1830년 10월 전라도 강진현 고금도로 유배되고 말았다. 추사는 아버지의 억울함을 호소하기 위해 1832년 2월과 9월에 임금의 행차 길에서 꽹과리를 치며 호소하는 격쟁(擊錚)을 하기도 했지만 아무런 소용이 없었다.

여기는 서울과 달라 모구 할 게 변변히 없다

1830년 10월, 고금도에 유배된 김노경은 당장 겨울나기가 걱정되었다. 그래서 며느리에게 편지를 써서 겨울옷을 보내달라고 했다. 이 편지는 유배되고 얼마 되지 않은 시기에 쓴 듯하며, 수신인이 어느 며느리인지는 정확히 알 수 없다.

> 여기는 서울과 달라 모구(毛具: 털로 만든 방한구) 할 게 변변히 없고 두루마기와 토시를 다 누빈 것으로 지어야 하는데, 내려온 두루마기와 토시들이 다 흰 것으로 하여 잠깐 사이에 더러워지니, 전에 짙은 회색으로 만든 두루마기와 토시들을 보낼 것이요, 두루마기는 얇은 세누비로 지은 그 전에 입던 낡은 것이 있는데 아니 보내고 어쩐 일

이니?

이 앞에 하나 지어 보내고, 토시는 어렵지 아니한 것이니 얇은 것, 두꺼운 것 한 벌씩 염색을 너무 엷게 하지 말고 짙은 빛으로 하여 보내면, 이미 내려온 흰 토시와 겹쳐 끼면 겨울나기는 넉넉할 게다.

추사가 언간 31

아내를 잃은 뒤 김노경은 줄곧 며느리들에게 의복 수발을 받곤 했다. 여기서도 그는 며느리에게 두루마기와 토시 등 겨울옷을 보내달라고 하는데, 그 종류와 색깔까지 따지는 꼼꼼한 성격을 보여준다. 특히 조선 시대 남성은 의복에 대해 문외한이었다는 우리의 일반적인 생각과 달리, 김노경은 각종 옷의 염색이나 짓는 법까지 아주 자세히 알고 있었다.

천리 밖에서 걱정을 시키면 어떻게 되겠니

김노경은 유배 온 뒤로 자주 서울 집에 편지를 보내 가족 돌보기와 노비 관리 등 집안을 단속했다. 특히 그는 자식들에게 어머니 역할까지 다하고자 했다. 이 편지는 유배 온 이듬해인 1831년 2월 18일 큰며느리 예안이씨에게 보낸 것으로 추정된다.

글씨(편지) 보고 든든하다. 사람을 보낸 후 날씨가 계속 괴이한데 모두 평안하고 아이들도 잘 있느냐? 꽉이 남매

(셋째 아들 김상희의 자식들로 추정)는 어떠하여 가는지 걱정이로다. 들으니 교관댁(김상희의 처 죽산박씨)이 또 태기가 있다 하니 이런 다행한 일이 어디 있으리. 그러나 지금은 노산(老産)이 되어 가니 각별히 음식붙이라도 더 조심하고 지내게 하여라. 천리 밖에서 걱정을 시키면 어떻게 되겠니. 나는 매양 잘 지내니 걱정 마라.

대교(김정희)의 병은 아직 회복이 못 되었나 보니 답답하다. 그런 중에 유배지에 내려온다는 말이 어떤 말이니? 따로 기별도 하겠거니와 아예 못 오는 줄로 너희들이라도 일러라.

송현(누님 댁으로 추정)[8]에서는 요새 와서 계시느냐? 방사(잠자기)는 어떠하고 잡수기는 어찌하시는지 걱정이로다. 성득(노비)의 병은 어떻기에 못 온다 하노니 그놈의 일이 아마 부릴 길이 없으니 아주 내쳐 버리는 것이 좋겠으니 자세히 알아보아라. 악남(노비)은 실로 걱정만 되지 내려와도 쓸데없으니 딱하다.

신묘년(1831) 2월 18일 구 _{추사가 언간 32}

집안에 여가장이 없어서인지 김노경은 더욱 신경 써서 가족 돌보기와 노비 관리를 하고 있다. 손주 꽉이 남매의 건강과 교육, 며느리 죽산박씨의 임신, 아들 김정희의 병, 송현에 사는 누님의 안부

8   송현은 종로구 송현동, 중학동, 수송동에 걸쳐 있던 마을로, 지금의 중학동 한국일보사와 건너편 종로문화원 사이에 있던 마을 이름에서 유래되었다.

등 가족들 하나하나를 세심히 챙기고 있다. 추사는 지난 1823년과 1828년 규장각 대교를 지냈는데, 이에 따라 가족들은 그를 '대교'라 부르고 그의 둘째 부인 예안이씨를 '대교댁'이라 불렀다.

여기에서는 특히 김노경의 며느리들에 대한 소통법이 눈에 띄는데, 명령형이나 지시형보다는 의문형, 권유형, 부탁형 같은 부드러운 소통법을 주로 구사하고 있다. 물론 성득이나 악남 등 노비들에게는 자기 가족과는 반대로 매우 엄격한 자세를 보인다. 신분제 사회의 일면을 엿볼 수 있다.

여기는 북어가 아주 귀하다

김노경은 며느리들에게 의복 수발뿐만 아니라 음식 수발도 받았다. 그런데 서두에서 언급한 것처럼 김노경은 젊었을 적부터 입맛이 까다로워 집안 여인들을 힘들게 했다. 앞의 편지를 보내고 한 달여 뒤인 1831년 3월 27일 김노경은 또다시 큰며느리 예안이씨를 비롯한 손녀, 서녀에게 편지를 보내 음식 수발을 부탁했다.

> 인편에 글씨(편지)들 보고 든든하고 반가우며, 그 사이에 여러 날이 되니 계속하여 모두 탈 없이 잘 지내고, 교관댁(셋째 아들 김상희의 처 죽산박씨)은 임신 중인데 몸조리나 잘하고 모든 범절이 관계치 아니하는지 걱정이로다.
> 나는 전과 같이 지내니 모진 목숨이 괴이하고, 날이 점점 더워 가니 아마 겨울과 달라 걱정된다. 서울 집과 강가에

서는 다 한가지로 잘 지내고, 꽉이의 종형제(사촌형제)는 어떠하니? 요사이 역질이 돈다 하니 염려되기 끝이 없고, 날이 이리 더워 가니 더구나 마음이 놓이지 않는다. 보낸 의복과 찬합 등은 받아 놓고 의복은 더워 많이 입기 어렵더니 이제는 날이 더워도 지내볼까 한다.

여기는 북어가 매우 귀하고 섬사람들은 사먹지 아니하기에 오랫동안 맛을 잊게 되었더니 보내온 것을 먹고 입맛이 쾌히 도니 다른 것은 말고 이 앞으론 북어를 많이 두드려 보내고, 가자미가 나거든 여름에 두고 먹을 만큼 얻어 보내고, 새우젓도 여기는 매우 귀하니 여름에 두고 찌개를 해도 될 만큼 큰 항아리 가득히 좋은 것으로 사서 앞으로 뱃길이 있을 것이니 부쳐라.

성득(노비)은 무슨 병이 있어 여태까지 못 온단 말이니? 서너 날이 되도록 아니 나으면 죽을병인가 보고, 죽을병 같으면 드러눕든지 아니하고 밖에 나다니기는 어쩐 일이라니? 별도로도 기별하겠거니와 아주 집에 부치지 말고어서 내쫓아 집안에 부치지 말게 하여라. 사람이 인정이 한 푼이라도 있으면 어찌 그러하며, 진짜 병이라면 양반의 눈과 말을 피하고 밖으로 나다니는 그런 병이 어디에 있으리?

두 분의 누님께서도 이때까지 행차하지 못하신가 보니 무슨 연고가 있어 그러하냐? 신교(조카)가 초시에 급제한 경사는 신기하고 기특하니 이를 말이 없고, 노인이 오죽 좋아하시랴? 직접 눈으로 보는 듯하다. 안질(눈병)로 서역(글씨 쓰는 일)을 길게 못 하니 이만한다.

신묘년(1831) 3월 27일 구 _{추사가 언간 33}

김노경은 여전히 편지로 임신한 셋째 며느리를 비롯한 일가친척의 건강, 두 누님의 안부, 말썽 많은 노비 성득의 사역 등 가족 돌보기와 노비 관리를 하고 있다. 다만 노비를 관리하기란 쉽지 않았던 듯한데, 여기에서도 성득이란 노비는 계속 아프다고 핑계대면서 김노경의 사역을 거부하고 있다. 아마 성득은 어떻게든 김노경의 유배지에 가서 사역하는 걸 피하려 했던 듯하다. 또한 김노경은 평소 생선류 반찬을 좋아했던 듯, 며느리한테 북어와 가자미, 새우젓 등을 넉넉히 구해서 보내달라고 부탁하고 있다.

의원은 없고 이런 답답한 일이 없다

김노경이 유배 가 있는 동안 그의 집안에서는 여러 가지 우환이 끊이지 않고 일어났다. 그럴수록 오롯이 혼자서 집안을 책임지던 김노경의 마음은 한없이 무겁기만 했다. 다음 편지는 1831년 6월 28일 셋째 며느리 죽산박씨와 서녀에게 보낸 것인데, 그러한 김노경의 답답한 마음이 잘 드러나 있다.

사람이 오는데 글씨(편지) 보고 든든하나, 대교댁(큰아들 김정희의 처 예안이씨)이 그리 본병(지병)으로 앓고 대교(김정희)의 병도 가볍지 않게 지낸다 하니 놀랍고 염려가 끝이 없으며, 창녕댁(둘째 아들 김명희의 처 경주최씨)은 친정집의 대고(大故 : 부모님 상사)를 만났다 하니 놀랍고 참혹하고 불쌍하기 끝이 없다.

그 사이에 또 날이 오래되니 우환들은 다 지나가고 큰집과 작은집의 모든 식구들은 다 무사하고 아이들도 잘 있느냐? 들으니 서울에 역질(전염병)이 성행한다 하니 피할 일이 걱정이로다. 꽉쇠(둘째 서녀 이집의 아들로 추정)는 요새 강으로 나갔다 하니 어떠하고, 제 어미(둘째 서녀로 추정)도 잘 있느냐?

나도 안질(눈병)과 이창(귀에 생긴 부스럼)은 나아 지내나, 교관(셋째 아들 김상희)이 그 사이에 낙상을 하여 이때까지 낫지 못하니, 의원은 없고 이런 답답한 일이 없다. 글씨 쓰는 일이 끝내 어려워 이만한다.

신묘년(1831) 6월 28일 구 _{추사가 언간 34}

서울 집에서 편지가 왔는데 온통 걱정거리뿐이다. 큰아들 내외인 추사와 예안이씨는 계속 심상찮은 병을 앓고 있고, 둘째 며느리 경주최씨는 친정의 부모상을 당했으며, 게다가 서울에 역질까지 돌아서 손자 꽉쇠가 강가로 피신했다는 것이다. 여기에서의 꽉쇠는 제 어미인 서녀와 함께 언급하고 있는 것으로 보아, 김상희의 자식이 아닌 둘째 서녀의 아들로 추정된다. 꽉쇠가 둘째 서녀의 아들임은 이 책 156면의 「편지 여러 장 쓰기 어려워 이만 그친다」에서 확인할 수 있다.

한편, 유배지의 김노경도 눈병과 귓병을 앓고 있고 김상희는

낙상을 했지만, 시골엔 의원이 없어 제때에 치료하지 못해 그저 답답할 뿐이었다. 이 무렵 추사 집안은 안팎으로 고난의 시기였음에 틀림없다. 또 당시 유배객이 진정으로 힘든 점은 바로 이러한 가족들의 우환이었을 것이다.

창녕의 생일에 만두를 해서 먹었다

김노경은 이조, 호조, 병조판서 등 요직을 역임하고 평안 감사까지 지낸 사람이었다. 그럼에도 고금도에 유배된 뒤로는 직접 반찬거리를 마련하고 요리에도 관여했다. 조선 시대 양반 사대부는 상황에 따라 얼마든지 음식 요리에도 참여했던 것이다.

다음 편지는 둘째 며느리 혹은 셋째 며느리에게 보낸 편지로 추정되고, 그 시기는 1831년 9월 말경으로 추정된다. 내용 중 둘째 아들 김명희의 생일인 9월 20일이 지난 지 얼마 되지 않은 시기에 썼다고 했기 때문이다.

> 채소류 중 내려온 것은 아직 먹어 가려니와 아주 없는 것이 석이버섯은 여기서 얻을 길이 없고, 마른 버섯과 마른 송이버섯, 밭거리(채소류) 등은 얻을 길이 없으니 얻어 보내어라.
> 일전에 창녕(둘째 아들 김명희)의 생일에 만두를 하여 먹으니, 메밀은 먹물을 들여 놓은 것 같고 침채(김치)가 없어 변변히 되지 않았으니, 앞으로 인편에 메밀가루를 조

금 얻어 보내고 메밀국수 만드는 법을 기별하면 다시 만
들어 보겠지만 잘될지 모르겠다.

갓과 우거지를 작년에도 많이 보내어 겨울을 났거니와 올
해도 조금 넉넉히 얻어 보내어라. 석이버섯도 쓸 만큼 얻
어 보내고, 교관(셋째 아들 김상희) 올라가는데 후춧가루
를 기별하였더니 보냈느냐?

추사가 언간 35

김노경은 이렇게 며느리에게 편지를 보내 갖가지 반찬거리를
일일이 챙긴다. 그것도 석이버섯과 송이버섯 같은 버섯류, 갓과 우
거지 같은 채소류, 후춧가루 같은 양념류 등의 수급 사정에 대해
아주 자세히 파악하고 하나씩 꼼꼼히 챙기고 있다. 뿐만 아니라 아
들들과 함께 만두를 해먹었다가 실패하고, 또 며느리에게 메밀국
수 만드는 법을 알려달라고 부탁하는 걸 보면 김노경은 요리에도
직접 관여했던 듯하다.

나는 잘 있으니 걱정마라

시간은 빠르게 흘러 유배 온 지 벌써 1년이 지나가고 있었다. 또다
시 겨울이 돌아오자, 김노경은 북쪽에 있는 가족과 일가친척의 안
부가 더욱 궁금해졌다. 이 편지는 1831년 10월 10일 큰며느리 예
안이씨를 비롯한 여러 며느리들에게 보낸 것으로 추정된다.

연이어 인편의 편지를 보고 든든하며, 벌써 겨울이 되니 모두 무사하고 아이들도 잘 있느냐? 교관댁(셋째 아들 김 상희의 처 죽산박씨)의 어린것(꽉이로 추정)은 잘 자라고 생각이 점점 나아가느냐?

나는 잘 있으니 염려마라. 대교(큰아들 김정희)는 온다기에 염려가 아니 날 수가 없더니, 온 후에 보니 생각했던 바와는 다르고 요새 먹기와 식관(食管: 식도를 포함한 소화기관)이 많이 나으니 내 마음도 놓이거니와, 날씨는 이리 추워지고 북쪽으로 가는 길이 마음에 놓이지 아니한다.

교관(셋째 아들 김상희)은 집에 돌아간 후 무사한가 보니 기쁘며, 송현(누님 댁으로 추정)서는 요새 모든 범절이 어떠하시다 하느냐? 질녀(조카딸)들도 다 무사하고, 차동 (넷째 질녀로 김노영의 넷째 딸. 민치항에게 출가하여 차동에 거주)의 우환과 미동(다섯째 질녀로 추정)의 굶는 법(굶주림, 가난)은 어찌하여 지내며, 안산과 지산에서도 다 무사하다 하느냐? 난동(서녀로 추정)에서는 연락도 없이 집을 옮겼다 하니 어린아이는 무사하고 글자나 가르치느냐? 육희(서녀의 딸로 추정)는 봄 이후로 편지 한 장을 아니하니 새로이 무슨 겁이 나서 아니하느냐?

이 소지(편지)는 그 사이에 생각나는 대로 쓴 것이기에 보내나, 그 사이에 더러 온 것도 있으니 알아서 하여라.

신묘년(1831) 10월 10일 구 추사가 언간 36

추운 겨울, 김노경은 아들과 며느리, 손주들의 안부가 궁금했다. 특히 이번에는 송현에 사는 누님의 건강과 돌아가신 큰형님 김노영의 딸들 중 집안에 우환이 있는 차동, 미동에 사는 질녀들의 안부가 더욱 궁금했다. 이렇게 시간이 흐를수록 김노경의 마음은 더욱 복잡해진 듯한데, 그럼에도 가족의 안부를 묻고 정작 자신은 잘 있으니 염려 말라고 안심시킨다. 김노경은 다정한 아버지요 집안의 어른이었다.

그도 사람인가 한다

한때 한국 사회는 '갑질' 논란으로 한동안 시끄러웠다. 권력이나 부에서 우위에 있는 '갑'이 약자인 '을'에게 모욕적인 언사와 폭행 같은 갖가지 부당행위를 했기 때문이다. 조선 시대로 거슬러 올라가면 권력층인 양반 사대부와 집에서 부리는 노비는 오늘날의 관점에서 보면 갑을 관계에 해당할 텐데, 그들의 관계는 어떠했을까? 이 편지는 1831년 11월 4일 김노경이 며느리들과 서녀, 손녀들에게 보낸 것인데, 조선 시대 양반 사대부의 노비에 대한 인식과 태도가 잘 나타나 있다.

> 그동안 기별을 못 들어서 섭섭하기를 어찌 다 말하리. 어느덧 한겨울이 되니 모두 다 태평히 지내고 아이들도 잘 있느냐? 대교(큰아들 김정희)는 집에 무사히 들어가고 모든 일이 관계치 아니하나 이때까지 기별을 모르니 답답하다. 나는 무사하고 창녕(둘째 아들 김명희)도 잘 있으니

염려마라.

오늘은 사당에 절을 올리는 날이니 다들 모여 새로이 지내는 일을 생각하며, 나는 2년째 여기에서 그날을 보내니 심회를 이를 것 없다.

초2일 송현(누님 댁으로 추정) 생신에는 너희 중 누가 가서 뵈었느냐? 조반을 누가 차려 드렸는지, 아득히 생각만 간절하다. 요새는 모든 범절이 어떠하시더냐? 이 말을 벌써 하려다가 매양 바쁘고 부산해서 못 했다.

덕년(찬모)은 내려와 저로서는 정성껏 하니 그도 사람인가 하며, 저번에 여기에 오려고 기를 쓰고, 이제 감투 하나를 주니 좋아서 빙긋빙긋 웃는 모양이 그 몰골이라도 참혹하지 않아 보이니 웃는다. 함께 귀양 온 한 찰방(각도의 역참을 관리하는 종6품의 벼슬)이 그 모양을 보고서 우스워 거의 울 듯한 모양이요 정말 어지간하다 하니 사람의 소견이 저러하구나.

제 자식들을 서울에 두었으니 어찌하였느냐? 옷이나 따뜻하게 하여 주었느냐? 옛사람이 말하되 '저도 또한 사람의 자식이니 가히 잘 대접하라'고 하고, 천리에 모자(母子)를 떼어 놓으니 아무리 종의 자식이라도 그 정이 아니 불쌍하랴? 사연이 무궁하되 그친다.

신묘년(1831) 지월(11월) 4일 구 추사가 연간 37

김노경이 유배지에 있을 때 세 아들은 번갈아 가며 아버지를 모셨다. 이번에도 추사는 유배지에서 아버지를 모시다가 서울 집으로 올라가고, 둘째 아들 김명희가 남아서 아버지를 모셨다.

그런데 다른 건 차치하더라도 먹는 게 가장 큰 문제였다. 음식을 해 주는 찬모가 없어 김노경과 아들, 노비 등 남자들끼리 매 끼니를 준비해서 먹기가 여간 힘든 게 아니었다. 그때 서울 집의 찬모 덕년이 어린 자식을 놔두고 유배지로 내려왔다. 그 충성심에 감동한 김노경은 덕년을 매우 칭찬할 뿐만 아니라 감투 하나를 선물로 주고, 또 서울에 두고 온 자식에게도 옷을 따뜻하게 입히며 잘 보살피라고 지시한다. 감투는 머리에 쓰던 의관의 하나인데, 말총이나 가죽, 헝겊 등으로 차양 없이 만든 관모였다. 김노경은 덕년이 고마워 자신의 관모를 선물로 주었던 듯하다. 이렇게 조선 후기 양반과 노비는 강압적이거나 일방적인 관계가 아닌 서로 돕고 의존하는 관계도 있었던 듯하다.

올려 보내는 것은 다 수를 세어 받아라

김노경은 시간이 지나면서 조금씩 유배 생활에 적응해 갔다. 마찬가지로 가족과 일가친척도 별 탈 없이 살아갔다. 이 편지는 1831년 11월 30일 큰며느리 예안이씨와 서녀에게 보낸 것으로 추정된다.

> 사람이 오거늘 글씨(편지) 보고 든든하고 반가우며, 요사이 모두 무사하다니 더욱 기쁘다. 나는 전과 한가지로 지내되 설사가 자주 나서 횟수는 잦지 않아도 날마다 끊이지 아니하니 괴롭다.

대교(큰아들 김정희)는 천리의 먼 길을 무사히 돌아가니 든든하기 이를 것 없다. 요새 역질(전염병)이 성행한다 하니 아직 역질을 치르지 아니한 아이들이 병이 날까 마음이 놓이지 아니하니 각별히 조심하고, 그동안 바람(유행병)을 조심하거라.

꽉쇠(둘째 서녀 이집의 아들로 추정)의 모양이 지금은 어떠하여 가느냐? 내년은 14살이 되는데, 그래도 생각이 나고 무슨 묘리가 있어 뵈느냐?

송현(누님 댁으로 추정)에서는 범절이 많이 나아 지내시는가 싶으니 경사스럽고 다행하기가 끝이 없다. 그 사이에 밖에 나와 계시더라 하니 오랜만이지만 출입하기도 관계치 아니하시니 더욱 다행하기 이를 것 없다.

집에서 보낸 것들은 잘 받아 두고 쓸 것이니 기쁘거니와, 여기서 올려 보내는 것도 다 수를 세어 받아라. 바빠서 사연을 이만 그친다.

신묘년(1831) 지월(11월) 회일(30일) 구 추사가 연간 38

김노경은 우선 큰며느리 예안이씨에게 추사의 무사 귀환 소식을 듣고 매우 기뻤다고 전하고 있다. 그러고는 꽉쇠의 성장에 대해 물어본다. 이 편지가 서녀에게도 함께 보낸 편지임을 감안하면, 꽉쇠는 서녀의 아들임에 틀림없어 보인다. 김노경은 서녀의 자식들에 대해서도 지속적인 관심을 갖고 꼼꼼히 챙겼다. 또 송현에 사는 누님도 건강이 좋아져 모처럼 바깥출입을 했다는 소식을 듣고 매우 다행스럽게 여긴다. 끝으로 김노경은 이제 집에서 보낸 물건을 받기만 하는 것이 아니라, 유배지에서 갖가지 물건을 챙겨서 서울 집으로 올려 보내기도 한다. 어느새 그도 유배 생활에 적응해 가고 있었다.

내가 세상에 있기 차마 괴롭다

며느리 사랑은 시아버지라고 했던가. 김노경은 아들보다 며느리들에게 더욱 자주 편지를 보내며 많은 애정을 쏟았다. 이 편지는 1832년 1월 26일 며느리와 손녀, 서녀 등에게 함께 보낸 것인데, 김노경의 며느리에 대한 관심과 사랑이 잘 나타나 있다.

> 새해가 되었는데 이때까지 기별을 몰라 답답하더니, 하인이 오거늘 글씨(편지)들 보고 모두 건강하다니 든든하다. 나는 요즘에야 설사도 조금 낫고 모든 일을 한가지로 지내나 요통이 끝내 완쾌되지 못하니 괴롭기 끝이 없다. 집에서는 두 번의 제사와 20일 생신(다례)이 지났으니 새로운 심회를 어찌 다 적으리.
> 온양(큰며느리 예안이씨의 친정)에서는 그런 병상이 어디 있으리. 노친네(친정어머니 한산이씨)의 참독한(죽은 사람을 생각하고 슬퍼함) 마음을 차마 붓을 들어 어찌 쓰리. 젊은 사람(한산이씨의 아들로 추정)이 무슨 병으로 끝내 그런 일을 만났는고. 놀랍고 참혹한 마음을 진정치 못하며, 더구나 큰집에 저런 모양이 어디 있으리. 너도 그

런 딱한 사정을 생각하면 멀리서 오죽하랴 걱정이로다.

죽산댁(셋째 며느리 죽산박씨) 어린것도 끝내 구하지 못한가 보니 조손(祖孫)이 얼굴도 모르고 어느덧 비참한 소식을 들으니 더욱 잔인하고 끔찍스러우며, 내가 세상에 있기 차마 괴롭다.

영 모(김노경의 소실 안동댁으로 추정)는 회갑이 되니 오죽 든든하며, 이집 형제(서녀들로 이희본, 이광시에게 출가함)의 정리(情理: 인정과 도리)를 생각하니 그 모양에 환갑을 넘긴 걸 보니 아마 백세나 살려나 보다. 앞으로도 잘 먹고 평안히 지내거라.

여기는 아직 별일은 없으나, 덕년(찬모)의 조석 해 주는 것이 아니 좋기야 하랴마는, 아무리 해도 맛이 과하여 섭생지도(건강하게 사는 법)에는 좋은 줄 모르겠다. 말이 무궁하되 총총 그친다.

임진년(1832) 1월 26일 추사가 언간 39

이즈음 큰며느리 예안이씨의 남동생이 병으로 갑자기 세상을 떠난 듯하다. 이에 김노경은 마치 자신에게 닥친 불행이라도 되는 양 매우 놀라워하며 안사돈과 며느리의 마음을 위로하고 있다. 또 셋째 며느리 죽산박씨도 얼마 전에 태어난 아기를 잃은 듯한데, 김노경은 "내가 세상에 있기 차마 괴롭다"라고 하며 매우 안타까워하고 있다. 며느리들에게 닥친 일을 마치 자신의 일처럼 여기며 위로하고 있는 것이다.

한편, 올해는 김노경의 첩 안동댁의 회갑인 듯 앞으로도 잘 먹고

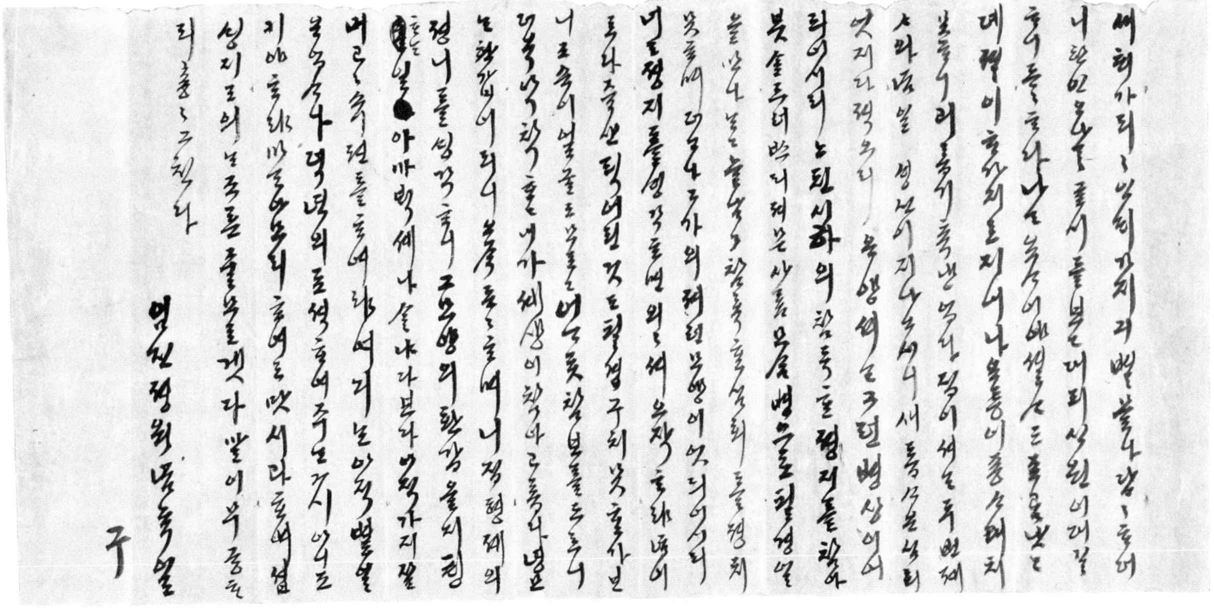

— 추사가 언간 39, 국립중앙박물관 소장

평안히 지내어 100세까지 살라고 우스갯소리로 축하해 주고 있다.

끝으로 앞에서 얘기한 찬모 덕년에 대해서도 짧게 들려준다. 아침저녁으로 밥을 해 주는 건 고맙지만, 음식이 좀 맵고 짜서 건강에는 좋지 않을 것 같다고 한다. 김노경의 입맛은 여전히 까다로웠다.

멀지 아니한 길이라도 어찌 다녀올꼬

유배 3년째 봄. 유배지의 단조롭고 지루한 일상은 계속되었다. 김노경은 여느 때처럼 며느리에게 편지를 보내 집안을 단속하고 의복 수발을 부탁했다. 이 편지는 1832년 3월 20일 셋째 며느리 죽산박씨에게 보낸 것으로 알려져 있다.

> 일전에 황(노비)이 가는데 보낸 편지는 받아 보았느냐? 인편의 글씨들 보고 든든하나, 들으니 대교댁(큰며느리 예안이씨)이 친정에 근친을 간다 하니 사부인의 병환에 관계치나 아니하고, 멀지 아니한 길이라도 어찌 다녀올꼬. 이리 걱정이로다.
> 요새는 꽉쇠(둘째 서녀 이집의 아들로 추정)가 어떠한고? 병이나 없고 잘 있느냐? 지각은 전보다 나아가느냐? 나는 요새는 조금 나아 지내나 올 여름을 여기서 지낼 일이 아득하다.
> 벗은 겨울옷들은 이제야 보내니 모구(방한구)들과 함께

보내거니와 잘 가져나 갈지 모르겠다. 마삿꾼(마바리꾼) 이 착실하다기에 보내거니와 마음이 놓이지 아니한다. 등 거리(조끼처럼 등에 걸쳐 입는 홑옷)의 단추는 어찌 달았 기에 앞 단추가 한번 끼면 빠지지 아니하여 단추가 다 상 하였으니, 이 앞 단추는 조금 헐겁게 하여 보내어라. 글씨 쓰는 일이 괴로워 이만 그친다.

임진년(1832) 3월 20일 구 ^{추사가 언간 40}

결국 큰며느리 예안이씨는 어머니를 위로하기 위해 친정인 온 양에 근친을 가기로 했던 모양이다. 김노경은 "멀지 아니한 길이 라도 어찌 다녀올꼬"라며 걱정해 준다. 그와 함께 서녀의 아들인 꽉쇠도 잘 자라고 있는지 묻는다.

끝으로 김노경은 겨울옷을 방한구와 함께 챙겨 보내면서 잘 도 착할지 모르겠다고 걱정한다. 방한구는 털로 만든 귀중품이라 마 바리꾼이 중간에서 빼돌릴 수도 있었기 때문이다. 또 옷의 단추를 좀 더 헐겁게 달아달라고 이야기하는 장면도 재미있다. "어찌 달 았기에"라는 말 속에 김노경의 짜증스런 말투가 느껴진다. 아마도 길어진 유배 기간으로 인해 김노경은 몸도 마음도 지쳤던 듯하다.

소고기를 못 먹어 기운 없이 지내니 괴롭다

두 달 후 큰며느리 예안이씨는 무사히 친정을 다녀왔던 듯하다. 1832년 5월 25일, 김노경은 그녀에게 편지를 보내 따뜻한 위로와 함께 서울 집의 안부를 묻는다.

교관(셋째 아들 김상희)이 오는데 글씨(편지)들 보고 계
속하여 아무 탈 없이 지낸다 하니 기쁘다. 온양(큰며느리
예안이씨의 친정) 길은 무사히 다녀왔나 보니 든든하나
사부인의 자식을 잃은 정경이 오죽하랴. 노친네(친정어머
니 한산이씨)는 기운을 어찌 부지하실지 걱정이로다. 관
천(지명)에서는 장사까지 지내고, 상인(喪人)도 병환이나
아니 나 계시냐?
서울은 감기가 크게 성행한다고 하던데 대교(큰아들 김정
희)가 그만치나 나아서 지내는 일이 든든하며, 너희는 병
을 앓지나 아니하였느냐? 영모(김노경의 소실 안동댁)는
요새 어찌 있느냐? 꽉쇠(둘째 서녀 이집의 아들로 추정)
는 요새도 함께 지내느냐? 나이는 점점 많아 가고, 저런
민망한 일이 어디 있으리.
18일, 20일은 연이어 사당에 절을 하는 날이나, 나는 3년
째 여기 와서 그날을 지내니 원통함을 이를 것이 없다.
나는 요새 아무 탈 없이 지내니 걱정마라. 날씨는 점점 더
워 가고, 소고기를 못 먹어 기운 없이 지내니 괴롭다. 사연
이 무궁하나 글씨 쓰는 일이 차마 어려우니 이만 쓴다.

임진년(1832) 5월 25일 구 추사가 언간 41

김노경은 큰며느리 예안이씨의 친정집 사정부터 묻는다. 친정
어머니의 건강은 어떠하신지, 죽은 자식의 장례는 잘 지냈는지 걱

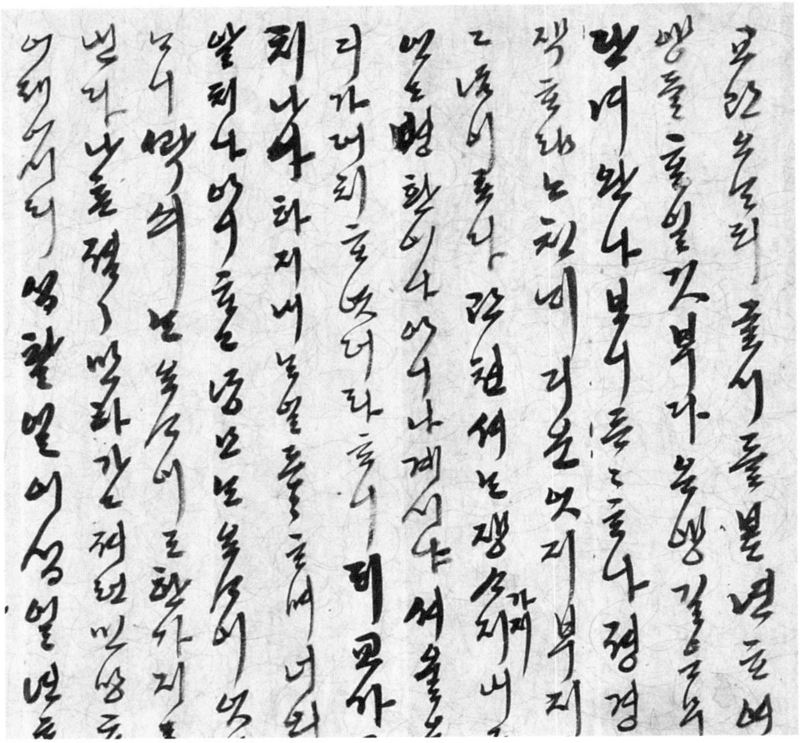

— 추사가 언간 41, 국립중앙박물관 소장

정스런 어조로 묻는다. 아마 이 편지를 읽은 예안이씨는 시아버지의 자상함에 왈칵 눈물을 쏟았을 것이다.

김노경은 또 큰아들 김정희와 소실 안동댁을 비롯한 가족들의 안부뿐 아니라 서녀의 아들인 꽉쇠의 교육에 대해서도 묻는다. 앞에서도 보았던 것처럼 김노경은 서손 꽉쇠의 안부를 끊임없이 묻고 있는데, 이는 물론 집안에 자손이 귀해서이기도 하겠지만 서손 꽉쇠를 진심으로 아끼고 사랑했기 때문인 듯하다.

마지막에 가서야 김노경은 자신의 안부를 전하는데, 요새 아무 탈 없이 잘 지내지만 소고기를 먹지 못해 기운 없이 지내니 괴롭다고 한다. 조선 사람들은 소고기를 아주 좋아했다. 비록 나라에서 농우(農牛)를 보호하기 위해 자주 도축 금지령을 내렸지만, 당시 사람들의 소고기에 대한 식탐을 멈출 수는 없었다. 일반 백성들도 소고기를 비교적 쉽게 먹을 수 있었고, 특히 노년층이 소고기를 먹음으로써 건강을 지키고자 했다. 김노경 역시 소고기를 즐겨 먹었던 듯하다.

새해가 가까우니 설이나 태평히 쇠거라

유배 3년째인 1832년도 어느덧 저물어 가고 있었다. 또다시 유배지에서 설날을 맞이해야 하는 김노경은 쓸쓸한 감회와 함께 가족과 일가친척의 처지가 더없이 걱정되었다. 다음 편지는 1832년 12월 18일 셋째 며느리 죽산박씨와 두 서녀에게 보낸 것으로 알려져 있다.

그 사이에 인편이 오래 막혀 섭섭하더니 성득(노비)이 오는데 글씨(편지) 보고 든든하나, 대교댁(큰며느리 예안이씨)이 끝내 회복을 못 한가 싶으니 어찌하여 그러한고? 아마 원기가 썩 서지 못한가 보니 안타깝고, 창녕댁(둘째 며느리 경주최씨)은 유산이 된가 싶으니 섭섭하기는 둘째로 치고 뱃속이 불편한가 보니 무슨 약이나 해서 먹어야 이 앞으로라도 바랄 것이니 답답하다. 그동안 한 달 정도 되었으니 건강이 어떠한지 걱정이로다.

나는 아직 한결같이 잘 지내나 한 해가 다 저물어 가고, 종일 듣는 것이 바닷바람 소리이나 집을 흔드는 듯하니, 아무리 앉아서 애락(哀樂)을 다 잊고 초목처럼 앉아 있으려 해도 아니 되고, 내 생일(김노경의 생일인 12월 17일)을 지내나 차마 듣기가 싫어 못 견딜 듯하다.

26일 제사(김노경의 아버지 김이주의 제사)가 다가오는데 올해는 어떻게 지낼런고? 너도 병들고 지금은 시제사도 아니 지내고 마침 기제사밖에 없는데, 행여 종(노비)의 자식 하나라도 무슨 불결한 일이 있을까 보아 걱정이며, 천리 밖에서 또 이날을 지내려 하니 망극하고 통한할 수밖에 무슨 말을 하리.

질녀(조카딸) 중의 편지 하나가 아마 윤집(첫째 형님 김노영의 셋째 딸로 윤경성에게 출가함)의 편지 같으니 든든하나, 올해는 저 같은 흉년을 당하여 아마도 살아날 길이 없을 것이니 저를 어찌하며, 진사(셋째 아들 김상희)도 이질에 걸린 후 회복을 못 한가 보니 염려가 끝이 없다.

다른 집에서는 다 아무 탈 없이 잘 지내느냐? 요새 신교 (미상)에서는 어찌 지내시며 그 기수[9]가 오죽하시랴. 숨 쉬기가 어찌 편하리. 이집(서녀)의 어린것이 즉시 죽을까 싶으니 악착(잔인하고 끔찍스러움)하기가 이를 데 없다. 제 어미가 병이나 아니 나고 요새 집에나 왔느냐? 영변댁 에서는 장사까지 지내고 우제(虞祭)[10]까지 지내신 지 벌 써 한 달이 지났으니 통한하기 이를 데 없다. 이 해가 다 가고 새해가 가까우니 설이나 태평히 쇠거라.

임진년(1832) 납월(12월) 18일 구 추사가 언간 42

김노경은 무엇보다 며느리들의 병이 걱정되었다. 큰며느리 예 안이씨는 친정 일까지 겹쳐 지병이 쉽게 회복되지 않았고, 둘째 며 느리 경주최씨는 유산의 후유증을 앓고 있었기 때문이다. 김노경 은 마치 시어머니처럼 그들의 병을 걱정하며 몸조리를 잘하도록 당부하고 있다. 그와 함께 곧 아버지 김이주의 제사가 다가오는데, 병든 셋째 며느리 죽산박씨가 어떻게 지낼는지 한없이 걱정한다. 이밖에도 김노경은 조카딸의 가난, 셋째 아들 김상희와 신교에 사 는 사람, 서녀 이집 등의 병에 대해서도 몹시 걱정하고 있다. 그는 이러한 집안의 우환이 모두 자신의 유배 때문에 생긴 일인 것처럼 통한해하고 있다.

9　가래가 목에 걸려 가슴이 답답하고 거북해서 내는 기침.
10　장사를 지낸 후 첫 번째 지내는 제사인 초우(初虞)와 두 번째 제사인 재우 (再虞), 세 번째 제사인 삼우(三虞)를 통틀어 이르는 말.

김노경의 해배와 죽음

1833년 9월 22일, 김노경은 3년여 만에 유배에서 풀려났다. 그리고 다음 해인 1834년 11월 순조가 죽고 어린 헌종이 즉위하여 순원왕후의 수렴청정이 시작되자, 김노경은 1835년 7월 의금부의 으뜸 벼슬인 종1품 판의금부사에 올랐다. 마찬가지로 추사도 1836년 4월 성균관 대사성이 되고, 그해 7월엔 병조참판에 올랐다. 추사 집안은 다시 예전처럼 승승장구의 길로 나아가는 듯했다. 하지만 바로 다음해인 1837년 3월 30일, 김노경이 72세의 나이로 세상을 떠나고 말았다. 추사는 경기도 과천의 과지초당 뒷산에 아버지의 묘소를 쓰고서, 이후 3년 동안 김명희·김상희 형제와 함께 여묘살이를 했다. 추사의 조부모와 부모 등 집안 어른들의 시대는 이렇게 막이 내렸다.

막내 동생 김상희의 편지

김노경은 추사 김정희 말고도 김명희와 김상희 두 아들을 두었다. 추사에 대해서는 2부에서 자세히 살펴볼 예정이므로, 여기서는 김명희, 김상희에 대해서만 간략히 살펴보자.

김명희(1788~1857)는 자가 성원(性源), 호가 산천(山泉)으로, 1788년 9월 20일에 태어났다. 순조 10년(1810) 과거에 급제하여 진사가 되고, 벼슬은 창녕 현감, 강동 현령, 공조좌랑을 지냈다. 1822년 동지겸사은사의 정사인 아버지를 따라 중국 북경에 가서 청나라 명사(名士)인 유희해(劉喜海), 진남숙(陳南淑) 등과 교분을 맺었다. 시문에 능해 『산천고금시초』를 남겼고, 글씨에도 뛰어났지만 지금까지는 형 추사의 위상에 가려져 있었다. 그는 처음엔 추사의 영향을 받아 그와 비슷한 글씨를 썼지만, 말년에는 추사와 다른 자신만의 서체를 구축했다는 평가를 받고 있다.

김상희(1794~1861)는 자가 기재(起哉), 호가 금미(琴眉)로, 1794년 7월 18일에 태어났다. 순조 13년(1813)에 과거에 급제해 진사가 되었고, 벼슬은 동몽교관, 영유 현령, 호조별랑을 지냈다. 그는 추사의 막내 동생으로, 형의 심부름을 도맡아하는 아주 착한 동생이었다.

— [위] **김명희가 제주에 있는 추사에게 보낸 편지**
김명희, 19세기, 종이에 먹, 21.7×88cm, 제주민속자연사박물관 소장
— [아래] **김상희가 쓴 편지**
김상희, 19세기, 종이에 먹, 과천추사박물관 소장

이들 삼 형제는 앞에서처럼 늘 번갈아가며 아버지 김노경을 모신 대단한 효자였을 뿐 아니라 항상 서로를 위하고 걱정하는 등 형제애도 몹시 두터웠다. 『철종실록』 7년 10월 10일조 기사에 따르면 추사의 형제들이 서로 화목했다는 기록이 있다.

한편, 김명희와 김상희도 가족들과 많은 한글 편지를 주고받았겠지만, 현재 남아 있는 것은 김상희의 한글 편지 2통뿐이다. 그것도 같은 날 아내와 서매에게 보낸 한글 편지다.

딱한 일이 많으니 민망하옵니다

1831년 6월 28일, 고금도 유배지에서 아버지를 모시고 있던 김상희는 '백수씨 전 상답서'라고 쓴 봉투 속에 3통의 편지를 함께 보냈는데, 그 봉투에 적힌 '백수씨'(큰형수 예안이씨)에게 보낸 편지는 현재 전하지 않고 아내 죽산박씨와 서매에게 보낸 2통의 편지만 남아 있다. 그중 김상희가 아내 죽산박씨에게 보낸 편지부터 자세히 살펴보자.

> 그 사이에 오랫동안 기별을 몰라 답답하옵더니 인편에 편지 적으신 것을 보고서 든든하옵니다. 그 사이에 편치 못하게 지내시고, 형님(큰형 김정희)께서도 대단히 편치 못하시고, 아주머님(큰형수 예안이씨)께서도 본래 병환으로 편치 않으시다 하오니, 이런 때일수록 우환이나 없어야 견딜 텐데 이러들 하니 걱정이오며, 요새는 모두들 건

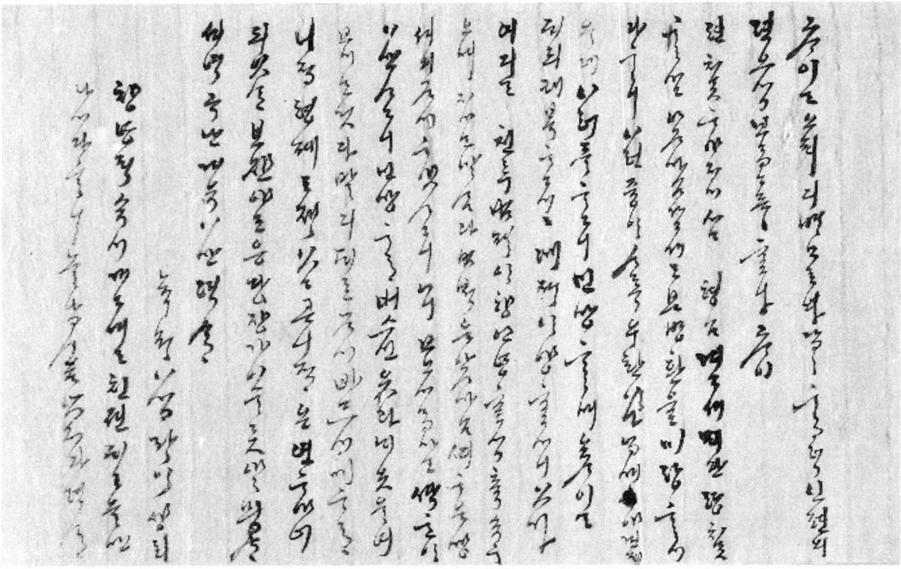

— 추사가 언간 43, 국립중앙박물관 소장

강을 쾌히 회복하시고 기거동작이 한결같사옵니까?

여기는 아버님의 범절이 한결같이 안녕하시니 다행이오며, 그 지내는 말씀과 온갖 일은 아주머님(큰형수 예안이씨)께 올린 편지에 자세히 하였으니 아니 보실까마는 딱한 일이 많으니 민망하옵니다.

아버님께서 벗으신 옷과 내 옷을 올려 보내니 다 발기(물건 목록)대로 자세히 받으시옵소서. 이집 형제(두 서매)도 잘 있고, 큰 이집(첫째 서매)은 계속해서 어디에 있사옵니까? 굳이 보잖아도 응당 늘 그곳에 가 있을 듯하니 얄밉사옵니다. 글씨 쓰기가 매우 어려워 이만 적사옵니다.

6월 28일 상희

창녕댁 형수님(둘째 형수 경주최씨)께서는 친정 대고(大故: 어버이 상사)를 만나셨다 하오니 놀라움을 어찌 다 적겠사옵니까?

추사가 연간 43

앞에서 살펴본 것처럼 1831년 6월 28일 아버지 김노경도 며느리 죽산박씨에게 편지를 보냈는데, 거기에서는 김상희가 낙상을 한 것으로 나온다. 하지만 이 편지에서 김상희는 자신의 병보다 추사와 예안이씨 등 형님 내외의 건강을 먼저 챙기고 있다. 또 마지막의 추신에서도 어버이 상사를 당한 둘째 형수의 정신적 충격을 매우 걱정하고 있다. 뿐만 아니라 그는 두 서매의 안부에 대해서도 농담처럼 묻고 있다. 김상희의 동기간 우애가 얼마나 깊었는지 단적으로 보여 주는 것이 아닐까 한다.

한편 김상희도 아버지 김노경처럼 아내에게 극존칭을 쓰며 매우 깍듯이 얘기하고 있다. 아내를 존경하고 사랑하는 것은 대대로 추사 집안의 전통인 듯하다.

편지 여러 장 쓰기 어려워 이만 그친다

김상희는 같은 날에 둘째 서매(이씨 집안으로 시집간 서누이)에게도 꽤나 긴 편지를 써서 보냈다. 한꺼번에 편지 3통을 써서인지 그는 이 편지의 말미에서 "편지를 여러 장 쓰기 어려워 이만 그친다"라고 말한다.

> 인편에 보낸 글씨(편지) 보고 든든하며 한결같이 기쁘고, 그 사이에 너희 모친(김노경의 소실 안동댁)은 그리 성치 못하여 지내신다 하니 염려가 끝이 없으며 요새는 쾌히 나으셨느냐?
>
> 큰형님(김정희)께서도 이질과 본래 병으로 대단히 편치 못하시다 하니 놀랍기 그지없으며, 지금은 쾌히 나으셨는지 멀리서 기별을 자주 들을 길이 없고 답답하여 견딜 수 없을 뿐이로다. 큰 이집(큰 서매)은 여름에 계속해서 어디서 지내었느냐? 태기는 있느냐?
>
> 여기는 아버님 범절이 한결같으시고 눈병과 이질도 다 쾌히 회복하여 지내시니 다행하오며, 덥기와 장마도 심하되

기거동작이 관계치 아니하시니 이를 축수하옵는다. 반찬 일절은 아주머님(큰형수 예안이씨)께 올린 편지에 자세히 하였으니 그것을 보면 알겠지만 제일은 소고기를 구하지 못한 까닭에 이리 민망하다.

나는 그 사이에 낙상을 하여 허리를 다쳐 꼼짝을 하지 못하더니 여러 날 만에야 지팡이를 짚고 거동하나 끝내 평소와 같지 못하니 딱하다. 내 옷이 오는데 보니 행전을 둘만 보내었으니, 여기서 빨기도 매우 어려울 뿐 아니라 여름 내내 행전 둘로 어찌 신겠느냐.

새댁 수씨(둘째 형수 경주최씨)께서는 친정 대고(어버이 상사)를 만나셨다 하니 놀랍고 정신이 아찔함을 어찌 다 말하리.

아이들은 다 잘 있고, 꽉쇠(둘째 서매의 아들로 추정)의 장난은 더하지나 아니하냐? 편지를 여러 장 쓰기 어려워 이만 그친다.

6월 28일 형(오라비) 추사가 언간 44

이 편지에서도 김상희는 큰형인 추사의 병과 둘째 형수인 경주최씨의 어버이 상사를 염려하고 있다. 경주최씨를 '새댁 수씨'라고 말하는 점으로 미루어 이 무렵에 그녀가 김명희의 셋째 부인으로 들어왔던 듯하다.

김상희는 또한 서모의 건강과 큰 서매의 안부 및 임신 여부에 대해 자세히 묻고 있는데, 이로 보면 평소 김노경의 소실 안동댁은 정실 못지않은 대우를 받았고, 서매와 정실 자식 사이의 관계도 아주 가까웠던 듯하다. 그와 함께 서녀들도 정실 자식의 며느리들과 함께 아버지의 음식과 의복 수발을 했음을 알 수 있다.

　　김상희는 항상 자신보다 형과 형수를 먼저 생각하고 서매들을 잊지 않고 챙기는 배려심이 많은 착한 동생이었다.

증손자 김관제의 편지

각띠와 사모를 좀 보내 주시옵소서

추사 집안의 마지막 한글 편지는 조선 말기인 1897년 4월 26일 김관제(1870~1912)가 김한제(1856~1903)에게 보낸 한글 편지다. 김관제와 김한제는 김이주와 해평윤씨의 둘째 아들 김노성의 증손자들인데, 김관제는 서자이고, 김한제는 적형(嫡兄)이나 큰집인 김노영의 증손자로 양자를 갔다. 다시 말해 김한제는 추사의 양손이자 집안의 장손이었다. 김관제는 구한말 탁지부(度支部)[11] 재무관을 지냈으나, 이 편지를 보낼 당시엔 생활이 몹시 궁핍했던 듯 적형 김한제에게 여러 가지 물건들을 요청하고 있다.

> 엎드려 살피지 못한 이때에 기체(기후)는 편안하시고 큰집 작은집 두루 평안하시옵나이까? 엎드려 사모하는 마음이 간절하오며 서제(김관제)는 별고 없사오나, 늘 병으로 성치 못하니 보기에 답답하옵니다. 제 아내의 장사(장례)

---

11   대한제국 때 국가 전반의 재정을 맡아보던 중앙 관청. 1910년까지 있었다.

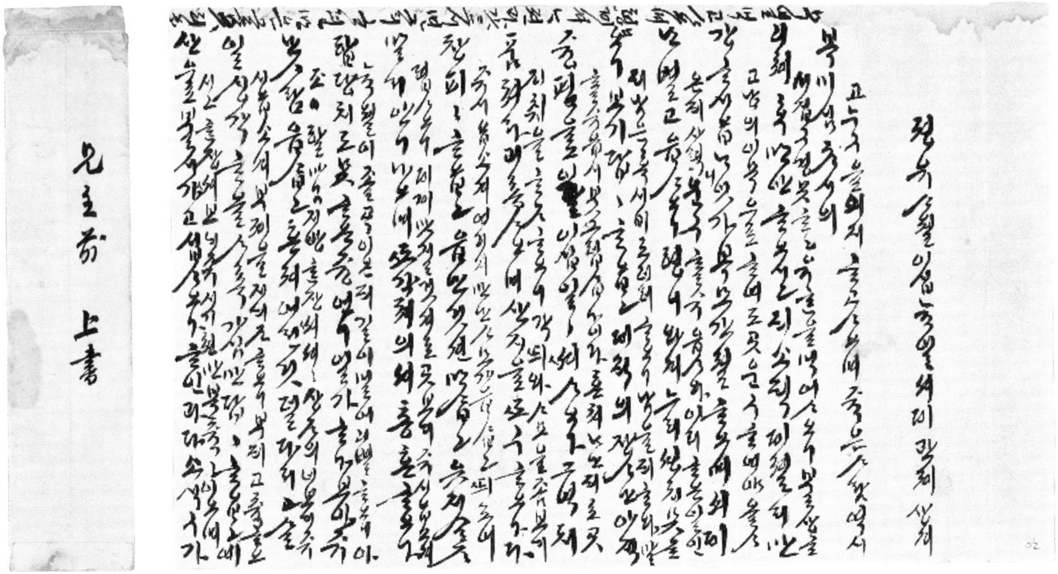

— 추사가 언간 45, 국립중앙박물관 소장

는 임시로 이달 21일에 썼으나 그 또한 좋지 않은 곳이라 괴롭사오며, 산지(山地)를 또 구하나 다 창피 창피하옵니다. 없는 것은 많고 어찌 살아갈지 말이 아니 나옵니다. 또 각처에서 통혼하나 합당치 못한 중에 어느 일가 하나도 돌보아 주는 사람이 없고 저 혼자 어린것들 데리고 살 일을 생각하니 가슴만 답답하옵니다.

예산으로 불시에 가고 싶으나 하인과 다소의 식구가 거기서 무얼 먹고 살며, 형님(김한제)께서 전과 같이 사시면 그리 하련마는 그도 못 되니 누구를 의지하고 사오며, 죽은 사람 역시 시댁 구경도 못하고 한만 남겼으니 불쌍하옵고, 남의 이목을 봐서라도 곧 운구하여야 옳은데 여건이 운구할 수 없어 이리 하는데 남들이 혹 시비도 더러 하니 남을 대하여 말할 수 없이 부끄럽사옵나이다.

혼처가 나는 대로 곧 재취를 하고자 하오니 각띠와 사모를 좀 보내 주시옵소서. 여기서는 맞는 사모가 없고 각띠도 없사오니 저에게 맞는 것으로 곧 보내 주시옵소서.

6월이 졸곡(卒哭: 삼우제 뒤에 지내는 제사)인데 길이 멀어 기별하오니 아주 할머님 지방도 한 장을 쓰셔서 상자에 넣어 보내 주시옵소서. 부제(祔祭: 3년상을 마친 뒤 신주를 조상의 신주 곁에 모실 때 지내는 제사)를 지내고자 하니 부디 고축(告祝: 신명에게 고하고 빎)하시고 한 장을 써서 보내 주시기를 삼가 엎드려 축원하오며……. (이하 결락)

정유년(1897) 4월 26일 서제 관제가 편지 올립니다.

추사가 언간 45

비록 후반부가 사라진 미완의 편지지만 조선 말기 추사 집안의 몰락한 모습을 잘 보여 준다. 김관제는 추사 집안의 서자로서 가난하게 살다가 아내를 잃었는데, 장례조차 제대로 지낼 수 없는 형편이었던 듯하다. 일가친척들도 그를 돌봐 주는 사람이 없고, 적형 김한제마저 사는 형편이 이전과 같지 않아 의지할 수 없었다. 심지어 김관제는 자신의 아내가 생전에 시댁 구경도 못 하고 죽었다고 애통해한다. 그만큼 조선 말기에 이르러 추사 집안은 몰락하고 말았던 것이다.

한편, 김관제는 적형에게 보내는 편지임에도 불구하고 특이하게 한글로 쓰고 있다. 한글이 서서히 보편화되어 가는 시대라서 그런지는 정확히 알 수 없다. 또한 그는 적형 김한제에게 스스럼없이 자신의 궁핍한 신세를 하소연하거나 각띠와 사모, 지방 등 여러 가지 물건들을 보내달라고 요청하고 있다. 대개 우리는『홍길동전』등 기존의 기록들을 통해 조선 시대 적자와 서자의 관계가 매우 대립적이고 수직적이었을 것으로 생각하는데, 앞에서도 계속 보아 왔듯이 그들은 서로를 위하고 아끼면서 진정한 가족으로서 생활했다.

2 부

───

추사의 한글 편지

추사의 인간적인 면모

추사의 한글 편지란 추사 김정희가 아내 예안이씨와 며느리 풍천임씨에게 보낸 40통의 한글 편지를 말한다. 아내 예안이씨에게 보낸 것이 거의 대부분인 38통이고, 나머지 2통만 며느리 풍천임씨에게 보낸 것이다. 그것들을 좀 더 자세히 살펴보면, 추사가 33세 때인 1818년 아버지 김노경이 경상 감사로 있을 때 아내에게 보낸 편지 11통을 비롯해서 43세인 1828년 아내가 친정인 온양에 가 있을 때 보낸 편지 3통, 1828년과 1829년 아버지가 다시 평안 감사로 있을 때 아내에게 보낸 편지 5통, 제주도에서 유배 생활을 하면서 1840년에서 1849년까지 9년 여간 아내에게 보낸 편지 19통, 아내의 사후인 1843년과 1844년 며느리 풍천임씨에게 보낸 편지 2통 등이 있다. 이들 편지 중 12통은 개인이 소장하고 있고, 나머지 28통은 고(故) 김일근 교수가 소장하고 있다가 현재는 국립중앙박물관에서 구입하여 소장하고 있다.

　이들 편지는 추사 김정희가 아내 예안이씨와 며느리 풍천임씨에게 보내 각종의 집안일을 처리한 것으로, 추사의 글씨나 그림,

시, 산문 등의 작품들에서는 쉽게 찾아보기 어려운 인간적인 면모가 아주 잘 나타나 있다. 특히 부모에 대한 효성, 형제자매와 일가친척에 대한 사랑, 아내에 대한 사랑과 적극적인 살림 참여 등이 생생하게 나타나 있다.

1부 '추사 집안의 한글 편지'처럼 2부 '추사의 한글 편지'도 시간 순서대로 따라가되 인물이나 공간, 사건 등의 유형별로 나누어 차례대로 살펴본다.

추사의 전반생

추사의 삶의 행적을 간략히 살펴보자. 추사는 정조 10년(1786) 6월 3일 충청도 예산 용궁리에서 태어났다. 그가 서울 장동의 월성위궁이 아닌 예산의 시골집에서 태어난 이유는 명확하지 않다. 일설에는 그의 어머니가 임신했을 때 서울에 천연두가 유행했는데, 이를 피하기 위해 예산으로 내려가 아이를 낳았다고 한다.

추사는 김노경과 기계유씨의 세 아들 중 큰아들로 태어났지만 8세 무렵 큰아버지 김노영의 양자로 들어가 월성위궁의 장손이 되었다. 김노영이 딸만 다섯을 두고 아들이 없자, 동생 김노경의 큰아들인 추사를 양자로 들여 집안의 대를 잇게 했던 것이다.

추사의 어린 시절은 유독 죽음과 인연이 많았다. 11세인 1796년 8월 8일에 할머니 해평윤씨가 사망했고, 12세인 1797년 7월 4일에 양아버지 김노영이 죽었으며, 그해 12월 26일 할아버지 김이주도 세상을 떠났다. 또 16세인 1801년 8월 21일에 어머니 기계유씨

— 추사 고택의 사랑채

마저 세상을 떠났다. 이렇게 추사는 청소년 시절을 거의 대부분 상복을 입고 지내야 했다.

한편, 추사는 15세인 1800년에 한산이씨와 결혼했으나 자식을 두지 못하고 1805년 2월 12일에 사별했다. 그는 다시 23세인 1808년 21세의 예안이씨를 둘째 부인으로 맞이했는데, 그녀의 친정은 예산에서 그리 멀지 않은 온양이었다. 추사는 예안이씨와의 사이가 몹시 각별했지만 마찬가지로 자식을 두지 못했다. 그래서 따로 소실을 들여 32세인 1817년 7월 12일 서자 상우를 낳고, 딸 2명을 낳아 이민하, 조경희에게 각각 출가시켰다.

추사는 아버지 김노경과 마찬가지로 이들 서자녀를 무척 아끼고 사랑했다. 특히 서자 상우에게 각별한 애정을 쏟았는데, 『천자문』도 아직 떼지 않은 네 살짜리 아들을 위해 『동몽선습』을 직접

— [위] **추사 김정희 초상** 허련, 19세기, 종이에 채색, 36.5×26.3cm, 개인 소장

— [아래] **김정희 필 『동몽선습』** 추사가 35세 때인 1820년 5월에 아들 김상우(金商佑)를 위해 해서로 직접 써서 만든 『동몽선습』. 이 책의 발문에서 추사는 아들에게 "너는 열심히 읽고 가르침에 따르며 깊이 생각하고 힘껏 실천한다면 사람의 도에 이를 것이니 열심히 공부하거라"라고 썼다.

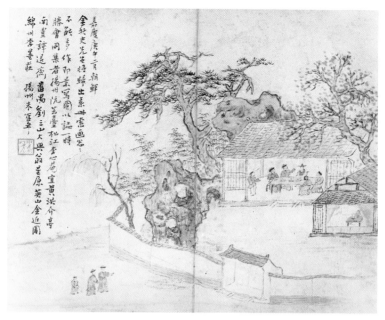

— **추사전별연도** 주학년, 1810년, 종이에 담채, 30×26cm, 개인 소장. 1810년 2월 1일, 60일간의 북경 일정을 마치고 귀국하는 추사를 송별하는 모임을 그린 그림

써서 책으로 만들어 줄 정도였다.

추사의 젊은 시절, 특히 그의 수학(修學)에 관한 기록은 별로 없는 편이다. 우선 그는 벌열 가문 출신이므로 일반인과 달리 많은 서적을 접할 수 있었을 것이다. 또 아버지 김노경이 학식이 뛰어나고 글씨도 잘 썼으므로, 추사는 어려서부터 아버지에게 적잖은 영향을 받았을 것이다. 게다가 유홍준 교수의 견해에 따르면 네 번씩이나 중국에 다녀온 북학파의 대가 박제가가 그의 스승이었다고 한다. 그 결과 민규호(閔奎鎬)가 「완당김공소전」(阮堂金公小傳)에서 "공은 겨우 약관의 나이에 온갖 서적을 관철하여 학식이 대단

— 추사가 주학년에게 써 보낸 대련 글씨 <古木曾嶸雅去後/夕陽迢蒂客來初> 김정희, 19세기, 종이에 먹, 135×32.5cm, 개인 소장

히 넓고 깊어서 마치 하해(河海)와 같았다"라고 말한 것처럼 이미 20대부터 학문에서 두각을 나타내기 시작했다.

하지만 추사의 학문과 예술이 급성장하는 계기는 역시 24세인 1809년에 아버지를 따라 중국 북경에 다녀오면서부터였다. 그해에 추사는 생원시에 합격하고 동지겸사은부사로 연행하는 아버지의 자제군관이 되어 수행했다. 1809년 10월 28일에 출발해서 동지 무렵 중국 북경에 도착한 후 두 달 동안 머물렀다. 그러고는 이듬해 3월에 복귀했으니 총 4개월

여의 짧은 여정이었다. 하지만 그 기간 동안 중국의 두 스승인 완원(阮元)과 옹방강(翁方綱)뿐만 아니라 이정원(李鼎元), 서송(徐松), 조강(曹江), 주학년(朱鶴年) 등 많은 문사를 만났다. 추사는 그들과 교류하며 견문과 학식을 넓혔는데, 특히 청동기나 비석에 새긴 글씨를 연구하는 금석학을 적극 수용했다.

실제로 그는 귀국 후 금석학 연구에 몰두하여 31세인 1816년 7월, 벗 김경연(金敬淵, 1778~1820)과 함께 북한산 순수비를 확인하고, 32세인 1817년 4월엔 경주 무장사비 조각을 찾아냈을 뿐

만 아니라 그해 6월엔 벗 조인영(趙寅永, 1782~1850)과 함께 북한산비를 다시 찾아 비문을 낱낱이 조사하기도 했다.

추사는 34세인 1819년 4월에야 마침내 대과에 합격했다. 순조는 월성위(김한신) 봉사손의 과거 합격을 축하하기 위해 추사에게 음악을 내리고 월성위의 사우에 제사를 지내도록 해 주었다. 이후 추사는 38세인 1823년 규장각 대교를 시작으로 41세인 1826년 충청우도 암행어사, 42세인 1827년 홍문관 부교리, 의정부 검상, 규장각 검교 대교 등을, 43세인 1828년 규장각 검교 대교 겸 시강원 보덕을, 51세인 1836년 성균관 대사성, 병조참판 등 그야말로 출세의 가도를 달렸다. 추사의 한글 편지는 이러한 인생의 전성기 바로 직전인 33세 1818년부터 시작된다.

아내 예안이씨에게 보낸 편지

부끄러워 답장을 아니하여 계시옵니까

추사의 아버지 김노경은 1816년 11월 8일 경상 감사에 제수되었다가 1818년 12월 16일 이조참판에 제수되어 서울로 올라왔다. 당시 양반 사대부는 지방관에 임명되면 가족들을 함께 데리고 가서 바깥바람도 쏘이고 부족한 살림에 입을 하나라도 덜고자 했다. 김노경도 경상 감사 시절 적잖은 식구를 데리고 가서 대구 감영의 내아에서 생활했다.

이즈음 추사는 아직 과거에 합격하기 전으로 한창 금석학에 빠져 틈나는 대로 금석문을 찾아 다녔다. 1817년에는 4월 말에서 5월 초까지 보름 가까이 경주를 비롯한 경상도 일대를 답사했는데, 그 결과 진흥왕릉, 화정국사비, 문무왕비, 무장사비 등을 발굴하고 고증하는 엄청난 금석학적인 성과를 이루기도 했다.

이 편지는 추사가 33세 되던 해인 1818년 2월 11일에 쓴 것인데, 그러한 금석문 답사를 다녀온 후 대구 감영에서 아버지를 모시고 있으면서 서울에 있는 아내 예안이씨에게 보낸 것으로 추정된다.

저번 가는 길에 보낸 편지는 보아 계시옵니까? 그 사이에 인편이 있었으나 편지를 못 보오니 부끄러워 답장을 아니 하여 계시옵니까? 나는 마음이 매우 섭섭하옵니다. 그동안 20일이나 지났으니 계속해서 편안히 지내오시고, 큰집 작은집에 별일은 없고, 집안의 모든 일을 착실히 하옵니까? 사랑채에 동네 청지기들이 떠나지 아니하고 있다 하옵니다. 마음이 놓이지 아니하오며, 나는 오래간만에 아버님을 모시고 지내니 마음이 든든하고 기쁘기를 어찌 다 적겠사옵니까? 그 길에 천리나 두루 돌아다녀서 그런가 험한 길에 매우 지치고, 14일 만에 돌아왔으니 쉰 지가 3일이로되 차마 피곤하여 못 견디겠사옵니다.

오늘 저녁이 제사이니 형님(사촌형 김교희. 김노성의 아들로 당시 부수찬으로 재직)께서 번(당번)이나 나오시고 뒷집의 진사(막내 동생 김상희)나 들어와 지내는가 멀리서 이리 걱정이오며, 내행(內行: 부녀자의 여행길)은 20일 후에 떠나는데 큰 아주머님(사촌형 김관희의 처 평산신씨. 김관희는 김노명의 아들)과 제수씨(동생 김명희의 처 경주최씨)가 올라가시고 막내 제수씨(막내 동생 김상희의 처 죽산박씨)는 아직 계시고, 그 말이 돌아올 때 당신도 내려오게 하겠사옵니다. 나는 내행이 올라갈 때에 함께 가려 하오니 시사(시제사)에나 맞춰 들어갈 듯하옵니다. 그 사이에 길 떠날 준비나 마저 차려 두게 하옵소서. 아무래도 초6일 즈음에 떠나오게 하겠사오니 미리 차려 두게 하옵소서.

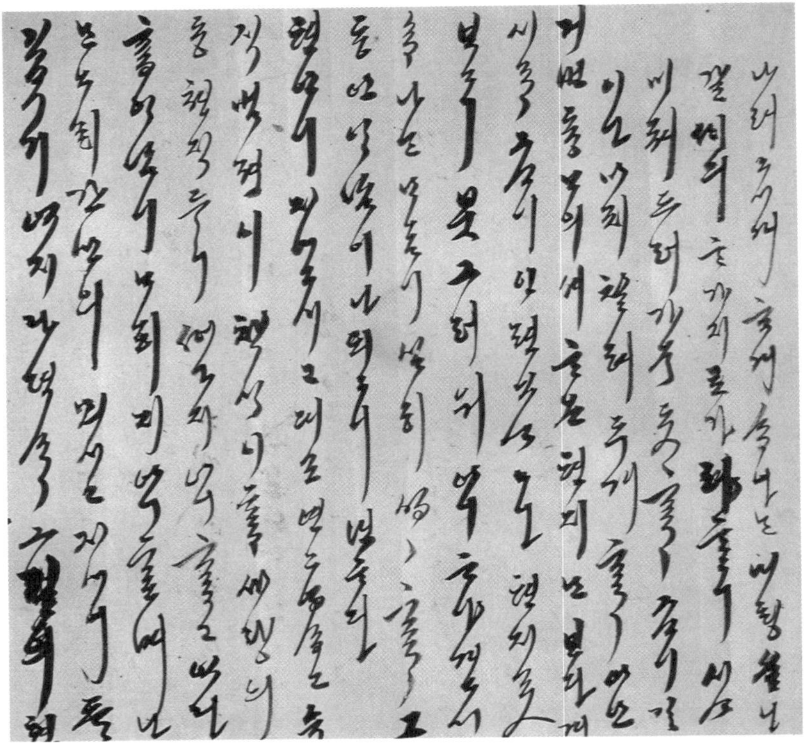

— 추사 언간 1, 개인 소장

아무래도 집안일이 말이 아니어서 이리 답답합니다마는 얼마 동안이오리까? 올해는 집안일을 모두 당신께 맡기고 나는 걱정을 말자 하였더니 다 뜻대로 아니 되오니 도리어 우습고 심난하고 난처한 일이 많으니 답답할 뿐이옵니다. 내 저고리는 상인(사촌형 김관희의 아들 김상일. 상인은 상일의 오기로 추정)이 편 같은 데를 놓치고 언제 보내려 하옵니까? 답답도 하옵니다.

평동(양가의 둘째 누님 댁. 이희조의 처)에서는 그 사이에 어떠하시다 하옵니까? 안타까운 마음 끝이 없사오며, 반동 누님(양가의 셋째 누님. 윤경성의 처)은 돌아와 계시옵니까? 어디서 온 편지가 볼만하기에 보내오니 살펴보시고 잘 감춰 두옵소서. 당신의 배행(陪行: 윗사람을 모시고 따라감)은 뒷집의 진사(막내 동생 김상희)가 오게 하옵소서. 마음이 심란하여 이만 적사옵니다.

무인년(1818) 2월 11일. 남편이 올립니다.

편지를 써 둔 지가 이틀이 지났더니 그 사이에 한 번 글월(편지)을 보고 또다시 쓸 것이 없어 이만 그치옵니다. 13일 밤에 덧붙여 씁니다.

추사 언간 1

추사의 애처가다운 면모가 가장 잘 드러나는 편지다. 추사는 아내 예안이씨보다 두 살 연상이지만 꼬박꼬박 '~하옵니다', '~하옵소서'라고 존칭어를 쓴다. 또 '부 상장'(夫上狀: 남편이 올립니다)이라 쓰고, 아내를 '거기서' 혹은 '게셔'(당신)라고 부르는 점도 재미있다. 뿐만 아니라 추사는 첫 문장에서부터 답장을 보내지 않은 아내를 향해 "나는 마음이 매우 섭섭하옵니다"라고 하여 마치 연인이 토라져서 어리광을 부리는 듯한 모습을 보여 준다. 이밖에도 그는 사랑채에 동네 청지기들이 있어 걱정된다거나, 마지막 추신에서 써 둔 편지에 빠진 건 없는지 한 번 더 확인하고 보낸다고 하여 자신이 정성들여 편지를 써 보내고 있음을 은근히 표현하고 있다.

그와 함께 추사 역시 아버지 김노경처럼 집안일에 계속 신경을 쓰며 참여했던 듯하다. 이 편지에서도 오늘 저녁 제사에 참여하지 못한 걸 걱정한다거나, 아주머니와 두 제수씨, 아내 등 여자들의 행차를 주관하며, 또 올해는 유독 집안일에 소홀하여 죄송하다고 한다.

이처럼 추사는 평소 아내에 대한 애정을 솔직하게 표현하고 각종 집안일에 적극 참여하는 애처가였다.

어느 날 영문에 도착했사옵니까

이후 얼마 안 있어 추사는 서울 집으로 올라오고, 대신 아내가 시아버지의 부임지인 대구 감영으로 내려갔다. 아마 추사는 과거 공부를 하기 위해 서울로 올라오고, 대신 아내가 시부모를 모시기 위해 대구로 내려갔던 듯하다. 1818년 3월 28일, 추사는 아내가 대구 감영에 도착할 즈음 또다시 애정 어린 편지를 써서 보냈다.

그 사이에 연이어 편지를 부쳤더니 다 보아 계시옵니까? 20일 즈음 대구 감영으로 들어가신다 하더니, 어느 날 영문에 도착했사옵니까? 지금은 한 열흘이나 되었사오니 노독(路毒)이나 다 풀리시고 어머니(서모 안동댁)와 한결같이 지내시옵니까?

아버님께서는 순행(巡行)에서 돌아온 후 기체(기후)가 한결같으신지 염려를 떨치지 못하오며, 나는 아직까지 별일이 없사옵니다. 당신은 어떠하시옵니까? 세간(살림)은 누가 잡고, 거기에서 사는 모양들을 보니 어떠하옵니까? 실로 염려가 놓이지 아니하오며, 올해의 사은사들이 북경을 다녀오는 길에 구해 온 문포(門布: 중국 책문柵門 지방에서 나는 삼베) 두어 필을 얻었는데 어찌하여 입으면 좋을까요? 당신은 없고 다시 의논할 길 없사오니 어찌하면 좋을지 답답한 일이 많으니 민망하옵니다. 자세히 기별하옵소서. 총총 이만 적사옵니다.

무인년(1818) 3월 28일 편지 올립니다. <small>추사 언간 2</small>

이제 막 사랑에 빠진 남자처럼, 추사는 아내에게 연달아 편지를 보내며 자세히 소식을 알려달라고 종용한다. 아내의 소식이 얼마나 궁금하고 걱정되었으면 계속해서 질문으로 일관하고 있다. 언제 대구 감영에 도착했고, 이제 노독은 좀 풀렸으며, 아버지와 서모의 건강은 어떠하신지, 그곳 살림은 누가 주관하는지 등 궁금한 것들을 쉴 새 없이 묻고 있다. 추사의 어머니 기계유씨는 1801년에 사망했으므로, 여기서의 어머니는 서모 안동댁을 말한다. 또한 그

는 중국 사신들에게서 구한 삼베를 어떻게 하면 좋을지도 묻고 있
는데, 이렇게 추사는 평소 집안일을 아내와 자주 의논했다.

이런 낭패가 없사옵니다

추사는 아내와 떨어져 지내면서도 지속적으로 편지를 보내 가족
의 안부를 묻고 집안일에 참여했다. 그는 항상 집안일을 내 일처
럼 여기며 잘 처리했고, 만약 제대로 처리하지 못하면 아내보다
더욱 전전긍긍했다. 다음은 앞의 편지를 보내고 며칠 지나지 않은
1818년 4월 7일에 보낸 것이다.

> 저번 편지는 못내 본 듯하오며, 그 사이에 어머니(서모 안
> 동댁)와 한결같이 잘 지내시옵니까? 나는 계속 한가지로
> 지내오며 아주머님(막내 동생 김상희의 처 죽산박씨로 추
> 정)께서 학질로 몸이 편치 못하다 하던데 지금은 어떠하시
> 옵니까? 즉시 회복하여 계신지 걱정이 끝이 없사옵니다.
> 내일 좋은 구경을 많이 하실 듯하오니, 서울에 있는 사람
> 은 더욱 생각이 아니 나시겠사옵니다. 기별하신 것은 얻
> 어 어찌하오리이까? 여기에 두고 분부를 기다리라 하시면
> 기다리고 있사오리이다. 쪽〔藍〕이 없어 다 흰 것이라 하니
> 여기서 쪽물을 들이면 좋을 듯하옵니다마는 누구더러 들
> 이라 하겠사옵니까? 기다릴 수밖에 없사옵니다.
> 영생 모(추사의 소실로 추정)가 옥동곳(옥으로 만든 동

곳)을 아주 좋은 것으로 얻게 했으니 구전(중개료)이나 많이 먹으라 하옵소서. 인편이 급하여 편지를 각각 못 하오며, 혼수 말은 자세히 듣고, 당홍(唐紅)[1] 3승은 작년에도 들여오지 아니하고 올해도 아니 들여왔다 하니 이런 낭패가 없사옵니다. 당홍 3승을 앞집(김노성의 아들. 종형 김교희의 집으로 추정)에서 작년에도 낭패를 하여 겨우 다른 데서 들여와 썼다 하옵니다.

무인년(1818) 4월 7일 편지 올립니다. _{추사 연간 3}

여느 때처럼 추사는 서모 안동댁과 아주머니, 아내와 첩 영생모 등 가족의 안부를 먼저 묻고 있다. 특히 거의 매번 편지를 보낼 때마다 서모 안동댁의 안부를 묻는데, 이로 보면 그는 서모를 친모 못지않게 대우하고 효성을 다했음을 알 수 있다. 영생 모는 추사의 소실로 추정되는데, 그는 첩을 대할 때도 비록 아내에게처럼 깍듯하지는 않지만 나름대로 배려와 대우를 하고 있다. 위에서도 그는 영생 모에게 옥동곳을 좋은 것으로 구하게 해 줘서 고맙다며 농담처럼 칭찬하고 있다.

한편, 그는 아내의 분부대로 옷감을 받아 두면서 쪽물을 어떻게 들일지 묻고, 또 중국에서 혼숫감인 당홍을 들여오지 못한 걸 마치 자신의 잘못이라도 되는 양 전전긍긍하며 아내에게 변명한다. 11월에 있을 첫째 서매 만열이(이희본에게 출가한 이집)의 혼인을 지금부터 준비하고 있는 것인데, 이에 대해서는 뒤에서 자세

---

1   중국에서 나는 붉은 물감이나 색. 여기서는 붉은색 옷감으로 추정된다.

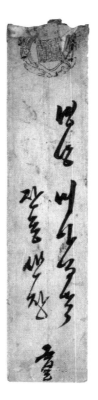

— [좌] 추사 언간 3의 봉투 '상장 근봉', 국립중앙박물관 소장
— [우] 추사 언간 4의 봉투 '녕녕 내아 입납 장동 상장 근봉', 개인 소장

히 살펴보기로 하자. 아버지 김노경처럼 추사도 첩 영생 모를 두고 1남(김상우), 2녀(만열이, 미상)를 낳았던 것으로 추정된다.

오죽이나 꾸짖어 계시오리이까

날이 갈수록 추사는 아내와 자주 편지를 주고받았다. 그만큼 아내와 가족의 안부가 궁금했던 것이다. 지난번 편지를 보낸 지 한 달도 되지 않은 1818년 4월 26일, 추사는 또다시 아내에게 편지를 보냈다.

> 저번 인편에 적으신 편지 보고 든든하오며, 그 사이에 인편이 간혹 있사오되 글씨 쓰는 일이 매우 힘들어 못 했으니 죄가 많사옵니다. 오죽이나 꾸짖어 계시오리이까?
> 날이 4월임에도 이리 춥사온데, 어머니(서모 안동댁)와 한결같이 잘 지내시옵니까? 아버님께서는 감기로 불편하시다 하던데 어찌하오신지요? 즉시 나으시고 모든 일이 한결같으신지 멀리서 애태우는 마음 끝이 없사옵니다. 대구 감영의 모든 일들은 다 한결같이 편안하옵니까?
> 나는 계속 한가지이니 다행이옵니다. 온양(장모님) 편지도 보아 계시옵니까? 용구(노비)가 올라오는 편에 가지고 왔사옵더이다. 영생 모(추사의 소실로 추정)의 편지는 자세히 보았으나, 보낸 것이 아직 오지 않았으니 온 후에 답장하오리이다. 호방이 내려가기에 바빠서 이만 그치오며,

내내 평안하시길 바라옵니다.

무인년(1818) 4월 26일 편지 올립니다. _{추사 언간 4}

　　대구 감영의 호방이 서울에 왔다가 내려간다기에 추사가 급히 아내에게 편지를 써서 보낸 것이다. 급하게 편지를 써서인지 아내를 비롯한 서모와 아버지 등의 안부만 간단히 묻고 있다. 하지만 여기에서도 애처가로서의 추사의 면모를 여실히 보여 주고 있다. 아내의 편지에 제때에 답장하지 못해 죄가 많다거나, "오죽이나 꾸짖어 계시오리이까?"라고 애교 섞인 말로 용서를 빌며, 온양에서 온 장모님의 편지도 보았는지 묻고 있다. 물론 추사는 소실인 영생 모에게도 나중에 답장을 하겠다고 전해달라고 하면서 언제나처럼 잊지 않고 챙기고 있다.

　　이렇게 추사는 인편이 있을 때마다 아내에게 편지를 보내 가족의 안부를 묻곤 했다.

부디 참외 같은 것 많이 잡수시게 하옵소서

1818년 6월 4일. 여름이 되고 날은 점점 덥고 습하여 장마철이 되어 갔다. 추사는 대구 감영에 있는 아내와 부모님의 건강이 염려되어 또다시 편지를 썼다.

　　　　그 사이에 왕래하는 인편이 있었으나 당신 편지도 못 보
　　　　고 나도 못 했사오니 섭섭하기를 어찌 다 적겠사옵니까.

날이 점점 습하기가 심해져 장마가 되어 가오니, 부모님 모시고 평안들 하시옵소서. 염려를 떨치지 못하오며, 모두 무사들 하옵니까? 더위가 한창때이니 부디 참외 같은 것 많이 잡수시게 하옵소서. 본래 습도 없는 기품(奇品)이니 금할 필요가 없고, 만열이(첫째 서매 이집으로 추정)와 함께 먹으면 잘 드시리라 보옵니다.

나는 점점 심란한 일이 많으니 답답하옵니다. 만열이의 혼인은 동짓달로 정했으니 다행이오며, 앞댁(사촌형 김교희의 집)의 둘째 어머님(작은어머니 연일정씨로 추정)께서 종기로 고생하시더니 지금은 조금 나으시니 많이 염려하였더니 다행이옵니다. 평동 누님(양가의 둘째 누님. 이희조의 처로 추정)도 편치 못하게 지내시더니 요새는 또 나으시고, 난동 조씨집(양가의 다섯째 누님의 딸로 추정. 조면호에게 출가)이 임신으로 병이 아주 기괴하여 지금 10여 일째 집증(執症 : 병의 증세를 살펴 알아내는 일)을 못 하니 이런 답답할 데가 없사옵니다. 심란하여 이만 그치옵니다. 영생 모(추사의 소실로 추정)에게는 편지 못하오니 다음에 하오리이다.

무인년(1818) 6월 4일 편지 올립니다. <small>추사 연간 5</small>

조선 시대의 대표적인 여름 과일은 참외였다. 오늘날 아이스크림처럼 당시 사람들은 남녀노소 할 것 없이 누구나 길거리에서 노랗고 달달한 참외를 들고 다니며 맛있게 베어 먹었다. 또 참외는 계절 과일인지라 일시에 많이 나오기 때문에 가격도 쌌다고 한다.

추사는 더위가 심해지자 아내에게 부탁하여 부모님이 참외를 많이 드시도록 권하고 있다. 특히 서녀인 만열이와 함께 먹으면 더욱 잘 드실 것이라고 살짝 귀띔까지 해 준다. 앞에서처럼 추사는 이해 봄부터 서매 만열이의 혼사를 준비해 왔는데, 마침내 혼인 날짜가 동짓달인 11월로 정해진 듯하다. 그래서인지 추사는 갈수록 심란한 일이 많아 답답하다고 하소연한다. 게다가 작은어머니와 둘째 누님, 조카딸마저 병을 앓고 있어 마음이 더욱 답답했다. 이처럼 추사는 집안의 장손으로서 자기 가족뿐만 아니라 일가친척까지 돌봐야했다.

본래 앓던 병이나 아닐는지

그로부터 한 달이 지난 1818년 7월 7일, 한여름 더위가 더욱 심해졌다. 그런데 아내가 한동안 편지를 보내지 않고 몸이 편치 않다는 소식이 들려왔다. 문득 겁이 난 추사는 급히 편지를 써서 아내에게 보냈다.

> 그동안은 오래 소식이 없으니 답답하고 염려를 떨치지 못하오며, 그 사이에 어찌 편치 못하여 지내신다 하니 어디를 그리 앓아 지냈사옵니까? 본래 앓고 있던 병이나 아닐는지 염려가 끝이 없사옵니다. 온갖 생각이 극심하옵니다. 어머니(서모 안동댁)는 한결같이 평안하시옵니까? 아버님께선 설후(舌喉: 혓바닥 병)는 쾌히 나으시고, 셋째 진

사(막내 동생 김상희)의 병은 나았사옵니까? 멀리서 이리 불안한 마음이 끝이 없사옵니다. 서모도 많이 앓아 지낸다 하니 종종 걱정이오며, 아이들은 아무 탈 없이 있사옵니까?

나는 초4일 제사(7월 4일 양부 김노영의 제사)를 지내니 새로이 망극지통(한없는 슬픔)을 어찌 다 적겠사옵니까? 둘째 누님(이희조의 처)도 들어오시고 병중의 차동(양가의 넷째 누님. 민치항의 처로 추정)에서도 들어오셔 모여 지냈으나, 당신이 멀리 계시니 서운하기 끝이 없사옵니다. 집안은 모두 아무 탈이 없고, 나는 여름 감기가 심하더니 또 조금 나았사옵니다. 온양(예안이씨의 친정) 편지가 와서 보내오며, 모두 한결같이 잘 지내신가 보니 다행이옵니다. 당신은 편지하는 것을 못 보오니 어쩐 일이옵니까? 총총 이만 적사옵니다.

7월 7일 편지 올립니다. _{추사 언간 6}

한동안 아내에게서 소식이 없자 추사는 혹시 몸이 많이 아픈 건 아닌지 걱정한다. 게다가 예안이씨는 원래 지병을 앓고 있었기 때문에 더욱 걱정스러워하고 있다. 또한 추사는 아버지와 동생, 서모 등의 병에 대해서도 물어보는데, 이즈음 추사 집안엔 아픈 사람이 꽤 많았던 듯하다. 그러고 나서 추사는 주부도 없이 혼자서 돌아가신 양부의 제사를 지내 몹시 서운했다고 말한다. 물론 두 누님이 찾아와 함께 제사를 지냈는데, 조선 후기에도 딸들이 부모의 제사에 참여하는 모습을 보여 주는 좋은 자료가 아닐까 한다.

끝으로 추사는 아내의 친정인 온양에서 온 편지도 함께 보내면서 다시 한 번 아내에게 답장을 해달라고 간절히 요청한다. 아내가 조금만 늦게 편지를 보내도 걱정하고 답답해할 정도로, 추사는 평소 아내를 몹시 아끼고 사랑했다.

편지를 오랫동안 아니 보내오니 섭섭하옵니다

추사가 답장을 해달라고 간절히 요청했음에도, 아내는 이후로도 한 달여 동안 편지를 보내지 않았던 듯하다. 1818년 7월 30일, 추사는 답답한 마음에 또다시 아내에게 편지를 써 보냈다.

> 그 사이에 간혹 인편이 있었으되 편지를 오랫동안 아니 보내니 섭섭할 뿐이오며, 무더위가 극심한데 어머니(서모 안동댁)께서는 계속해서 한결같이 지내시옵니까? 대구 감영의 어른과 아이들도 다 한결같이 지내고, 당신도 매번 여름에 본병(本病: 본래부터 가지고 있던 병) 기운이 나시더니 어떠하옵니까? 올해는 그리 지내지 않으시옵니까? 멀리서 걱정이옵니다.
> 나는 오늘 제사(양모 남양홍씨의 제사로 추정)가 다가오니 새로이 망극지통을 어찌 다 말하오리이까? 제사는 겨우 차려 지내나 일마다 안타까운 일이 많으니 이리 민망하옵니다.
> 나는 제사 후 떠나려 하였더니 마지못한 사정이 있어 못

가오니 아무쪼록 제사에 미쳐 가고 싶되 이리 답답하옵니
다. 여러 누님들도 한결같이 지내옵니까? 총총. 아무 데도
편지를 못 하옵니다.

7월 30일 정희 추사 언간 7

아내가 오랫동안 편지를 보내지 않아 몹시 토라진 듯 추사는
거의 형식적인 어투로 편지를 썼다. 내용도 바로 앞의 편지와 마찬
가지로 부모님과 아이들, 아내, 누님 등 가족의 안부를 묻고, 곧 다
가올 양모의 제사를 혼자서 어떻게 지낼지 걱정하고 있을 뿐이다.
또 추사는 양모의 제사를 지낸 후 친모 기계유씨의 제사를 지내기
위해 대구 감영으로 내려가려다가 피치 못할 사정이 생겨 내려가
지 못하게 되었다고 말한다. 아내가 계속 편지를 보내지 않자 토라
져서 거의 형식적인 어투로 말하고 있는 듯하다. 사실 이것이 젊은
시절 추사의 솔직한 모습이었을 것이다.

삭예돈은 꾸어 쓰고 어느 때에 갚으려 하시옵니까

추사의 토라진 편지에 예안이씨는 얼마 안 있어 답장을 보냈던 듯
하다. 이에 추사도 1818년 8월 5일 곧장 답장을 쓰는데, 여전히 기
분이 풀리지 않은 듯 목소리가 자못 퉁명스럽다.

저번 인편의 편지를 보고 든든하오며, 그 사이에 날포(하
루 이상이 걸린 동안)가 되니 어머니(서모 안동댁)와 편

추사 언간 8, 개인 소장

안히들 지내시옵니까? 염려하오며, 아버님께서는 또 치통으로 몸이 편치 못하시다 하오니 그동안 쾌히 나으시고 순력(巡歷)은 어느 때 나가시는지 염려가 끝이 없사옵니다. 나는 제사(8월 8일 조모 해평윤씨의 제사)가 가까워오니 새로이 할머니 생각이 끝이 없사오며, 제사 때가 될수록 주부가 없이 지내니 민망하고 또 민망하옵니다. 당신은 편히 있어 이런 생각도 아니하시고 계신 일이 도리어 우습사옵니다.

삭예돈(다달이 갚아야 하는 돈)은 꾸어 쓰고 어느 때에 갚으려 하시옵니까? 갚으려거든 날로 쪼개어 갚도록 하옵소서. 주머니감은 이 편에 미처 못 보내고 이후 인편에 즉시 보내오리이다.

나는 길을 가려다 못 가니 이리 민망하옵니다. 아직도 기한이 없어 좋은 구경도 못 하니 더욱 이리 답답하옵니다. 겨우 이리 그리오며, 서모에게는 따로 편지 못 하옵니다.

8월 5일 정희 _{추사 언간 8}

집에 주부가 없으니 어쩔 수 없이 추사가 직접 제물 준비나 의례, 음복 등을 모두 주관해야 했다. 지난번 양아버지와 양어머니의 제사도 그렇고, 이번 할머니 해평윤씨의 제사도 그러했다. 추사는 불현듯 자기 혼자만 고생한다는 생각이 들었는지 은근슬쩍 아내에게 '당신은 제사를 지내지 않으니 편해서 좋겠소'라고 핀잔을 준다. 그렇게 하고도 화가 풀리지 않았는지 이번에는 아내가 서울에 있을 때 빌려 쓴 삭예돈 이야기를 꺼내며 짜증스런 어투로 야단을

친다. 삭예돈은 꾸어 쓰고 언제 갚으려 하느냐는 것이다. 그는 아직도 감정 조절이 어려운 30대 초반의 젊은 남편이었다. 그리고 당시엔 양반가 사람들도 자주 빚을 얻어 쓸 만큼 형편이 넉넉지 않았음을 다시금 확인할 수 있다.

내년엔들 옷을 못 해 입겠습니까

추사는 거의 한 달에 한 번꼴로 아내에게 편지를 써서 가족의 안부를 묻고 집안일을 의논했다. 그는 항상 집안일에 적극적으로 참여했고, 아내가 시키는 일도 최선을 다해 처리하곤 했다. 1818년 8월 30일에도 추사는 아내에게 편지를 보내 여러 가지 집안일을 얘기했다.

> 방자가 돌아오는데 편지를 적어 보내시니 보고 든든하오며, 그 사이에 계속 어머니(서모 안동댁)께서는 한결같사옵니까? 아버님 순력(巡歷)이 들어와 계실 것이니 안녕히 돌아오셨는지 염려를 떨치지 못하오며, 대구 감영의 어른과 아이들 다 한결같이 무사들 하옵니까?
> 21일 제사(8월 21일 어머니 기계유씨의 제사)가 지나니 매년 멀리서 한없는 슬픔이 더욱 끝이 없사오며, 당신은 우연히 내려가서 제사에 참석하시니 다행이옵니다.
> 나는 대체로 큰일은 없고, 시제사는 다다르고 매사에 민망한 일이 많사옵니다. 당신은 먼저 올라오고자 하시지만

— **중치막** 누비중치막, 조선, 경상북도 칠곡군 출토, 사직-견, 전체 길이 123cm, 국립대구박물관 소장

일의 형세가 그러한데 어찌 먼저 올라오겠사옵니까? 내가
내려가려 하였더니 일이 미루어져 말이 아니 되옵니다.

보내신 옷은 자세히 받아 입겠사오며, 그곳에서 옷이 올
줄 모르고 중치막 하나를 장만하였더니 이제 둘이 되오니
다행이옵니다. 둘째 댁(추사의 소실로 추정)의 돈을 요구
한 일은 즉시 마련하여 주오리이다. 삼승(三升: 가는 베)
의 주머니감은 삼승의 무명 올기(가닥)가 극히 귀하여 거
의 없는 것이나 다르지 아니하고, 있는 것은 고약하여 주
머니를 만들지 못할 듯하기에 그 사이에 못 얻어 보냈사
옵니다. 그러나 급하시다면 오늘이나 내일이라도 또 인편
이 있으니 사서 보내 올리리이다.

세목(細木: 올이 매우 가는 무명) 두 필을 얻었는데 당신

이 오시면 가을의 겹옷 같은 것이나 해 입으면 좋을 것이
라 여겨 아직 두었으니 내년엔들 못 해 입겠사옵니까?

총총 이만 그치옵니다. 다른 데는 차마 편지를 쓰기 어려
워 못 하오니 이 말을 전해 주옵소서. 황주의 명지(名紙)
는 온다 해 놓고서 아니 오니 이리 민망하옵니다.

8월 회일(그믐) 편지 올립니다. 추사 연간 9

　　모처럼 아내가 관아의 심부름꾼인 방자 편에 편지를 보내왔
다. 추사는 반갑게 답장을 써서 보내는데, 부모님과 아이들의 안부
를 물은 후 여러 가지 집안일에 대해 얘기를 나눈다. 이번 친어머
니 기계유씨의 제사는 서울 집이 아닌 대구 감영에서 지냈던 듯하
다. 그래서 추사는 아내가 시어머니 제사에 참여하여 다행이라고
한다. 또 시제사도 곧 다가오는데 어찌 지낼지 걱정이라고 한다.
그런데 이때 아내가 무슨 일이 있었던지 먼저 서울로 올라오고자
했던 듯하다. 추사는 일의 형세가 그렇지 않다면서 자신이 내려갈
때까지 좀 더 기다려달라고 한다. 그밖에도 추사는 중치막과 소실
의 돈, 주머니감, 세목, 명지 등 갖가지 집안일을 아내와 의논해서
처리하고자 한다.

　　사실 추사는 이듬해 대과에 합격하는데, 이렇게 그는 서울 집
에서 혼자 과거 공부를 하는 와중에도 온갖 집안일을 처리했던 것
이다. 근대 이후 가정에서의 남여의 역할과는 대조적인 모습이다.

관아의 선물은 얼마나 많이 얻어가지고 오시옵니까

지난번 편지에서 아내는 먼저 서울로 올라오고자 했는데, 마침내 이번에 내행(內行), 즉 집안의 아낙들과 함께 상경한다고 했다. 1818년 9월 26일, 추사는 아내에게 잘 올라오라는 편지를 써서 보냈다.

> 저번 인편에 편지를 적으시니 든든하오며, 그 사이에 한결같이 평안하시고 아버님 순력 행차는 안녕히 돌아와 계시옵니까? 엎드려 생각하는 마음 끝이 없사오며, 나는 대체로 한결같으나 심란한 일이 많으니 답답하옵니다. 내행이 곧 올 것이니 어찌어찌 차려 오시옵소서. 관아의 선물은 얼마나 많이 얻어가지고 오시옵니까? 우습사옵니다.
> 평동(양가의 둘째 누님 댁. 이희조의 처로 추정)에서는 매형(이희조)이 별사의 서장관²이 되어 불시에 연행을 떠나는 바람에 누님이 퍽 애를 쓰시나 보옵니다. 모두들 다른 일은 없으니 다행이옵니다. 총총 이만 그치옵니다.
> 9월 26일 정희 추사 언간 10

이즈음 추사는 과거 시험을 준비하느라 상당히 정신이 없었던 듯하다. 그래서 자신이 대구 감영으로 내려가 아내를 데려오겠다는 지난번의 약속을 지키지 못하고, 그냥 내행과 함께 상경하라고

---

2   중국에 별도로 보내는 사신의 기록관으로 외교 문서에 관한 직무를 분담했다.

한다. 또 올라올 때 관아의 선물도 많이 얻어가지고 오라고 하는데, 막상 말하고서는 민망한지 "우습사옵니다"라고 말한다. 이 부분을 쓰면서 뒷머리를 긁적일 추사의 모습이 떠오른다. 그밖에 둘째 매형이 이번 사신 행차의 서장관이 되어 급히 떠나게 되었다는 사실도 알려준다.

무명이 왔으나 다 못 쓸 거라 하옵니다

첫째 서매 만열이(이집)의 혼인이 11월로 이제 한 달 앞으로 다가왔다. 추사는 과거 시험 준비로 바쁜 와중에도 서누이의 혼인 준비에 더욱 신경을 썼다. 그런데 한 번은 아내의 잘못으로 혼수품이 잘못 오는 사고가 벌어지고 말았다. 화가 난 추사는 아내의 상경을 기다리지도 않은 채 1818년 10월 5일에 즉시 편지를 써서 보냈다.

> 저번의 편지는 보아 계시옵니까? 그 사이에 어머니(서모 안동댁)와 한결같이 지냈사옵니까? 돌아올 날이 어느 날인지 멀리서 우러러 사모하는 마음이 끝이 없사오며, 나는 대체로 한결같이 있사오며, 길을 곧 떠나실 것이니 어느 날로 정했사옵니까? 자연 심란한 일이 많으리라 생각되옵니다.
> 이문동의 혼인(첫째 서매 만열이의 혼인) 때 쓸 무명은 왔으나 다 못 쓸 거라 하니 어찌하여 그렇게 하여 보내왔는지, 당신께서는 자세히 보지 아니하셨사옵니까? 겨우 여쭤

194

어 글로 잘잘못을 가려 쓰려 하였사오나 매사에 민망하옵니다. 직접 뵙고 말씀을 하려 했더니, 때가 괴이하여 그리 못 하여 보낸다고 낭패를 하였다 하시니 두 필은 얼마 되지 않으니 그들로 하여금 다시 보내게 서모와 의논하옵소서. 둘째 진사(동생 김상희)에게도 기별하였사옵니다. 서모에게 따로 편지 못 하오니 함께 보옵소서. 마음이 심히 요란하여 이만 그치오며, 이 편지 들어가면 거의 떠나실 때가 되올 듯하오이다.

무인년(1818) 10월 초5일 편지 올립니다. 추사 연간 11

아무리 화가 날지라도 추사는 우선 예를 갖추어 아내와 서모의 안부부터 묻는다. 하지만 곧바로 서누이의 혼수로 쓸 무명이 왔는데 다 못 쓸 것이 왔다며, 당신은 왜 자세히 살피지 않았느냐고 야단치듯이 묻는다. 얼마나 화가 많이 났는지 이 부분에선 말의 두서조차 없어서 정확히 무슨 말인지 이해할 수 없는 실정이다. 아내 없이 혼자서 과거 시험 준비와 서누이 혼인 준비를 하느라 예민해질 대로 예민해진 젊은 시절 추사의 모습을 보는 듯하다. 이러한 모습이야말로 추사의 글이나 글씨, 그림 등에서는 쉽게 볼 수 없는 추사의 인간적인 면모가 아닐까 한다.

근친을 가서 노친네가 걱정이나 아니하옵니까

이후 추사의 편지는 10년 후인 1828년으로 건너뛴다. 1819년 대과

에 합격한 추사는 관직에 나가 38세인 1823년 규장각 대교, 41세
인 1826년 충청우도 암행어사, 42세인 1827년 홍문관 부교리와
교리, 예조참의, 43세인 1828년 3월 부호(오위도총부에 속한 종4
품 벼슬) 등 승진을 거듭했다.

이 무렵 예안이씨도 1년여 만에 친정인 온양에 근친을 갔던 듯
하다. 1828년 3월 그믐(30일), 추사는 여느 때처럼 아내에게 편지
를 보내 여러 가지 집안 소식을 전해 준다.

> 그리 가신 후에 다시 소식이 막히오니, 그 사이에 어머니
> 와 한결같이 평안하시옵니까? 1년여 만에 어머니와 지내
> 시니 오죽 든든하시랴 여기고, 노친네(추사의 장모 한산
> 이씨) 건강은 어떠하시옵니까? 염려를 떨치지 못하오며,
> 당신은 어떠하옵니까? 다시 몸이 편치 못하게 지내지는
> 아니했사옵니까? 아! 염려가 놓이지 않사옵니다.
> 나는 아버님의 감기가 떨어지지 않아서 대단히 불편하게
> 지내시니 매우 걱정스러운 마음을 어찌 다 적겠사옵니까?
> 관아의 환영식도 아직 못 하시고, 어제 봉심(奉審)[3]을 이
> 달을 넘기지 못하셔서 병환 중에 억지로 참고 하루면 다
> 녀오시는 데로되 그리 다녀오셔서 더 이상 못하시지는 아
> 니하시나 끝내 낫지 못하시니 이리 매우 걱정되옵니다.
> 나도 이때까지 병이 낫지 못하고 또 독감을 얻어 대단히

---

3   왕명을 받들어 왕실의 능침을 살피고 점검하는 일. 왕이 직접 봉심하는 것은
알성(謁聖)이라 하는데, 3년에 한 번씩 정기적으로 행했으며, 그 외에는 관
리가 대신 봉심했다.

앓더니, 수일 만에야 조금 나으나 기운을 수습하기 어려우니 답답하옵니다.

위아래의 여러 집은 모두 별일 없고, 종씨(사촌형 김교희)께서 예산의 소분(掃墳)⁴을 오늘 떠나시옵니다. 석보(양가 셋째 누님의 아들 윤조일. 석보는 윤조일의 자字)는 진사를 하니 기특하고 기쁘기 어찌 다 적사오리이까? 누님께서도 매우 좋아하시니, 당신은 좋은 일이 처음이라 남에게서 볼 수 없는 광경인 듯하옵니다. 교동 판서댁(당숙 김노응 댁으로 추정)에서도 진사(김덕희)가 나오니 노친네(김덕희의 모친 풍천임씨)께서 얼마나 기쁘겠사옵니까?

약은 그 사이에 다 잡수셨을 듯하오며, 그 떨리는 증세는 다시 관계치 아니하고 조금 어떠하옵니까? 근친을 가서 노친네(장모)가 걱정이나 아니하옵니까? 광주에서는 제수씨(동생 김명희의 처 경주최씨로 추정)가 만삭이 되었는데 아직 소식이 없으니 유산이 될까 보옵니다. 송안의 아주머님(미상)께서는 여기 계실 적에 낙상을 대단히 하셔서 요새도 고생하며 지내오시니 그런 놀라운 액운이 어디 있사오리까? 요새는 겨우 거동은 하신다 하옵니다. 누님네께서는 아직 한결같이 지내시옵니다. 수씨(막내 동생 김상희의 처 죽산박씨로 추정)는 거기에서 공연히 걱정거리를 만나 말이 못 되오니 일마다 말이 아니 되옵니다. 예

---

4 경사스런 일이 있을 때 조상의 묘를 찾아가 돌보고 제사 지내는 일을 말한다.

― 추사 언간 12, 편지 서명 원춘(元春), 개인 소장

산 편으로 대강 이리 그리옵니다.

3월 그믐(30일) 원춘(元春: 추사의 자) 추사 연간 12

    아내는 평소 자주 친정에 근친을 가곤 했던 듯하다. 이 편지에서도 추사는 아내에게 1년여 만에 다시 근친을 가서 친정어머니와 함께 지내니 얼마나 든든하냐고 묻고 있다. 또 아내뿐 아니라 장모의 건강에 대해서도 걱정스레 묻고 있다. 그런 다음 아버지 김노경의 병환을 비롯해서 자신의 독감, 조카들의 과거 급제, 두 제수씨의 소식 등 최근의 집안 소식을 아내에게 자세히 들려준다. 석보는 김노영의 셋째 딸(윤경성에게 출가)의 아들 윤조일(1794~1833)의 자인데, 그는 1828년 3월 17일에 실시한 복시(覆試)에서 합격하여 진사가 되었다. 또 교동 판서댁은 당숙 김노응 댁으로 추정되는데, 고(故) 김노응(1757~1824)이 병조판서를 지냈기에 택호를 '판서댁'이라 했다. 당시 그곳엔 추사의 당숙모 풍천임씨와 아들 김덕희가 살고 있었다. 김덕희도 1828년 3월 17일에 실시한 복시에서 합격하여 진사가 되었다. 그래서 노친네가 기뻐할 것이라 말하고 있다. 여기서 노친네는 비하하는 말이 아니라 부모 항렬의 여인을 높여 부를 때 쓰는 말이다. 이러한 소식들을 통해 예안이씨는 비록 친정에 머물고 있지만 집안의 동향을 훤히 꿰뚫고 있었을 것이다. 끝으로 추사는 아내에게 약은 잘 먹고 있는지, 아픈 증세는 좀 나아졌는지, 혹시나 근친을 갔다가 친정어머니께 걱정이나 끼치는 건 아닌지 자상하게 묻고 있다. 그는 과연 당대 최고의 애처가였다.

아무래도 집안일이 말이 아니 되옵니다

안주인의 자리는 평소엔 잘 모르지만 막상 자리를 비우면 크게 느껴지게 마련이다. 특히 안팎의 모든 일에서 안주인의 역할이 두드러진 조선 시대의 집안에선 더욱 그렇다. 이즈음 추사 집안도 마찬가지였는데. 아내가 온양의 친정으로 근친을 가고 없자 집안일이 말이 아니었다. 게다가 얼마 전 추사가 세자시강원 보덕의 벼슬까지 겸하게 되어 그의 관직 생활을 뒷바라지해 줄 아내의 존재가 더욱 절실했다. 이에 추사는 1828년 4월 18일에 아내에게 편지를 보내 얼른 시댁으로 복귀하도록 부탁했다.

> 저번 종씨(사촌형 김교희)의 행차 편에 편지를 적었으니 보았고, 그동안 일절 소식이 없으니, 계속 어머님(장모 한산이씨)과 안녕하시옵니까? 걱정이오며, 여기는 그 사이에 아버님께서 몸이 대단히 편치 못하게 지내시더니 며칠 만에 조금 나으셔서 감영으로 오늘 돌아가시나 오히려 회복하지 못하신데, 반나절 정도 거리이나 염려로 마음이 잡히지 아니하옵니다. 남성(지역)에서는 좌랑댁(동생 김명희의 처 경주최씨)이 어제 순산하시고 아들을 낳으시니 이런 경사가 없사옵니다. 산후에도 탈이 없다 하오니 기쁘옵니다.
> 나는 이때까지 병이 낫지 못하온데, 일전에 보덕(세자시강원 정3품 벼슬)을 겸했으나 아직 숙사(肅謝)[5]도 못 해 황송하옵니다. 당신을 내달 초에나 오게 하자 하였더니,

아무래도 집안일이 말이 안 되어 일시가 말이 아니 되옵고, 부모님께서도 어서 인마(人馬)를 보내어 돌아오게 하는 것이 옳다 하시기에 인마를 내일 떠나보내고, 사람 하나를 먼저 보내어 미리 아시게 하오니, 정리(인정과 도리)에 어려워도 어쨌든 오실 길이니 즉시 차려 떠나오소서.

배행(陪行)을 거기서 오게 하려 하였더니, 윤서방 원랑(추사의 동서 윤치임으로 추정)이 가까운 친족이니 배행을 못 할 이치가 없어 보내게 하니 거기 사람은 수고를 덜겠사옵니다. 계집종도 늦절이(노비)를 가게 하였사옵니다. 길이나 조심하여 오시옵소서. 자세한 곡절은 집에 오면 아니 알겠사옵니까. 일시가 말이 못 되옵니다(시간이 촉박하옵니다). 집안의 여러 댁들은 큰일은 없사옵니다. 잠깐 적사옵니다.

무자년(1828) 4월 18일 원춘 _{추사 연간 13}

온양에 있는 아내에게 급히 사람을 보내며 간단히 적은 편지다. 그럼에도 추사는 우선 집안 소식부터 전해 주는데, 아버지의 안부와 함께 제수씨의 출산과 산후조리에 대해 자세히 알려주고 있다. 물론 이때 낳은 아들은 일찍 죽었는지 족보에는 양자만 기록되어 있다. 앞의 편지에서도 추사는 제수씨의 임신 소식을 아내에게 들려준 적이 있는데, 그는 임신과 출산, 육아에 대해 항상 큰 관

---

5 사은숙배. 왕조시대에 신민들이 궁정에서 감사의 뜻으로 국왕이나 그 밖의 왕족에게 절하던 의식이다. 조선 시대에는 돈수사배(頓首四拜)를 행했다.

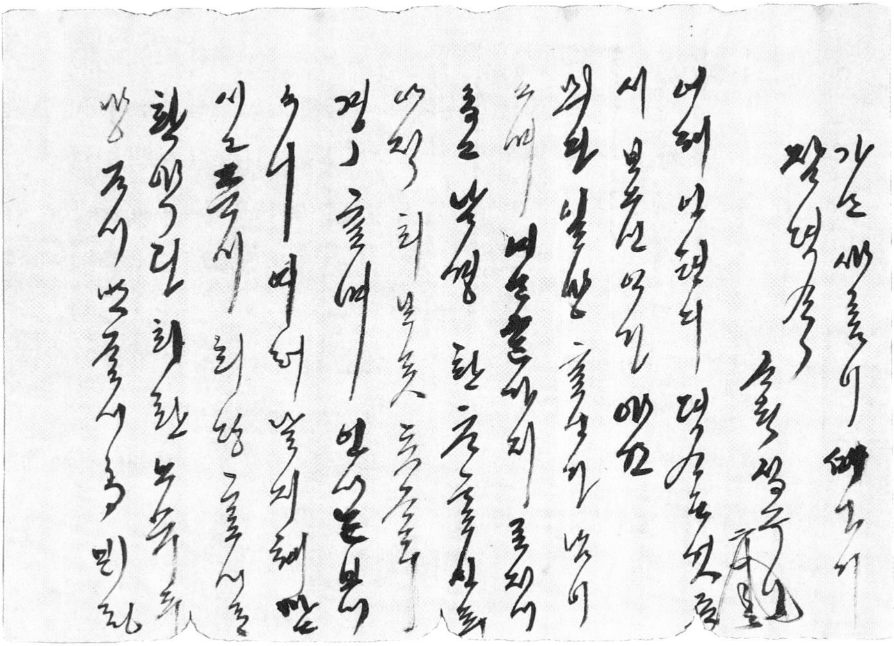

— 추사 언간 14, 국립중앙박물관 소장

심을 갖고 있었다. 동생 김명희의 처 경주최씨를 좌랑댁이라 부른 이유는 1827년에 김명희가 공조좌랑을 지냈기 때문이다.

그러고 나서 추사는 비로소 자신의 관직 생활과 집안일, 부모님 지시 등의 이유를 들어 조심스럽게 아내의 복귀를 요청한다. 또 아내의 행차를 모셔 올 인마와 배행, 계집종을 보낼 뿐 아니라 미리 사람을 보내 이러한 사실들을 아내에게 알려주도록 한다. 시댁에 일찍 복귀하라고 한 것이 미안한지 그는 아내를 최대한 세심하게 배려하고 있다.

인마를 보내니 즉시 돌아오시옵소서

다음 날인 1828년 4월 19일 추사는 아내를 모셔 올 배행을 떠나보내면서 또다시 짤막한 편지를 써서 함께 보냈다.

> 어제 인편에 적어 보낸 것은 즉시 보셨사옵니까? 밤사이에 어머님(장모)과 한결같이 지내신가 걱정이오며, 여기는 한가지로 지내옵고, 아버님은 감영으로 돌아가신 후 아직 회보를 못 들으니 걱정이옵니다. 오늘 인마(人馬)를 보내오니 여러 날 지체 마시고 즉시 돌아오시옵소서. 환약과 회환(回還)할 노자 두 냥을 자세히 세어 받으시옵소서. 배행 가는 사람이 떠나기에 잠깐 적사옵니다.
>
> 4월 19일 원춘 추사 언간 14

배행 편에 급히 몇 자 적어 보낸 편지다. 오늘 사람과 말을 차려 보내니 지체하지 말고 즉시 돌아와달라고 부탁한다. 그와 함께 추사는 아내의 환약과 노자까지 챙겨서 보내고 있다. 어제의 편지처럼 아내가 서운하게 생각하지 않도록 최대한 신경 쓰고 있다.

멀리서 오죽이나 심려가 초박하오리이까

김노경은 63세인 1828년 7월부터 1830년 7월까지 2년간 평안 감사를 역임했다. 1828년 즈음 추사는 규장각 검교 대교 겸 세자시강원 보덕으로 있었는데, 이름만 있고 실제 사무는 없어 평양 감영에 가서 아버지를 모시며 지내고 있었다. 그런데 하루는 온양에 있는 장모의 병환이 매우 위급하다는 소식이 들려왔다. 1828년 11월 3일, 놀란 추사는 서울 집에 있는 아내에게 급히 편지를 써서 어떻게 해야 할지 알려주었다.

> 이리 오나 생각은 일시도 그치지 못하오며, 그 사이에 풍한(風寒)이 고약한데 한결같이 지내시옵니까? 또 들으니 외동(예안이씨의 친정어머니 한산이씨)의 병환이 많이 중대하셔 전인(專人: 심부름꾼)이 왔는가 보니 염려가 끝이 없사오며, 무슨 증세로 그러하신가 더욱 걱정스러우며, 당신은 멀리서 오죽이나 심려가 초박하오리이까?
> 고향에 수의(망자에게 입히는 옷)가 미비하여 하신다 하더니 어찌하였사옵니까? 원삼(부녀 예복)을 못 하였다 하

신 듯하니, 저번에 구한 유록색(검은빛을 띤 녹색) 갑사 (품질 좋은 비단)로 급히 지어 내려보내시게 하옵소서. 향수(香水)[6]는 미리 떠다 놓으면 좋을 듯하오며, 병환 중 이런 것을 하는 것은 좋으니 그리하옵소서.

나는 이리 와서 아버님의 병이 요새는 조금 나으시나 팔 목에 담이 드신 것은 끝내 낫지 않으니 답답하옵니다. 내 일 사당에 절하는 날이나 멀리서 몹시 한탄하오며, 창녕 (동생 김명희)은 내려갔사옵니까? 이리 걱정이 그치지 않 사옵니다. 교관(막내 동생 김상희)은 길에서 이질이 더하 여 여기 와서도 끝내 낫지 않으니 답답하오이다.

배자(의복)를 보내는 인편이 있기에 대강 적사오며, 사랑 방 수직(守直)은 착실히 한다 하옵니까? 꽉출(막내 동생 김상희의 자식으로 추정)도 계속 잘 있사옵니까?

11월 3일 원춘 <small>추사 언간 17</small>

이 편지에선 추사의 처가에 대한 관심과 당시의 장례 문화가 잘 나타나 있다. 우선 추사는 심부름꾼을 통해 장모의 병환이 위 중하다는 소식을 들었다며 몹시 걱정할 뿐 아니라 멀리서 걱정하 고 있을 아내의 마음을 다독인다. 초박하다는 것은 속이 타고 민망 하게 여김을 말한다. 그러고는 수의와 향수 등 장례 용품을 어떻게 마련해서 보내야 할지 자세히 알려준다. 특히 원삼은 당시 최고의

---

6   염습할 때. 시신을 목욕시키는 뜻으로 얼굴과 손등. 발등 부분에 솜으로 찍 어 바르는 향나무를 담근 물을 말한다.

옷으로, 본래 혼례식 때 입는 옷이지만 염(殮)할 때도 입혔다고 한다. 또한 추사는 살아생전에 수의를 해 놓으면 좋다는 속설도 들려준다. 끝으로 추사는 아버지와 아우의 안부를 전해 주고, 청지기들이 사랑방을 잘 지키고 있는지 묻는다. 하지만 지금 그의 아내가 진정으로 바라는 것은 과연 무엇이었을까? 당장 집으로 돌아와 자신과 함께 친정으로 달려가는 것이 아니었을까? 추사는 나이가 이미 43세가 넘어가고 있었음에도 여전히 아내의 속을 읽을 줄 몰랐다.

당신은 가서 조문이나 하여 계시옵니까

지난번 편지를 보낸 지 일주일도 지나지 않아서였다. 또다시 아내에게서 연락이 왔는데 첫째 매형 이우수(1776~1828)가 사망했다는 것이다. 1828년 11월 9일. 추사는 슬픔에 휩싸여 우선 아내에게 답장을 써서 보냈다.

> 저번 인편의 글월(편지)을 보고 든든하오며, 겨울날이 괴이하게 더운데 요새 계속 한결같이 지내시옵니까? 염려가 끝이 없사오며, 호동의 이참판댁 형님(양가의 첫째 누님 남편 이우수. 1827년에 형조참판을 지냄)의 상사는 슬프고 또 슬프니 어찌 다 적사오며, 누님의 정경을 생각하니 더욱 붓을 들어 일컬을 길이 없사옵니다. 상인(조카)도 어린아이가 처음으로 상사를 당하여 오죽하랴. 경경히(목이 메어) 잊을 길이 없사옵니다.

초상 때에 쓸 것들은 준비하여 보내었다 하니 다행이옵니다. 당신은 가서 조문이나 하여 계시옵니까? 들으니 상여가 안산으로 간다 하니 나는 지금 가도 못 만나겠으니 더욱 심회를 정할 길이 없사옵니다.

위아래의 집은 다들 무사히 지내고, 창녕댁(동생 김명희의 처 경주최씨)은 들어왔사옵니까? 아기도 잘 있사옵니까? 감기가 도져서 앓는다 하더니 즉시 나았는가 걱정되오며, 나는 그 사이에 아버님이 감기로 편치 못하시더니 요새는 조금 나으셨사옵니다.

모두 한결같으며, 교관(막내 동생 김상희)은 오늘 떠나고, 나도 아버님 생신(12월 8일)이나 지내고 올라갈까 하였더니 이달 11월 21일 오후쯤에 올라가려 하오니, 일시에 아버님을 모시고 있는 이가 없이 모두 비겠으니 인정과 도리상 매우 어렵겠지만 올라가기로 정했으니, 12월 12일쯤 떠나 18일쯤 집에 들어가겠사옵니다.

토시 교직(두 가지 이상의 실을 섞어 짠 옷감) 1필, 꿀 1궤 보내오니 자세히 받으시옵소서. 곧 가겠사오니, 총총 이만 적사옵니다.

　　　　　　　　　11월 9일 편지 올립니다. _{추사 언간 19}

　　추사는 누구보다 형제애가 두터웠다. 생가의 동생들뿐 아니라 양가의 누님들에게도 많은 애정을 쏟았다. 여기에서도 양가 큰누님의 남편인 이우수의 사망 소식을 듣고 몹시 애통해하고, 그런 큰일을 당한 큰누님과 조카를 생각하며 한없이 슬퍼한다. 그러면서 아내에게 초상 때 쓸 물건들을 부조하고 직접 조문하러 가도록 당부한다. 또 언제나처럼 동생 김명희의 가족인 제수씨와 아기(조카)의 건강을 걱정스레 묻고 있다. 끝으로 추사는 12월 8일 아버지 생신을 지내고 상경하려 했는데 무슨 이유에서인지 그냥 11월 21일쯤 올라가겠다고 말한다. 그러다가 다시 일시에 아버지를 모실 사람이 아무도 없게 되어 인정상 도리상 안 되겠다며 다음 달인 12월 12일쯤 올라가겠다고 고쳐 말한다. 편지만 봐서는 앞뒤 말이 맞지 않다. 나아가 추사는 아내에게 좋은 옷감 1필과 꿀 1궤를 보낸다.

이집의 편지는 다 거짓말이니 곧이듣지 마옵소서

추사의 여자관계는 그리 복잡한 편이 아니었다. 처음에 한산이씨와 결혼했으나 자식을 두지 못하고 사별했으며, 다시 예안이씨와 재혼했으나 역시 자식이 없었다. 그래서 30세 무렵 소실을 두어 1남 2녀의 서자녀를 낳았다. 그밖에 추사 관련 어느 기록을 보아도 여자관계는 찾아보기 어렵다. 심지어 그의 나이 57세인 1842년 예안이씨가 사망한 뒤에도 여자관계에 관한 기록은 나타나지 않는다. 대신 거의 평생 동안 함께했던 벗들이나 아끼고 사랑한 제자들은 대단히 많았다. 추사의 인간관계는 매우 폭넓고 돈독했다.

그런데 43세인 1828년 11월 26일 아내 예안이씨에게 보낸 편지를 보면, 추사도 한때 기녀에게 한눈을 팔았음을 알 수 있다.

그 사이에 계속 한결같이 지내시고 모두 아무 탈이 없사옵니까? 어린것(김명희의 아들)도 탈 없이 있사옵니까? 염려를 떨치지 못하오며, 여기는 아버님께서 편찮으시며, 나는 길을 3일 정도 가다가 도로 와서 약시중을 들며 지내옵니다. 요새는 건강이 많이 나으시니 처음의 놀라던 것에 비하면 다행이오며, 오늘은 억지로 세수까지 하여 보려 하시니 경사스럽고 다행이옵니다.

나는 한결같으며 집은 아주 잊고 있사옵니다. 당신만 해도 다른 의심 하실 듯하오나, 이집(이씨 집안으로 시집간 서매로 추정)의 편지는 다 거짓말이니 곧이듣지 마옵소서. 참말이라고 해도 이제 다 늙은 나이에 그런 것에 거리끼겠사옵니까? 우습사옵니다.

안산(양가의 첫째 매형 이우수의 장지)에서는 상여가 가신 후에 소식이나 듣고, 여러 누님네도 다 한결같사옵니까? 안산의 장례는 어느 날이라 하옵니까? 막연히 소식도 모르니 슬픈 생각이 끝이 없사오며, 나는 이제 아버님 생신 후에나 서울에 올라가겠사옵니다.

토시 교직(옷감)을 바지 감으로 보내었더니 받았사옵니까? 그 사이에 여기서 옷 한 벌을 해 입으려 했더니 집에서 옷이 왔기에 입고 여기서 하는 옷은 그만두었사옵니다.

차동(양가의 넷째 누님. 민치항의 처)에서와 반동(양가의 셋째 누님. 윤경성의 처)에서는 어찌들 지내시고, 반동에서는 혼인날이 가까이 다가왔는데 어찌하는지 걱정이로소이다. 총총 이만 그치옵니다.

11월 26일 원춘 추사 언간 18

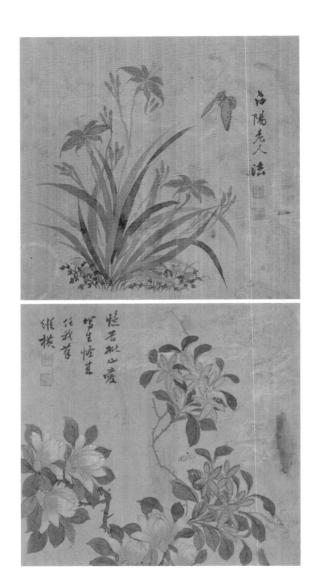

— **죽향의 그림** 죽향, 《죽향 필 화조도》, 19세기, 비단에 채색, 24.8×25.4cm, 국립중앙박물관 소장

앞선 11월 9일 편지에서 추사는 12월 12일쯤에나 상경하겠다고 했다. 하지만 여기에서는 말을 바꾸어 11월 21일 경에 출발하여 3일 정도 길을 가다가 다시 돌아와 아버지의 약시중을 들고 있다고 한다. 아마 예안이씨가 하루라도 빨리 올라오라고 하자 일정을 앞당겨 상경했는데, 뭔가 또 미련이 있어 아버지의 병환을 핑계로 다시 평양으로 돌아갔던 듯하다. 그러고는 아내의 의심에 어설픈 변명을 하고 있는데, 여기에는 남모를 사연이 숨겨져 있었다.

유홍준 선생에 따르면, 추사는 아버지의 부임지인 평양 감영에 머물 때 당대의 명기(名妓) 죽향을 만났다고 한다. 죽향은 시를 잘 지었는데 『풍요속선』에 죽향의 시 한 수가 전한다. 또 난초와 꽃, 대나무를 잘 그렸는데 현재 국립중앙박물관에 그녀의 그림이 소장되어 있다. 추사도 한때 그러한 죽향에게 깊이 빠졌던 듯 다음과 같은 시를 지어 주기도 했다. 제목은 「평양 기생 죽향에게 희롱조로 주다」이다.

> 대 하나 꼿꼿하다 집으면 향기 나고
> 노래 가락 뽑아내자 푸른 맘 아득해라.
> 벌통 벌은 꽃 훔치잔 약속을 지키려 하니
> 높은 절개 어이 능히 다른 마음 있을쏘냐.

죽향의 미모와 노래 솜씨를 예찬한 후 서로 사랑하겠노라 약속했으니 영원토록 자신에게 절개를 지키고 다른 마음을 먹지 말라는 것이다.

그런데 하필 이러한 스캔들을 서매 이집, 즉 이씨 집안으로 시집간 서누이가 어떻게 알고 아내에게 편지로 일러바친 것이다. 그래서 아내가 의심하고 죽향과의 관계를 추궁하는 편지를 보내오자, 추사는 이집의 편지는 다 거짓말이니 곧이듣지 말라고, 설마 다 늙어서 그런 짓을 하겠느냐며 변명하는 편지를 보낸다. 그러고 나서 추사는 "우습사옵니다"라고 멋쩍게 말하고, 재빨리 큰누님 댁의 장례일로 화제를 돌려 버린다. 큰누님의 처지를 생각하면 한없이 슬프고, 자신은 12월 8일 아버님 생신을 지내고 집으로 돌아가겠다고 한다.

이후 추사와 죽향의 관계는 어떻게 되었을까? 아마 얼마 안 있어 두 사람은 헤어졌던 듯하다. 두 사람에 관한 기록은 더 이상 남아 있지 않다.

청지기들에게 착실히 수직을 시키시옵소서

이듬해인 1829년 봄 추사는 서울 집에 다녀온 듯한데, 평양 감영에 도착한 지 하루 정도 지난 1829년 4월 13일 곧바로 아내에게 편지를 썼다. 지난해 기녀 죽향과의 염문 사건 때문인지, 편지의 문투가 한층 더 공손하게 느껴진다.

> 이리(평양 감영)로 온 후 하루 정도 되오니 모두 한결같이 지내시고 어린아이도 잘 있사옵니까? 염려가 더욱 커져 마음이 잡히지 않사오며, 오늘 앞댁(작은어머니 연일 정씨. 김노성의 부인으로 추정)의 생신이시니 멀리서 경

축하오며, 나는 길을 잘 내려왔으니 다행이옵고, 아버님 께서는 여러 천리에 기운이 없으시나 조금도 관계치 아니 하시니 다행이오며, 나는 아직은 별로 탈 없이 있으니 기 쁘옵니다.

두 분 아주머님(김명희의 처 경주최씨와 김상희의 처 죽 산박씨)께서 16일에 떠나려 하시니, 모여 있다가 먼저 가 시니 몹시 서운하오며, 여러 댁들도 한결같사옵니다. 영 춘 아주버님(미상)께서는 내려가셨나이까? 민경(조카로 추정)의 승중(承重)[7]은 참혹하오며, 석보(양가의 셋째 누 님의 아들 윤조일)의 집 역질(전염병)은 잘 지나갔다 하 옵니까?

고령댁 작은 어른(미상)이 또 와서 야단을 쳤다 하던데 그 사이에 어찌되었사옵니까? 이리 마음이 놓이지 않으며, 청 지기들에게 착실히 수직을 시키시옵소서. 낮에는 사랑채 를 모두 잠그고 떠나지들 말고 기다렸다가 곧바로 대응을 하라 하옵소서. 영(동생 김명희)에게도 이리 전하옵소서. 내가 도포를 입어야 옳다 하니 어쩌면 좋을지요? 베가 없 을 듯하오니 여기서 얻을까 하나 이리 답답하옵니다. 총총 이만 적사옵니다. 화기(畵器: 그림 도구)를 조금 구하려 하오니 붓 좋은 것으로 여러 종을 자세히 알려주옵소서.

기축년(1829) 4월 13일 편지 올립니다. 추사 연간 15

---

[7]   장손이 아버지와 할아버지를 대신하여 조상의 제사를 지내는 것.

여느 때와 달리 추사는 아내의 신상과 집안일에 대해 더욱 세심히 신경 쓰고 있다. 우선 그는 평양에 잘 내려갔고, 그간 서울 집에 별일이 없는지 묻는다. 또 집안의 장손으로서 영춘 아주버님과 민경, 석보 등 일가친척의 사정을 물으며 매우 걱정한다. 추사의 세심한 성품을 다시 한 번 확인할 수 있는 대목이다.

한편, 이즈음 추사 집안은 고령댁 작은 어른과 상당히 심각한 불화를 겪고 있었던 듯한데, 그래서 추사는 아내에게 그 어른이 또다시 찾아와 야단을 쳤는지 물으면서 청지기들에게 더욱 철저히 집을 지키도록 하라고 당부한다.

마지막으로 추사는 옷에 대해 아내에게 정중히 묻고, 붓도 좋은 것이 있으면 알려달라고 부탁한다. 조선의 걸출한 예인 추사도 아내 앞에서는 한없이 작은 존재였다.

사랑방 지키는 일은 착실히 한다 하옵니까

그로부터 4일 후인 1829년 4월 17일, 추사는 관아의 인편으로 또다시 아내에게 편지를 써서 보냈다. 고령댁 작은 어른의 일이 못내 걱정되었기 때문이다.

> 저번 편지는 잘 들어갔사옵니까? 며칠간 일기가 맑고 화창하니 한결같이 잘 지내시고, 아랫집과 윗집은 다 건강하옵니까?
> 오늘 아이(동생 김명희의 아들로 추정)가 돌이 되오니 기

특하고 든든하오나 멀리서 볼 길이 없으니 섭섭하고 결연하기를(서운하기를) 어찌 다 적겠사옵니까? 응당 돌잡이는 잘했을 듯하오며 이리 궁금하기가 끝이 없사오이다.

여기는 어머니(서모 안동댁)께서 안녕하시고, 나는 한결같이 잘 지내오며, 먹기도 조금 낫고 모든 것이 서울보다 낫게 지내오니 병에 꽤 효험이 있을까 하옵니다.

사랑채 지키는 일은 착실히 한다 하옵니까? 서강의 어른(미상)은 다시 아니 왔사옵니까? 이리 걱정스럽소이다. 아주머님(김명희의 처 경주최씨와 김상희의 처 죽산박씨로 추정)께서는 어제 한낮에 떠나시니 섭섭하고 서운하오며, 날씨가 좋으니 잘 가실 듯하오이다.

여러 누님 댁들도 한결같고 민경이(조카로 추정)도 잘 있다 하옵니까? 석보(양가의 셋째 누님의 아들 윤조일)의 역질(전염병)은 물러갔사옵니까? 안동의 상가(喪家) 소식은 듣지 못하였사옵니까? 장지(葬地)나 정하였는가 하오며, 무슨 소식이 있거든 자세히 알려 주옵소서. 배지(지방 관청에서 장계를 가지고 서울에 가던 사람) 편에 보내므로 총총 이만 그치옵니다.

4월 17일 편지 올립니다. 추사 언간 16

앞의 편지들과 마찬가지로 추사는 아내의 안부와 여러 가지 집안일에 대해 세심하게 묻고 있다. 지난 1828년 4월 18일에 출생한 동생 김명희의 아들이 벌써 돌이 되어 돌잔치를 했던 모양이다. 하지만 앞에서처럼 그 아이는 요절했던 듯 족보에는 기록되어 있지 않다. 또한 청지기들이 사랑채를 잘 지키는지, 서강의 어른이 다시 와서 야단을 치지 않았는지 걱정스럽게 물어본다. 서강의 어른은 바로 앞 편지에서 등장한 고령댁 작은 어른과 같은 인물로 추정된다. 그밖에 여러 누님들과 조카들, 안동의 상가 등 일가친척의 소식도 물어본다. 안동의 상가 소식은 추사의 서모 안동댁과 관련이 있는 건 아닐지 모르겠다. 이 편지에서는 계속 질문으로 일관하고 있는데, 이를 통해 추사가 아내를 얼마나 걱정하고 집안일에 신경을 썼는지 다시금 확인할 수 있다.

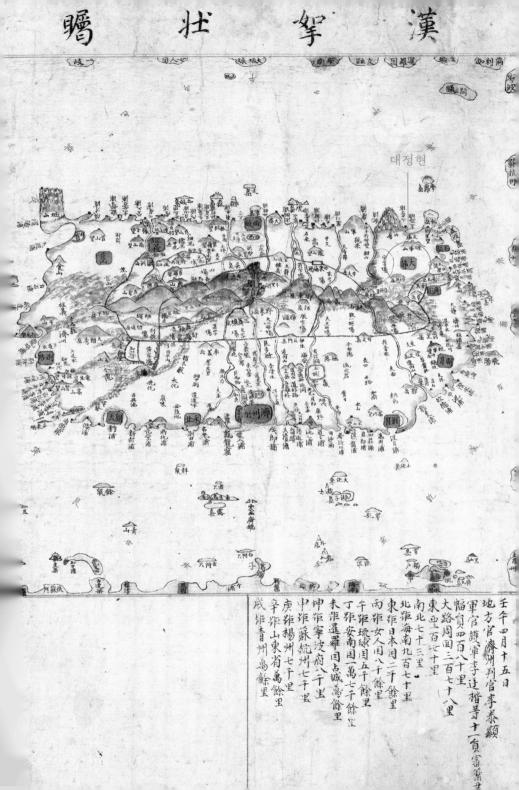

추사의 제주도 유배

1837년 3월, 김노경은 72세의 나이로 세상을 떠났다. 추사는 경기도 과천에 아버지의 묘소를 마련한 뒤 3년 동안 시묘살이를 했다. 이후 55세인 1840년 6월 추사는 병조참판으로서 동지부사에 임명되었다. 30년 만에 다시 중국 북경에 방문하게 된 것이다. 하지만 억울하게도 그해 7월 10일 대사헌 김홍근이 10년 전의 윤상도 옥사를 재론하며 이미 돌아가신 아버지 김노경을 탄핵했다. 당시 헌종을 대신해 수렴청정을 하고 있던 순원왕후는 추자도에 유배되어 있는 윤상도를 끌어올려 즉시 국문토록 했다. 또 다음 날에는 추사의 관직을 박탈하고, 그다음 날에는 아버지 김노경의 살아생전의 벼슬과 공적을 모두 박탈해 버렸다. 결국 1840년 8월 11일 윤상도는 능지처참되고, 추사는 이 사건의 배후 조정자로 지목되어 목숨이 경각에 달렸다. 그때 추사는 예산 향저에 내려가 피신해 있었는데, 8월 20일 한양으로 끌려와 심한 추국을 당했다. 다행히 오랜 벗이자 당시 우의정으로 있던 조인영의 도움으로 겨우 목숨을 건지고 제주도 대정현에 위리안치되었다. 이리하여 추사는 1840년에서 1848년까지 9년여 동안 제주도 대정현에서 유배 생활을 했다.

추사는 제주도에 유배되어 있으면서도 아내 예안이씨에게 많은 편지를 보내어 집안을 단속하거나 음식과 의복 수발을 부탁하며, 또 부부간 사랑을 나누기도 했다.

— 조인영(좌, 개인 소장)과 초의 선사(우, 디 아모레 뮤지엄 소장)

천리 바다를 하루 만에 쉬이 건너오니

1840년 9월 2일, 제주도로 유배 명령을 받은 추사는 해남의 대
둔사에 잠시 들러 벗인 초의(草衣) 선사(1786~1866)를 만나고,
9월 27일 완도에서 배를 타고 바다를 건너 제주도의 화북포구에
도착했다. 다행히 날씨가 좋아 하루 만에 제주도에 도착했다. 추사
는 그곳에서 이틀을 머물다가 10월 2일 마침내 유배지인 대정현에
도착했다.

　대정현은 제주도에서 바람이 가장 드세고 척박한 지역이어서
중죄인을 많이 유배시키는 곳이었다. 게다가 추사는 유배형 중에
서 가장 가혹한 형벌인 위리안치형을 받았다. 위리안치의 경우엔
가족의 동반이 금지됨은 물론 유배지 주변에 탱자나무 울타리를
둘러 그야말로 감옥과 같은 생활을 하도록 했다. 추사는 처음엔 포

— 대정조점(大靜操點) 부분 1702년 11월 10일 제주도 대정현성의 모습. 비록 100여 년의 시간차는 있지만 추사가 유배 갔을 때인 1840년의 옛 모습을 유추해 볼 수 있다. 《탐라순력도》, 18세기, 보물 제652-6호, 제주특별자치도 소장

교 송계순의 집에서 유배 생활을 하다가 이후 대정현의 부잣집인 강도순의 사랑방으로 옮겨 갔다.

　유배지에 도착한 지 얼마 되지 않은 1840년 10월 5일, 추사는 예산에 있는 아내에게 잘 도착했으니 걱정 말라는 안부 편지를 써서 보냈다.

　　어느덧 겨울이 되오니 계속해서 평안히들 지내시옵니까?
　　서울과 예산에서도 다 한결같이 무고하옵니까?
　　천안에서 당신의 모습을 보니, 그렇지 아니할 것이오나,
　　당신이 그러하다 큰 병이 나시면 말이 되겠사옵니까? 지
　　금은 모든 일이 다 당신에게 달렸으니 집사람들 편안히

— **추사적거지**(秋史適居地) 옛 대정현성 동문 바로 안쪽에 추사가 유배 생활을 한 초가가 있었는데, 이를 복원한 것이다.

하고 당신도 더욱 몸을 돌아보아 이전보다 더욱 보전해야 이 천리 바다 밖에 있는 나의 마음을 위로할 것이오니, 늘 눈앞의 일만 생각하지 마시고 널리 생각하고 크게 마음을 먹어 아무쪼록 편안히 지내옵소서. 집안일이 지금은 더구나 당신께 다 달렸으니 응당 그런 도리는 아시려니와, 걱정스런 마음이 더욱 간절하여 이리 말씀을 구구절절이 하옵니다. 강동(동생 김명희)의 모양도 말이 되지 않은 듯하오니, 그동안 집에 돌아간 후에는 어떠한지 마음속이 에이는 듯하옵니다. 먹기를 착실히 하여 회복이 되게 하기를 바라옵니다.

나는 천리 땅을 무사히 오고, 또 천리 바다를 지난달 27일

하루 만에 쉬이 건너오니 임금의 은혜가 아님이 없사옵니다. 배 안의 사람들이 다 멀미하여 하루 종일 굶어 지내되, 오직 나 혼자 멀미도 아니하고 배 위에서 종일 바람을 맞고 앉아 의연히 밥도 잘 먹고, 그 전에도 계속 물 말은 밥을 먹고 오더니 배 위에서는 된밥을 평상시와 같이 먹으니 그도 아니 괴이하오리이까.

대저 나 혼자만 관계치 아니하다 말할 것이 아니오라, 아무래도 제주의 큰 바다는 사람마다 쉬이 건너오리라 하고 권하여도 올 길이 없사옵니다. 행여 놈이(서자 상우) 같은 아이들이 아무 철도 모르고 헛된 생각을 하여 건너올 길이 없으니 미리 그리 알아차리게 하옵소서.

10월 초1일에 대정현 유배지에 오니, 집은 넉넉히 몸담을 만한 데를 얻어 방 한 칸에 마루 있고 집도 깨끗하여 별도로 도배할 것도 없이 들어왔으니 내게 오히려 과분한 듯하옵니다. 먹음새는 아직은 가지고 온 반찬이 있으니 어찌어찌 견디어 갈 것이요, 생전복이 나오니 그것으로도 견딜 듯하옵니다. 소고기는 매우 귀하나 혹 가끔 얻어먹을 도리도 있는가 보옵니다. 아직은 일의 두서를 정하지 못하오니 어찌할 줄 모르겠사옵니다.

추사 언간 20

추사가 의금부의 관리인 금오랑을 따라 배를 타기 위해 완도로 내려갈 무렵, 아내가 천안까지 마중을 나와 그의 유배 가는 모습을 지켜보았던 듯하다. 추사 역시 아내의 근심어린 얼굴을 보았던 듯,

아무쪼록 마음을 편안히 먹고 건강하게 지내라고 당부한다. 특히 이제부터는 집안일이 다 아내에게 달렸다고 하면서 마음을 더욱 굳게 먹으라고 한다. 또 여전히 동생 김명희의 건강을 걱정하며 잘 돌봐달라고 부탁한다.

추사는 계속해서 아내를 안심시키기 위해 노력한다. 배 위에서 사람들은 모두 멀미를 하였으나 자기 혼자만 멀미하지 않고 평상시처럼 밥도 잘 먹었다고 자랑한다. 또 유배지도 의외로 넓고 깨끗하며, 먹을 것도 당분간은 반찬 걱정 없이 잘 지낼 듯하다고 한다. 특히 제주엔 생전복도 나온다고 자랑하듯 말한다. 그러니 집에서는 일절 자신을 걱정하지 말 것이며, 행여 서자 상우가 유배지에 찾아오려 해도 그런 생각일랑 애초부터 하지 못하게 하라고 지시한다. 비록 멀리 제주도에 유배된 몸이었지만, 추사는 가장으로서 최선을 다하고 싶었던 것이다.

침채를 얻어먹을 길이 없고

처음 유배지에 도착했을 때만 해도 추사는 의식주에 별다른 어려움을 느끼지 못했다. 하지만 막상 유배 생활을 시작하려고 보니 이것저것 필요한 것들이 한두 가지가 아니었다. 그중에서도 특히 먹을 것과 입을 것이 가장 시급했다. 다행히 육지로 나가는 배가 아직도 떠나지 않아 편지 심부름꾼이 제주에 머물러 있었다. 이에 추사는 1840년 10월 5일 이후 어느 날 당장 필요한 물품들을 추신처럼 적어서 편지와 함께 예산에 있는 아내에게 보냈다.

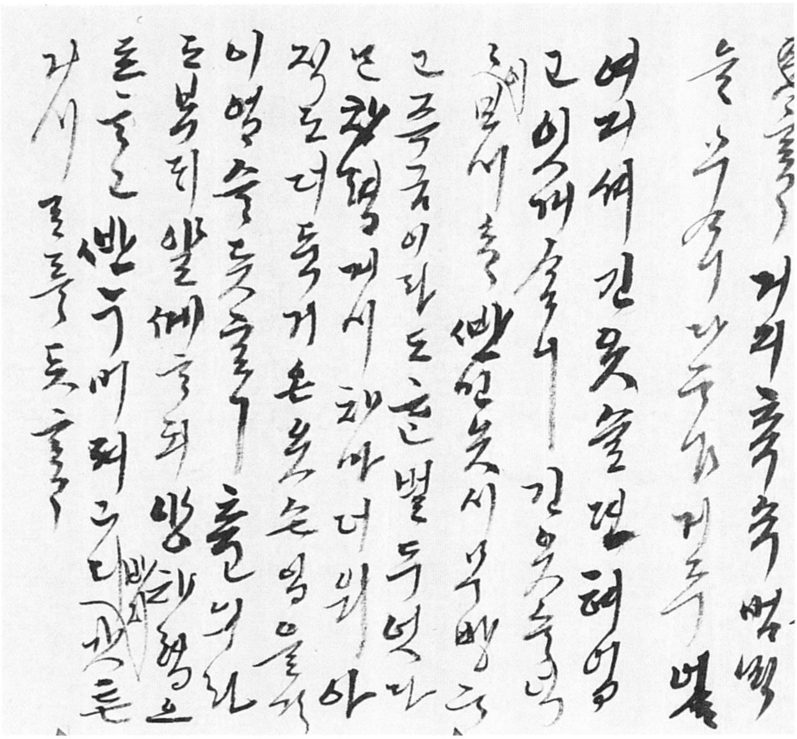

— 추사 언간 35, 국립중앙박물관 소장

칩채(김치)를 얻어먹을 길이 없고, 또 새우젓과 젓국은 달리 구할 길이 없으니 그것이 민망하옵니다. 거기 젓무우(깍두기)나 얻어 보내게 하고, 젓국도 한두 병 얻어 상하지 아니하게 부치면 좋을 듯하오니, 천리 밖에서 어찌 그런 것들을 운용하여 먹을 길이 있겠사옵니까?

의복은 가지고 온 것으로 올 겨울을 날 수는 있겠사오나, 미리 봄옷을 지어 1월 즈음에라도 부치거나 겨울에 인편이 있거든 보내는 것이 좋을 듯하옵니다. 봄이 된 후에 옷을 보내어서는 제때에 미치지 못할 듯하옵니다.

거기(예산)는 추수 일절을 무사히 다 거두었사옵니까? 여기 제주에서는 긴 옷을 오로지 입고 있겠사오니 긴 옷을 넉넉히 보내옵소서. 빨래한 긴 옷이 좋고, 지금이라도 한 벌을 해 두되 차렵(솜을 얇게 두어 지은 옷) 것은 차마 더워 아직도 더 두꺼운 옷은 입을 길이 없을 듯하옵니다. 봄옷이라도 부디 얇게 하되 양차렵(봄·가을에 입는 솜을 얇게 둔 차렵)으로 하고 빨래한 누비저고리, 바지 같은 것이 좋을 듯하옵니다.

추사 연간 35

유배 생활을 하는 데에 우선 시급한 음식과 의복만을 따로 적어 보냈다. 음식은 김치, 새우젓, 젓국, 깍두기 같은 쉽게 상하지 않고 오래 먹을 수 있는 것들을 보내주고, 옷은 내년 봄에 입을 긴 옷들을 미리 장만해서 보내달라는 것이다. 특히 제주도까지 보내는 데 시간이 오래 걸리니까 음식을 상하지 않게 잘 부치고 봄옷도

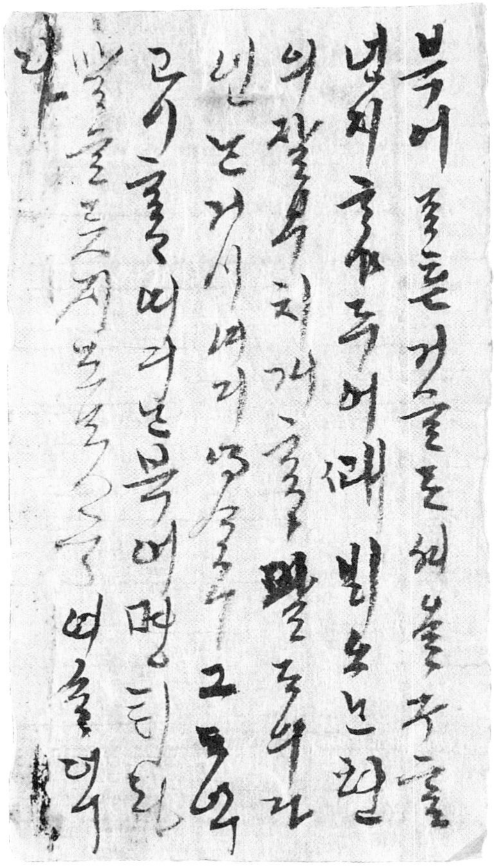

— 추사 언간 36, 국립중앙박물관 소장

미리 보내라고 부탁하고 있다. 그만큼 추사의 성격은 꼼꼼했다. 또 추사는 유배지에서 혼자 살게 되자 음식과 의복 등 안살림을 직접 주관할 수밖에 없었다. 아버지 김노경처럼 추사도 직접 살림하며 살았다.

북어도 좋은 것으로 잘 부치게 하옵소서

앞의 편지에서 유배 생활에 당장 필요한 물건들을 추가로 적어 보내고 나서도 추사는 또 한 가지 빠트린 것이 있음을 알았다. 그것은 바로 자신이 가장 좋아하는 생선인 북어였다. 추사는 또다시 북어도 좀 구해서 보내달라는 쪽지 편지를 써서 아내에게 보냈다.

> 북어도 좋은 것으로 서울에서 구하든지 하여 두어 쾌(20마리)를 오는 배편에 잘 부치게 하옵소서. 조선 팔도에 다 있는 것이 여기에는 없으니 그도 아니 괴이하옵니까? 여기에서는 북어나 명태라는 말을 듣지도 못하였사옵니다.
>
> 추사 언간 36

명태는 한류성 어류라 당시에도 남쪽 제주에서는 잡히지 않았던 듯하다. 그래서 추사는 마른 명태인 북어를 좀 넉넉히 구해서 보내달라고 한다. 먹는 것에 유독 민감하고 까다로웠던 추사의 성격을 확인할 수 있다.

약식과 인절미가 아깝사옵니다

연달아 세 통의 편지를 보냈건만 아내의 편지는 그로부터 두 달이
지난 1841년 새해가 되어서야 도착했다. 아내는 답장과 함께 추사
가 좋아하는 음식과 반찬거리, 필요한 의복들을 정성스레 장만해
서 보내왔다. 이에 추사는 1841년 윤3월 초순경에 답장을 써서 심
부름꾼 양재완 편에 보냈다.

> 설이 지난 뒤에 처음으로 심부름꾼 양재완 편의 편지를
> 보고 그 후에 또 인편이 연달아 와서 편지를 보오니, 인편
> 이 없을 때는 없다가 있으면 또 겹쳐 오니 든든하옵니다.
> 가까운 데 같아서 잠시 위로가 되오며, 그 사이에 또 한 달
> 이 넘었으니 계속해서 편안히들 지내시옵니까? 당신은 그
> 사이에 어떠하옵니까? 병세가 관계치 아니하다 하오나 관
> 계치 아니할 리가 있겠습니까? 아마 먼 데 있는 사람이라
> 고 속이는 듯하오며, 속미음(粟米飮: 좁쌀로 쑨 미음)은
> 계속해서 자시옵니까? 당신의 몸을 보호하여 가는 것이
> 나를 보호하여 주는 것이니 그리 아시옵소서.
> 창녕(동생 김명희)의 요통이 끝내 낫지 않았다 하니 걱정
> 스런 염려가 끝이 없사옵니다. 서울과 예산은 모두 한결
> 같사옵니까? 지난달 그믐날(3월 30일)에 아버지(김노경)
> 제사가 지났으니 하늘과 땅에 사무치는 한없는 슬픔이 더
> 욱 원통하고 운박(運薄: 운수가 박함)하여 바로 그 자리
> 에서 죽어 모르고 싶으오니, 고금 천하에 이런 사람의 정

리(情理: 인정과 도리)와 광경이 어디 있사오리이까? 영유(막내 동생 김상희)나 와서 함께 제사를 지냈사옵니까? 나는 살아 있다 할 길이 없사옵니다. 여기서 지내는 모양은 한결같고 별다른 병은 없으니 어리석고 못나기를 어찌 다 이르며, 먹는 것도 그 모양이니 그럭저럭 아니 견디어 가오리이까?

애써 마련하여 보낸 찬물(반찬거리)은 마른 것 외에는 다 상하여 먹을 길이 없사옵니다. 약식과 인절미가 아깝사옵니다. 빨리 와도 성하게 오기 어려운데, 길면 일곱 달 만에도 오고 빨라야 두어 달 만에 오는 것이 어찌 성하게 올까 보옵니까? 서울에서 보낸 침채(김치)는 워낙 소금을 과하게 한 것이라 비록 맛은 변했으나 그래도 김치에 주린 입이라 견디어 먹었사옵니다. 새우젓은 맛이 변했고, 조기젓과 장볶이(볶은고추장)가 맛이 그리 변하지 않았으니 이상하옵니다. 민어와 산포(말린 소고기 포)는 관계치 아니하옵니다. 어란(魚卵: 숭어나 민어 등 생선의 알을 소금에 절여 반건조한 식품) 같은 것이나 그 즈음해서 얻기 쉽거든 얻어 보내옵소서. 산채(산나물)는 더러 있나 본데 여기 사람들은 순전히 먹지 아니하니 이상한 풍속이옵니다. 고사리, 소루쟁이와 두릅은 있기에 간혹 얻어먹사옵니다. 여기는 도무지 저자와 시장이 없으니 모든 것이 매매가 없고 있어도 몰라서 얻어먹기 어렵사옵니다.

의복은 세초선(歲抄船)[8]에 보내신 것들은 다 긴 것이니 도리어 우습사옵니다. 도로 보낼 길도 없고 다 아직 두었사오며, 심부름꾼 양재완 편에 온 의복은 여름살이(여름 홑옷)까지 왔으니 아직 빌려 입을까 하오며, 지금 입는 저고리는 거의 하나를 가지고 입으니 매우 더럽고 또 더러는 해져서 입기 어려우나, 다른 야로(野老: 촌 늙은이)의 것과 바꾸어 입기 어려우니 조금 어려우나 아니 견디오리이까? 가을쯤에나 하나 하여 보내게 하옵소서. 그것도 미리 부쳐야 제때에 와서 입지, 그렇지 않으면 한겨울이 될 염려가 있사옵니다. 껴입는 긴팔 등거리(조끼처럼 걸쳐 입는 홑옷)도 하나 지어 보내게 하옵소서. 미리. (…)

추사 언간 21

당시 제주에서 예산까지의 왕래는 배편을 이용해 금강 하구의 강경포구로 갔다가, 그곳에서 다시 육로로 충남 예산까지 갔던 것으로 추정된다. 편지나 물건의 전달은 관아의 배인 세초선을 이용하기도 했지만, 주로 심부름꾼 양재완처럼 직접 인편을 구하거나 집안 노비를 시켜 민간의 배를 이용해 보내곤 했다. 하지만 제주와 육지를 오가는 민간의 배가 일정치가 않아서 이처럼 한꺼번에 편지와 물건이 도착하기도 했다.

모처럼 아내의 편지를 받은 추사는 잠시나마 위로가 되었다고 한다. 그러나 아내가 편지에서 몸이 아프다고 했던 듯하다. 추사는 그 병세를 몹시 걱정하며 속미음이라도 계속 먹으며 몸을 잘 보호하라고 신신당부한다. 그와 함께 이전처럼 동생 김명희의 허리 통

---

8   6월과 12월에 임금께 공물을 바치던 배로 추정된다.

증에 대해서도 한없이 걱정한다.

그런 다음 지난달 그믐에 있었던 아버지의 제사를 언급하면서 몹시 원통해한다. 지난해인 1840년 7월 김홍근이 죽은 아버지 김노경을 탄핵하여 생전의 벼슬과 공적을 모두 박탈시켰기 때문이다. 심지어 그는 "나는 살아 있다 할 길이 없사옵니다"라고 말하며 자신의 불효를 탄식한다.

이후 추사는 본격적으로 아내가 보내온 물건들의 상태를 자세히 알려준다. 우선 자신이 좋아하는 약식과 인절미가 상하여 무척 아깝다고 한다. 김치나 새우젓, 조기젓처럼 소금을 과하게 넣은 음식도 맛이 변했고, 그나마 민어나 산포 같은 마른 음식만 상하지 않았다고 한다. 의복도 모두 긴 옷이거나 여름옷이어서 당장 봄에 입을 저고리가 없다고 하소연한다. 하지만 지금은 이미 때가 늦었으니 가을쯤에나 하나 지어서 보내달라고 한다.

이처럼 아내 예안이씨는 음식이 도중에 상할 줄 알면서도 추사가 좋아하는 것들을 애써 장만하여 보냈다. 추사도 그것을 잘 알기에 미안하고 안타까워하면서 그 상태를 하나씩 자세히 알려주고 있는 것이다. 참으로 애틋하다.

이문의 상사 소식을 들으니 놀랍사옵니다

추사가 위의 편지를 써서 봉투에 넣고 봉할 무렵, 갑자기 그의 서자 며느리인 전의이씨가 부친상을 당했다는 소식이 들려왔다. 이에 놀란 추사는 다시 며느리의 처지를 걱정하는 짤막한 편지 한 통

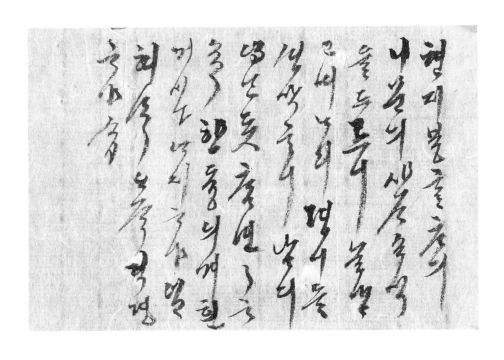

을 써서 함께 보내었다.

> 편지 봉할 때에 이문의 상사 소식을 들으니 놀랍고, 며느
> 리(서자 상우의 처인 전의이씨)의 정리(情理)를 생각하니
> 남에게 없는 마음인 듯 참연참연(슬프고 참혹함)하옵니
> 다. 향중(鄕中)에서 흰 것(상복)이나 어찌 마련하여 입혔
> 사옵니까? 오직 걱정할 뿐이옵니다.

추사 언간 37

이문의 상사란 서자 상우의 처 전의이씨의 부친상으로 추정된
다. 전의이씨의 부친 이수민이 1841년 3월 5일에 사망했기 때문이
다. 이때 서자 상우의 나이는 25세였다. 추사는 부친상을 당한 며
느리의 처지를 생각하며 깊이 애도하는 한편, 아내에게 상복이라
도 마련하여 입혀 주도록 바라고 있다. 추사 역시 아버지 김노경처
럼 며느리를 아꼈다.

병이 나았다 하나 나으실 리가 있사옵니까

추사는 비록 제주도에서 유배 생활을 하고 있었지만 예산에 있는
아내와 끊임없이 편지를 주고받으며 부부간 사랑을 나누고 집안
을 관리했다. 대개 편지는 짧게는 한 달, 길게는 몇 달씩 걸리곤 했
는데, 희한하게도 이번에 아내가 보낸 편지는 거의 보름 만에 제주
유배지에 도착했다. 그래서 추사는 1841년 윤3월 20일 곧바로 답

장을 써서 보냈다.

양재완(심부름꾼) 편의 편지는 이 편지와 거의 같이 들어
갈 듯하옵니다. 갑쇠(노비)가 오는데 가져온 글월(편지)
을 보니 이달 초승에 보낸 안부 편지이니 여기에 온 후로
이렇게 빠른 편지는 처음으로 보옵고, 그전에 여러 달 만
에 두 곳에서 연달아 온 것과 현저히 다르니 신기하고 이
상한 듯하오이다.

지난번 편지를 보낸 후에 또 거의 20일이나 지났으니 모
두 한결같이 지내시고, 당신도 계속해서 관계치 아니하시
옵니까? 병이 나았다 하여 계시나 나으실 리가 있겠사옵
니까? 진정 나으시면 멀리서 마음에 위로가 되오리마는
그러할 리가 없을 듯하오이다.

강동(동생 김명희)의 요통은 어떠하옵니까? 일기에 따라
나아가는가 염려되어 마음이 놓이지 않으오며, 영유(막내
동생 김상희)는 그 사이에 와서 지낸다 하니 서로 모여서
얼마나 든든하시겠습니까? 멀리서 경결하올(슬픔이 복받
쳐 목이 멤) 뿐이옵니다. 서울과 예산에서는 계속해서 한
결같다고들 하옵니까? 끊임없이 걱정하오며, 나는 지난번
기별할 때와 같사옵니다. 별 탈 없이 있으니 염려들 지나
치게 하지 마옵소서.

이번에 보내신 저고리와 장육(장조림), 건포(소고기나 생
선 등을 말린 것) 등은 숫자대로 자세히 받았사옵니다. 장
육이 상하지도 아니하고 오래 두어도 관계치 아니하겠으

니 이후에도 그처럼 아주 말려서 보내면 관계치 아니할까 보옵니다.

갑쇠가 왔으니 무쇠(노비)와 역할을 분담하기는 다른 하인보다 나을 듯하니 다행이오나, 어찌 그리 같게 하여 지내겠사옵니까? 나는 되어 가는 대로 지내자 정하였으니 어찌 못 지내겠사옵니까? 한의(노비)는 올려 보내오니, 노비를 여럿이 두고 있으면 거창할 뿐 아니라 먹이고 입히기가 아니 어렵겠사옵니까?

며느리(서자 상우의 처 전의이씨)는 무사히 견디며 지내옵니까? 방은 하여 드렸사옵니까? 저번 편지에 대강 말하였기에 이만 적사옵니다.

신축년(1841) 윤3월 20일 편지 올립니다. 추사 언간 22

앞에서처럼 두 통의 편지를 써서 양재완 편에 보낸 지 얼마 되지 않아서였다. 집안의 노비 갑쇠가 아내의 편지를 갖고 왔는데 거의 보름 만에 온 것이다. 그래서인지 추사는 신기하고 이상하다면서 아주 좋아하고 있다.

아내는 여전히 몸이 아팠지만 추사가 유배지에서 걱정할까 싶어 병이 다 나았다고 말했던 듯하다. 추사는 그럼 오죽이나 좋겠지만 절대 그럴 리가 없다며 걱정을 멈추지 않는다. 또 이전처럼 동생들을 비롯한 일가친척의 안부를 물으며 자신은 별 탈 없이 지내니 염려하지 말라고 한다.

아내는 편지와 함께 의복과 반찬거리도 마련해서 보냈는데, 다행히 이번에는 빨리 도착한 탓에 모두 상하지 않고 제대로 왔다.

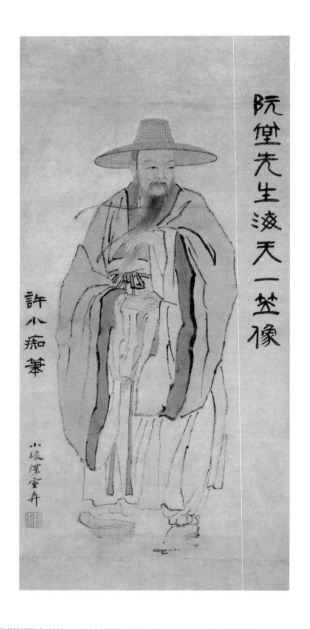

阮堂先生海天一笠像

許小痴筆

小琅環室弃

— **완당선생해천일립상** 허련, 1847년 이후, 종이에 담채, 51×24cm, 디 아모레 뮤지엄 소장

그와 함께 앞으로는 이번에 온 노비 갑쇠, 그리고 기존에 함께 지
내던 무쇠와 함께 지낼 예정이며, 노비 한의는 번거로우니 올려 보
낸다고 알려 준다. 이로 보면 추사는 제주 유배지에서 사내종 두
명과 함께 지냈음을 알 수 있다.

끝으로 추사는 지난번 부친상을 당한 며느리의 안부와 집안에
따로 침소를 마련해 주었는지 물으며 변함없는 며느리 사랑을 보
여 준다.

인절미는 모두 썩어 버렸사옵니다

아내는 병세가 심상치 않으면서도 끊임없이 추사의 의복과 찬물을
마련하여 유배지로 보내왔다. 1841년 4월 8일에도 서울에서 보낸
편지와 함께 예산에서 아내가 보낸 찬물들이 도착했는데, 추사는
무슨 일이 있었는지 그달 20일에야 아내에게 답장을 써서 보냈다.
아마 겨울옷을 벗어 보내기 위해 날이 좀 더 따뜻해지기를 기다렸
던 듯하다.

> 양재완(심부름꾼), 박한의(노비) 편에 보낸 편지는 응당
> 그 사이에 보아 계실 듯하오나, 늘 인편의 왕래가 계속 있
> 을지 정하지 못하니 당신께서는 오죽 기다렸겠사옵니까?
> 지난 달 10일쯤 서울에서 부친 편지를 이달 초8일에야 보
> 니 비록 30일 동안이나 오히려 빨리 온 편지이옵니다. 당
> 신 편지들은 못 보나 대강 한결같다는 소식을 듣고 위로

되오며, 요새 점점 여름이 되어 가니 모두들 평안히 지내시고, 강동(동생 김명희)의 요통은 어떠하옵니까? 조금 났사옵니까? 이리 멀리서 걱정하옵니다.

서울과 예산에서도 그동안 다 별고 없이 지내옵니까? 종종 걱정이오며, 당신도 요새 속미음을 계속 자시옵니까? 나는 아직 전과 같이 지내오나, 며칠 간 담체(담이 한곳으로 뭉침)로 속이 거북하더니 소식(小食)을 하니 조금 낫사옵니다.

정월에 부친 강경의 배가 이달 초8일에야 들어와서 보내주신 찬물(반찬거리)을 자세히 받았으나, 자연히 맛이 변하기야 어찌 아니하였겠사옵니까? 그러하되 못 먹지는 아니하게 되었으니 다행이옵니다. 인절미는 모두 썩어 버렸사옵니다. 그것은 어찌할 길이 없는 것이니 이후에는 부질없이 수고하여 포진찬물(한꺼번에 많이 보낸 찬물)을 보내지 말까 보옵니다. 장으로 만든 것은 그리 관계치 아니하나, 오이장아찌는 관계치 아니하되, 무장아찌는 또 맛이 변하였사옵니다. 젓무우(깍두기)는 조금 쉬었으나 먹겠사옵니다.

겨울에 벗은 옷을 올려 보내오니 미리 또 고쳐 보내셔야 되겠사옵니다. 여기는 겨울 것을 여름에 신경 써야 믿겠사옵니다. 바지는 무명으로 만든 것을 고쳐 보내고, 명주 바지는 보내지 마옵소서. 여기에 토주(吐紬: 두껍고 누르스름한 명주) 바지 하나 있는 것은 조금 두껍기에 입지 않고 아직 두었사옵니다. 두루마기나 둘 다 고쳐 보내옵소서. 무명 두루마기가 해롭지 아니하니 헤아려 하옵소서.
소매 있는 두루마기는 내려온 것이 그대로 다 있으니 다
시 하여 보내지 마옵소서. 여기에서는 자주 입는 것이 아
니오니 여러 벌이 부질없사옵니다.

차동(양가의 넷째 누님. 민치항의 처)의 회갑(6월 16일)
의복은 어찌하여 보냈사옵니까? 막연히 생각뿐이니 정리
에 견디기 어렵사옵니다. 회갑 날에 조반(早飯: 아침 끼니
전에 간단히 먹는 음식)이나 하여 잡수시게 돈냥을 또 얻
어 보내야 할 것이니 어찌 생각하옵니까? 다소간 의논들
하여 보게 하옵소서. 인편이 급하다 하여 대강 적사옵니다.

신축년(1841) 4월 20일 편지 올립니다. 추사 연간 23

육지와 제주의 왕래 기간은 도무지 종잡을 수 없었다. 이번에
도 서울에서 보낸 편지는 비교적 빠른 30일 만에 도착했는데, 정월
에 강경에서 부친 물건들은 이제야 도착했다. 하지만 이상하게도
아내의 편지는 보이지 않고 한결같이 지낸다는 소식만 전해 주었
다. 추사는 그나마 위로가 된다고 말하면서, 또다시 동생 김명희의
병세를 묻는다. 그리고 아내의 병세가 걱정되는 듯 속미음을 계속
먹으라고 당부한다.

이후 정월에 강경포구에서 부친 물건들의 상태를 알려주는데,
당연히 맛이 변해 버린 음식들이 많았다. 인절미는 또다시 썩어 버
렸고, 장에 절인 음식들은 그나마 조금 먹을 수 있었다. 추사는 미
안한지 이후로는 음식을 한꺼번에 많이 해서 보내지 말라고 한다.
아내가 그 힘든 인절미를 자주 해서 보내는 걸 보면 추사는 평소

인절미를 매우 좋아했던 듯하다.

추사는 또한 그동안 입었던 옷들을 올려 보내며 겨울에 입을 옷들을 미리 준비해달라고 한다. 아직 4월밖에 안 되었는데, 겨울 옷을 지금부터 준비하도록 시키는 걸 보면 그가 얼마나 꼼꼼한 인물이었는지 알 수 있다. 그와 함께 유배객의 처지였으므로 바지나 두루마기를 모두 명주가 아닌 무명으로 해달라고 하고 있다.

그밖에 추사는 차동에 사는 넷째 누님의 회갑 준비를 아내와 의논하는데, 의복은 미리 준비해서 보내고 회갑날 조반이나 잘 드시게 돈냥이라도 보내면 어떻겠냐고 조심스럽게 제안한다. 그는 집안의 장손으로서 누님의 회갑 잔치도 꼼꼼히 챙겼다.

끝으로 인편이 급하다 해서 편지를 대강 적었다고 말하는데, 육지로 가는 인편이 추사의 곁에 서서 발을 동동대며 배 시간이 급하다고 빨리 좀 써달라고 재촉하는 장면이 떠오른다.

서울에서 내려온 장은 소금꽃이 피었사옵니다

여름이 다 지나가도록 아내의 편지는 오지 않고 서울에서 물건만 내려왔다. 하지만 그것조차 먹을 만한 것이 아니었다. 서운한 추사는 1841년 6월 21일 약간 서운한 어투로 편지를 써 보냈다.

> 한의(노비)가 올라간 후 여름의 석 달이 다 지나되 소식이 연달아 막히니 답답하단 말은 대수롭지 않은 말이옵니다. 여름이 다 지나가고 입추가 되니 요새 범절은 어떠하

시옵니까?

서울과 예산에서는 모두들 한결같이 평안하옵니까? 강동(동생 김명희)은 여름을 어찌 났사옵니까? 종종 염려뿐이오며, 당신께서는 본병(지병)이 자주 나지 아니하여 계시옵니까? 그 사이에 차동(양가의 넷째 누님. 민치항의 처)의 회갑(6월 16일)이 지났으니 천리의 바다 밖에서 이런 인정과 도리가 없고, 소식도 알 길이 없으니 한 세상이 아닌 듯하옵니다. 의복은 어찌하여 보내었사옵니까? 그날 여러 누님들이나 모여 지내셨다 하옵니까?

나는 갑자기 학질을 얻어 떨어졌다가 또 앓고 앓고 하기를 여러 번 하여 석 달을 이리 고생하오니, 자연 원기는 지치고 먹지도 못하고 회복이 끝내 되지 못하오니, 가을바람이나 불면 조금 낫고 먹기가 나은 뒤에야 회복도 될 듯하니 세월이 가는 데에 관계하오리이까?

서울에서 내려온 장이 다 소금꽃이 피어 맛이 쓰고 짜서 가뜩이나 좋지 않은 비위를 가라앉히지 못하니 잠시도 민망하옵니다. 서울과 예산의 장이 어찌되었는지 빨리 인편을 얻어 내려보내야 견디겠사옵니다. 서울에서 진간장(오래 묵어 아주 진하게 된 간장)을 살 도리가 있으면 다소간 돈을 주고 사서라도 보내게 하여 주옵소서. 변변치 아니한 진간장은 얻어 보내야 부질없사옵니다. 거기 윤생(추사 처제의 아들 윤명선으로 추정)에게 간장이 요새도 있는지 물어보옵소서.

민어를 연하고 무름한 것으로 가려 사서 보내게 하옵소

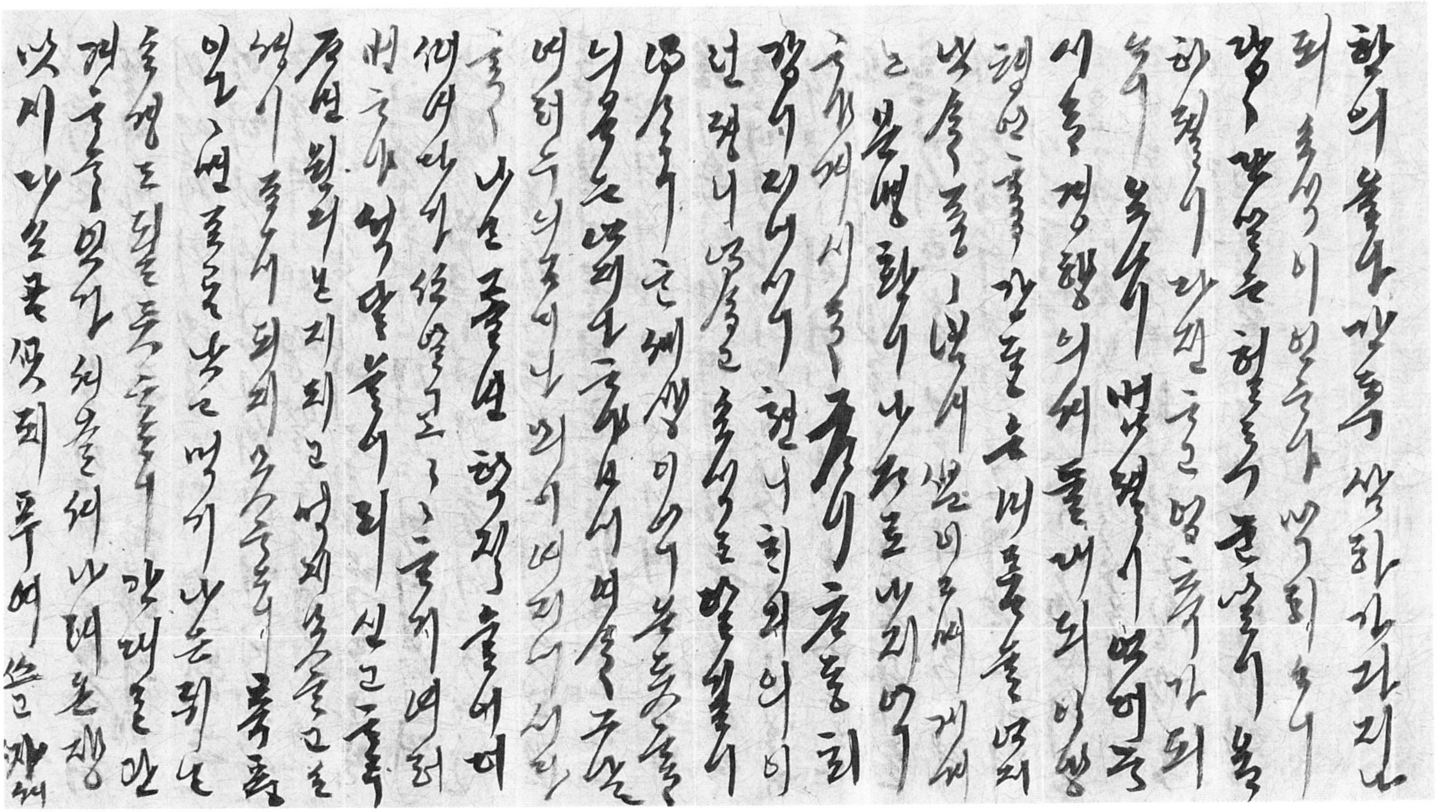

— 추사 언간 24, 국립중앙박물관 소장

서. 이번에 내려온 것은 살이 단단해 먹을 길이 없사옵더
이다. 겨자는 선물로 받는 것이 있을 것이니 넉넉히 얻어
보내옵소서. 집 밖으로도 기별하였사옵니까? 가을 후에
곶감을 좋은 것으로 4~5접(400~500개)이 되거나 못 되
거나 배편에 부치오고, 어란(魚卵)도 거기서 먹을 만한 것
을 구하여 보내옵소서.

겨우 두어 자 이리 적사오니 대강 보시고 기별 밖이라도
생각하여 하옵소서.

　　　　　신축년(1841) 6월 21일 편지 올립니다. 추사 연간 24

　　추사는 우선 아내의 편지가 계속 늦어지자 무슨 일이 있는 건
아닌지 답답하다고 말한다. 혹시 지병이 도진 건 아닌지 걱정한다.
그런 다음 얼마 전에 있었던 넷째 누님의 회갑 잔치에 대해 묻는
데, 지난번에 애기한 의복은 마련해서 보냈는지, 여러 누님들은 다
모여 지냈는지 안타까운 어조로 묻는다. 추사 역시 유배 생활을 하
면서 갖가지 질병으로 고생했는데, 이번 여름엔 학질에 걸려 석 달
을 고생했지만 여전히 낫지 않고 있었다.

　　마지막으로 추사는 이번 서울에서 보낸 진간장은 맛이 쓰고 짜
다고 하면서, 다시 서울과 예산에서 돈을 주고 사서라도 좋은 것으
로 구해 보내달라고 한다. 또 민어와 어란도 먹을 만한 것으로 얻어
보내고, 그밖에 기별하지 못한 것도 짐작해서 보내라고 한다. 추사
의 식성이 얼마나 까다로웠는지 짐작할 수 있을 것이다. 또 끝에서
겨우 두어 자 적는다고 했지만, 실제로는 할 말을 다하고 있다.

소금 맛이 과하여 쓴맛이 나고 단맛이 없사옵니다

여름 석 달을 막혔던 아내의 소식이 드디어 도착했다. 5월 15일경
에 보낸 아내의 편지가 거의 두 달 만인 7월에야 온 것이다. 1841년
7월 12일, 추사는 인편이 곁에서 급하다고 재촉하는 바람에 부랴
부랴 아내에게 답장을 써서 보냈다.

여름 석 달을 계속 소식이 막히더니 나중에는 잊어버리고
생각하지도 아니하던 차에, 강경의 배편에 5월 보름께 부치
신 편지를 보고 든든하오며 개위하기가(식욕을 돋움) 더욱
다르옵니다.
창녕(동생 김명희)도 학질을 앓고 이천댁(사촌형 김교희
의 집)에서도 대단히 편치 못하시다 하니 놀라운 염려를
헤아릴 길 없사옵니다. 그 사이에 창녕의 학질도 떨어지
고 형님(김교희)의 병환도 나으셨는지 이리 걱정되옵고,
당신은 여름을 어떻게 보내셨는지 염려가 되어 가지가지
로 걱정하오이다.
나도 또 학질을 얻어 석 달을 가지고 고생하다가 요새는
조금 나으니, 원기도 자연히 떨어졌으나 차차 나아가니
깊이 염려할 것이 아니라 너무 애쓰지 마옵소서.
이달 초승에 연달아 생신과 제사(7월 4일 양부 김노영의
제사)를 지내오니 멀리서 한없는 슬픔이 더욱 원통하옵
고, 제사는 어떻게 지냈사옵니까? 이때에 시골은 더욱 제
수품이 어육(魚肉)과 과일을 막론하고 다 구하기 어려울

듯하오니, 그런 생각을 할수록 더욱 죄송스럽기 이를 길이 없사옵니다.

차동(양가의 넷째 누님. 민치항의 처) 회갑연은 어떻게 지내시고, 양가의 누님들이나 모여 계시던가 모르겠으며, 천리 밖에서 이런 정리가 어디 있겠사옵니까?

이번에 보내신 찬물(반찬거리)은 숫자대로 받았사옵니다. 민어, 석어(조기)의 머리가 약간 상했으나 못 먹게 되지는 아니하여 병구완(치료)에 조금 도움이 되겠사오며, 어란도 성하게 와서 쾌히 입맛에 맞으니 다행이옵니다.

이번에 온 진간장이 예산 집의 것이옵니까? 끝내 소금 맛이 과하여 쓴맛이 나고 단맛이 없으니, 그 전에 온 장도 면장[9]으로 만든 것이 다 그러하여 먹을 길이 없사오니, 서울에도 그 말을 하여 거기에서와 조금 단맛이 있는 지령(간장의 경기 방언)을 돈을 주고 살지라도 조금 얻어 보내게 하옵소서.

백자(잣)와 호두가 여기에는 없는 것이니 얻어 보내게 하옵고, 좋은 곶감이 거기서는 구하기 어렵지 아니할 듯하오니 배편에 4~5접 얻어 보내어 주옵소서. 해수(기침)에는 이것이 늘 구급이 되기에 이리 기별하오며, 올해도 침채(김치)와 젓무우(깍두기)를 하여 담아 부치게 하옵소서. 침채는 그리 아니하면 겨울 석 달을 얻어먹지 못하오니, 아주 보낼 그릇에 담아 보내게 하옵소서. 그리 않으면

---

9   밀가루로 만든 메주로 뽑은 간장이 아닐까 추정된다.

또 맛이 변하옵니다.

인편이 급하다고 재촉하여 겨우 쓰옵니다. 생각하지 못한 것도 생각하시고 기별하지 못한 것도 생각하옵소서. 이번 어란이 그즈음해서는 종종 나는 것이오니 계속해서 구하여 보옵소서.

신축년(1841) 7월 12일 편지 올립니다. 며느리는 병이 쾌히 나았사옵니까?

추사 언간 25

뜻밖의 편지를 받은 추사는 얼마나 반가웠는지 입맛이 다 돌아올 지경이라고 말한다. 무더운 여름철이라 집안에 몸이 아픈 사람이 많은 듯했다. 동생 김명희가 학질에 걸리고, 사촌형 김교희도 몹시 아팠다고 하며, 아내도 여름 내내 지병으로 고생했을 터였다. 물론 추사도 이번 여름에 학질에 걸려 고생하다가 이제야 조금 나아지고 있었다. 사촌형 김교희의 집은 앞에선 '앞댁'이라 표현했는데, 여기에선 '이천댁'이라 말하고 있다. 김교희가 이천 부사를 지냈기 때문이다.

이렇게 가족의 안부를 물은 추사는 본격적으로 집안의 대소사를 챙기기 시작한다. 특히 7월 4일 양부 김노영의 제사는 시골의 뻔한 살림살이에 아내 혼자서 어떻게 지냈는지 죄송스럽기 그지없으며, 넷째 누님의 회갑 잔치도 무사히 마쳤는지 묻는다.

그러고 나서 추사는 보내준 반찬거리를 잘 받았다고 하면서 병구완에 조금 도움이 되겠다고 한다. 다만 이번에 보낸 간장은 맛이 써서 먹을 수가 없다며 단맛이 나는 것으로 다시 구해 보내달라고 한다. 또 기침을 낫게 하는 데 도움이 되는 잣과 호두, 곶감 등과 김치, 깍두기 등도 많이 담아 그릇째 보내달라고 한다. 그밖에 인편이 급하다고 해서 다 쓰지 못하니 지난번처럼 미처 생각하지 못한 것들도 생각해서 보내달라고 한다.

본디 지병이 있는 예안이씨는 이처럼 까다로운 추사의 입맛에 맞는 반찬거리를 장만해서 보내느라 무척 힘겨웠을 것이다. 이듬해인 1842년 11월에 그녀가 먼저 세상을 떠난 것도 이러한 과로와 어느 정도 관련이 있었던 것은 아닐까.

오히려 분수에 넘치는 듯하옵니다

아내는 또다시 한동안 소식이 없다가 겨울이 다 되어서야 여러 가지 물건과 함께 편지를 보내왔다. 그동안 집안엔 크고 작은 일들이 많이 일어난 듯했다. 1841년 10월 1일, 추사는 여느 때처럼 편지로나마 꼼꼼히 집안 단속을 했다. 아무리 유배지에 묶인 몸이지만 장손으로서의 책임을 소홀히 할 수 없었다.

> 이응경(심부름꾼)이 돌아가는 편에 보낸 답장은 그 사이에 마땅히 보셨을 듯하오며, 성손(노비)이 오는데 보낸 편지를 보고 한결같이 지내시는 일 든든하고 기쁘옵니다. 어느덧 겨울이 또 되니 그동안 모두들 한가지로 지내시옵고, 당신은 요새 어떠하시옵니까? 매번 잘 있노라 하시나 말씀이 미덥지 아니하니 염려만 무궁하오며, 강동(동생 김

— 추사 언간 26, 국립중앙박물관 소장

명희)은 요통이 끝내 낫지 못하여 성한 날이 적은가 보니 가뜩이나 아픈 모양이 오죽하였으랴 이리 걱정되옵고, 영유(막내 동생 김상희)는 잠깐이라도 예산에 다녀갔는가 보니 당신께서도 든든하게 지내고 계시리라 믿사옵니다.

이천댁(사촌형 김교희의 집)에서는 요새 더 쾌히 회복하여 지내시고, 형님의 회갑(김교희의 회갑일은 10월 21일)이 머지 아니하여 계시니 경축하던 중이옵니다. 이때가 아니라도 당신의 신세가 편치 못하신데, 더구나 좋은 일을 당할수록 마음을 더욱 안정치 못하시랴 이리 멀리서 생각하옵니다. 집안 어른(김교희)이 혼자 외로이 남아 계신데 인정과 도리를 펴올 길이 없사오니 매사에 더욱 기막힌 마음을 억지로 누르오이다. 의복의 범절은 어떻게 하여 보내시고, 그날(회갑날) 조반이라도 하여 잡술 도리를 거기서만 말고 여기서도 하도록 서로 의논하여 서운치 아니하게 지내게 하옵소서.

차동(양가의 넷째 누님 댁. 민치항의 처)에서는 벌써 누님의 장사까지 지낸가 보오니 이제 첩첩이 옛일이 되어 천리 밖에서 한탄하며 슬프고 원망스런 마음을 어찌 형용하여 이르오리이까? 그 민직장 형님(양가의 매형 민치항)의 모양이 차마 불쌍하옵니다. 어찌 견디어 가는지 잊히지 않사옵니다. 서울의 여러 댁은 아직 아무 탈 없이 지내고, 평동(양가의 둘째 누님 댁. 이희조의 처)에서는 심영(강화도 진무영)에 행차하신가 보나 아득히 소식을 알 길이 없으니 걱정이옵니다.

며느리(서자 상우의 처)는 산달이 되었을 듯한데 그 사이에 무엇을 나았사옵니까? 첫 해산은 아니나 무사히 순산하고 탈이나 없는지 걱정이옵니다. 경쇠댁(서매 이집의 며느리로 추정)도 태중(胎中)이라 하니 이집(서매)의 손자란 말이 우습고 신기하옵니다.

온양에서는 종화(처조카 이상원으로 추정. 종화는 상원의 다른 이름인 듯)의 상사(喪事)가 놀랍고 참혹하옵니다. 인물도 그만하니 아깝고, 그 문중에 어른이라 할 이가 아주 없어 저리 쇠퇴하여 가는 일이 불쌍하옵니다.

나는 요새 조금 낫게 지내고 음식 먹기도 다소 입맛이 붙어 평소처럼 먹고, 반찬 일절도 여름보다 낫고 혹가다가 고기 맛도 보니 그만하면 또 아니 지내 갈 듯하오리이까. 이번에 보내신 반찬은 다 무사히 와서 입맛을 쾌히 하니 다행이오나 오히려 분수에 넘치는 듯하여 마음이 도리어 삼가고 두렵사옵니다.

장맛도 이번엔 좋으니 병소(病巢: 상한 부분)가 별로 없고, 조금 병소가 있다고 해도 못 먹게 생기지 아니하면 먹을 일이지 어찌 모두 구비하게 하여 먹겠사옵니까? 민어가 끝내 말라 먹기 어렵사오니, 여기는 민어가 없을 뿐 아니라 반찬에는 긴요한데 끝내 삭지 아니하여 단단하고 강하니 병든 이의 씹을 길이 어려워 민망하옵니다.

의복도 다 자세히 받아서 입겠사옵니다. 명주 바지는 끝내 마음에 걸리더니, 무명것을 입으니 편하옵니다. 뒤좇아 또 적기에 이 종이는 그만 그치옵니다.

추사는 우선 아내의 건강부터 염려한다. 편지에서는 매번 잘 있다고 말하지만 왠지 믿을 수 없었기 때문이다. 또 여전히 요통으로 고생하는 동생 김명희를 떠올리며 몹시 걱정한다. 그런 다음 집안 대소사를 챙기기 시작하는데, 먼저 사촌형 김교희의 회갑을 축하하면서 아내에게 비록 고생스럽겠지만 의복과 음식 비용을 마련해서 보내도록 당부한다. 또 지난 6월 회갑 잔치를 한 넷째 누님이 7월 5일에 사망했다고 한다. 추사는 몹시 애통해하며 상처한 매형의 처지를 편지로나마 위로해 준다. 그와 함께 온양에 사는 처조카도 죽은 듯한데, 추사는 아까운 사람이 죽었다며 아내를 위로한다. 나아가 서자 며느리가 낳은 손주의 성별을 궁금해하고, 혹시 산후에 탈이나 없는지 걱정한다. 그와 함께 서매의 며느리 경쇠댁이 임신 중이라는데, 서매가 벌써 할머니가 된다는 게 믿기지 않고 우습다고 한다.

아내는 이번에도 반찬거리를 풍성히 마련해서 보내온 듯, 추사는 유배객으로서 분수에 넘친다며 잠시 겸양을 떤다. 하지만 곧 여느 때처럼 반찬의 상태를 자세히 알려주는데, 특히 자신이 좋아하는 민어가 말라서 먹기 어렵다며 무름한 것으로 다시 보내 줄 것을 부탁한다. 민어가 계속 언급되는 것으로 보아 추사는 평소 민어를 즐겨 먹었던 듯하다. 다행히 의복은 자신이 원하는 대로 보내온 듯 옷이 편해서 좋다고 한다.

그런데 추사는 아직도 할 말이 남은 듯 다른 종이에 계속 쓰겠다고 한다.

약재를 한데 넣어 고게 하옵소서

추사는 편지를 쓰다가 아직 할 말이 남아 다른 종이에 계속 쓰겠다
고 했다. 그래서 이 편지에서는 옷 이야기부터 다시 시작한다.

> 겨울옷은 어떻게 하여 부쳤사옵니까? 대님을 하나 접어
> 보내게 하옵소서. 수수엿을 고아 보내게 하되 넣을 약재
> 를 얻어 한데 넣어 고게 하옵소서. 백합 2냥, 천문동 2냥,
> 길경 1냥, 계피 3전, 귤피 3전을 서울에서 구하여 오게 하
> 옵소서. 이것들을 아주 곱게 빻아 가루로 만들되, 당(糖:
> 단맛 나는 것) 1말과 잘 섞어서 두 번 볶게 하옵소서.
>
> 추사 언간 38

    아직까지도 겨울옷이 도착하지 않았던지 추사는 아내에게 겨
울옷은 과연 어떻게 되었느냐고 묻는다. 그리고 나서 만들어 보낼
약에 대해 자세히 일러주는데, 아무리 약에 대해 문외한이더라도
아내가 그 약을 만드느라 고생을 매우 많이 했겠다는 것을 쉽게 추
측할 수 있다. 또 백합과 천문동, 길경, 계피, 귤피 등의 약재는 주
로 기침을 완화하는 효과가 있는데, 당시 추사는 기침이나 가래로
고생하고 있었던 듯하다.

문호에 이런 경사가 어디 있겠사옵니까

유배 3년째인 1842년 새해가 되었다. 아내는 지난 9월 이후로 계속 편지를 보내지 않았다. 대신 새로 들인 양자 상무가 아버지 추사에게 인사 편지를 보내왔다. 1842년 1월 10일, 추사는 들뜬 표정으로 아내에게 편지를 썼다.

> 신년에 모두 한결같이 편안히 지내시옵니까? 지난 11월에 대단히 편치 않게 지내셨는가 보던데, 지금은 지난 일이나 놀랍고 걱정스런 마음이 끝이 없고, 그 후에 쾌히 회복하여 모든 것이 평안하시옵니까? 걱정스런 마음을 어찌다 형용하오리이까?
>
> 아들(양자 상무)을 정하여 조상의 제사를 의탁하고, 우리가 거의 60세에 정식으로 부모란 말을 들으니, 문호(집안)에 이런 경사가 어디 있겠사옵니까? 아직 아들을 보지 못하였으나 보는 것답게 듣고, 이리 궁박할 때 이런 대사가 순조롭게 되는 일은 모두 조상이 음즐(陰騭 : 겉으로 드러나지 않게 도움)하시고 천심이 교화하시는 일 같아 더욱 한편으로 경축하고 한편으로 삼가고 두려워하되, 부부가 함께 앉아 아들을 보지 못하는 일이 섭섭하나 이런 사정은 오히려 둘째로소이다.
>
> 며느리(양자 상무의 처 풍천임씨)는 아직 데려오지 못한가 본데, 일의 형세가 그러할 듯하나 궁금하옵니다. 모두 가문의 운수에 달린 일이옵고, 오직 자식을 가르치고 인

도하기에 달려 있으니 마음이 가지가지로 걱정되옵니다.

설날 전에 인편이 있었으나 당신 편지를 못 보니 섭섭하고 서운하옵니다. 그리 꺼리실 것이 있겠사옵니까?

새로 아이(양자)를 데리고 설을 쇠오니 집안이 가득 찬 듯하리라 요요히(아득히) 생각되옵고, 당신이 이제야 만복(萬福)을 누리시려는가 이리 또 생각되옵니다.

서울과 예산에서는 모두 편안하고, 강동(동생 김명희)은 요새 어떠하옵니까? 요통으로 계속 성한 날이 적은가 보니, 실로 염려를 떨칠 길이 없사오이다.

나는 새해와 묵은해에 별로 가감이 없이 먹고 자고 아무 생각도 근심도 없는 사람처럼 지내오니 어찌 이다지도 늘어지는가 생각되옵니다. 강경 배편의 편지는 보았고, 보내신 반찬과 음식들은 숫자대로 자세히 받아 기별하신 대로 먹사오니, 서울 맛이라 입맛이 열리나 이렇게 하였다가 천리 밖에서 입과 배를 위하여 하는 일이 도리어 제 분수에 과하옵니다. 침채(김치)도 그리 맛이 변하지 아니하여 침채를 순전히 못 얻어먹다가 이리 먹사오니, 먹기는 먹으나 그저 과한 듯하옵니다. 의복들 온 것도 자세히 받았사옵니다. 서울에서 보낸 세초선(歲抄船)에 부친 반찬도 이번은 그리 때를 지나지 아니하여 진작에 오니, 그리 버린 것 없이 두고 먹겠사옵니다.

놈이(서자 상우)의 어린것이 조금 아프다던데 민망하옵니다. 요새는 잘 있사옵니까? 방을 변통해야 될 텐데 어찌하옵니까?

편지를 여러 장 쓰니 정신이 다 미치지 못하여 이만 대강 그리옵니다. 언제나 새해 소식을 들을지 정하기가 어렵사옵니다.

임인년(1842) 1월 10일 편지 올립니다. 추사 언간 27

예안이씨의 병세는 갈수록 심각해져 가는 듯했다. 지난 11월에도 크게 아팠다는 소식에 추사는 한없이 놀라고 걱정스런 마음을 떨치지 못한다. 또 아내는 무슨 생각을 했음인지 갑자기 양자를 들여 조상의 제사를 의탁하고 집안의 대를 잇도록 했는데, 추사는 집안에 큰 경사라며 몹시 좋아한다. 그와 함께 가문의 운명이 달린 일이니 며느리가 집에 오면 잘 가르치고 인도하라고 당부한다.

실제로 예안이씨는 1841년 말경 추사의 12촌 형인 김태희의 셋째 아들 김상무(1819~1865)를 양자로 들였다. 그는 예산에서 그리 멀지 않은 서산에서 살고 있었는데, 23세의 늦은 나이에 추사의 양자로 들어왔다. 당시 추사에겐 서자 상우가 있었고 부자 사이도 좋았지만, 서자가 가문의 대를 이을 수는 없었기 때문이다. 추사는 그러한 상우의 처지를 의식했는지, 상우 내외의 방을 잘 변통해 주라고 부탁한다. 또 얼마 전에 태어난 상우의 아이가 아픈 것을 걱정한다.

한편, 아내는 이번에도 많은 반찬과 음식을 장만해 보내왔는데, 심지어 이번에는 서울 집에서도 반찬을 장만하여 함께 보내왔다. 추사는 또다시 유배객의 처지에 과한 듯하다고 말한다.

마지막으로 추사는 아내에게 어서 새해 소식을 전해달라고 간곡히 부탁하면서 편지를 끝맺는다.

여기를 어찌 가벼이 올까 보옵니까

아내는 이후로도 계속 소식이 없다가 봄이 되어서야 편지를 보내왔다. 그동안 자신이 큰 병을 앓았으며, 양자 상무가 아버지를 만나기 위해 직접 제주도로 가고자 한다는 소식이 담겨 있었다. 1842년 3월 4일, 추사는 놀랍고 걱정스런 마음에 곧장 답장을 써서 보냈다.

> 강경(포구) 배편의 편지를 받은 후 당신 편지는 물론 안팎의 편지를 일절 보지 못하옵더니, 한의(노비)가 오는데 편지를 보고 든든하고 반갑기 더욱 말씀할 길이 없사오며, 설을 쇤 후에 부친 편지는 어느 때 보셨는지요? 이번은 예사로운 증세와 다르니 이리 걱정이옵니다. 그 큰 병을 지내시고 요새야 조금 회복이 되신가 보나 남은 증세가 끝내 쾌히 회복되지 못하신가 보오니, 당신도 노년이라 한번 병이 드시면 본래 오래 묵은 병이요 기운도 몹시 지쳐 근력이 오죽하겠사오니까. 이리 걱정과 염려를 놓을 길이 못내 없사옵니다.
> 점점 봄이 되고, 인편을 보낸 후 또 한 달이 넘었사오니 모든 일이 어떠하시옵니까? 부디 당신 한 몸으로만 알지 마시고, 이 천리 바다 밖에 있는 제 마음을 생각하셔서 충분히 몸조리를 잘하여 가시길 바라오며, 강동(동생 김명희)도 그리 잘 낫지 못하니 안타깝고 걱정스런 마음이 놓이지 아니하옵니다.
> 아이(양자 상무)는 두고 볼수록 사람됨이 매우 기특한가

보니 가문에 다행이옵고, 당신이 늘그막에 효도와 봉양을 받으려 그러한가 이리 축수하옵니다. 부자간이 이때까지 못 보니 인정에 매우 어려우나 이는 오히려 둘째의 일이오며, 제(상무)가 와서 보려 한다 하니 정리에 이상하지 아니하나 여기를 어찌 가벼이 올까 보옵니까?

지금 우리가 늘그막에 저를 겨우 얻어 놓고 천금만금과 같이 어르고 사랑하온데, 저를 어찌 여기에 들여보내며 어찌 들어오게 하겠사옵니까? 제 한 몸이 또 중대하기가 우리 두 사람만 가지고 얘기할 자식일까 보옵니까? 조상의 중요한 것을 제 몸에 실어 놓고 있으니, 아무리 부자간의 의리가 중요해도 조상의 중요한 것과 비교를 못 하는 것이 예부터 성현이 꾸짖고 바로잡아 만세의 법을 만드신 것이오니, 더구나 한 가지 일만 생각하고 그리할까 보옵니다. 놈이(상우)만 하여도 오지 못하게 한 것을 어찌 저(상무)를 가볍게 오게 할까 보옵니까. 당신이라도 붙잡고 말려 이런 도리를 깨닫게 하옵소서.

봄이 점점 깊어 가나 나는 별로 심히 앓는 데 없이 먹고 자기를 한가지로 하오니 너무 염려하지 마옵소서. 이번에도 보내신 찬품은 자세히 받아서 잘 먹고 입맛이 돌아오게 되오니, 먹을 때마다 내 분수에 과한 듯하옵니다.

며느리(양자 상무의 처 풍천임씨)를 또 쉬이 데려오나 보니 멀리서 이리 걱정할 뿐이옵니다. 모든 일이 그렇지 아니할까 보옵니다만, 당신 혼자 염려하시는 것이 이리 더욱 걱정이옵니다. 며느리를 데려온 후 집안의 것이 제 것이니 차차 하여 주어 가는 것이 해롭지 아니하오니, 눈앞의 급한 것이나 하고 나머지는 차차 가면서 하게 하옵소서. 제일 먼저는 제사 차리는 법절을 급히 가르치고, 제사 중요한 것을 알게 하옵소서. 방을 변통하나 보던데, 그 사이에 어찌하였는지요? 집짓기가 빨리 되어 어느 곳으로 데려오옵니까? 뒤에 쫓아 적은 것이 있기에 여기는 이만 그치옵니다.

임인년(1842) 3월 4일 편지 올립니다. 추사 연간 28

모처럼 아내의 편지를 받은 추사는 몹시 반가워한다. 하지만 그간 아내가 큰 병을 앓았다는 소식에 지금은 좀 회복되었는지 못내 걱정한다. 그러면서 부디 자기 한 몸으로만 생각하지 말고 천리 바다 밖에서 유배살이를 하는 자신을 생각해서라도 몸조리를 잘하라고 당부한다. 또 동생 김명희도 계속 병이 낫지 않아 안타깝다고 한다.

이후 추사는 온통 양자 상무에 대한 이야기로 일관한다. 이번에 양자를 잘 들여 가문은 물론 아내에게도 매우 다행한 일이며, 아무리 부자지간이 중요해도 제주도는 함부로 올 곳이 못 된다고 미리부터 단단히 못 박아 둔다. 천금과 같이 귀중한 몸이 어찌 바다 건너 제주도에 들어올 수 있겠느냐는 것이다. 상무는 장차 자신을 대신해 조상의 제사를 받들 몸이었기 때문이다. 심지어 추사는 서자 상우도 오지 못하게 한 길인데 어떻게 집안의 대를 이을 상무를 오게 할 수 있겠느냐며 아내에게 붙잡고 말리라고 한다. 또 추사는 며느리도 머잖아 데려오면 먼저 제사 차리는 법부터 가르치

고, 살 방도 마련해 주라고 한다. 이처럼 추사는 집안의 장손으로
서 다른 누구보다 가문 의식이 강한 사람이었다.

한의를 이제야 보내옵니다

앞의 편지에서 추사는 가족에 대한 이야기만 쓰고, 나머지는 다른
종이에 계속 이어서 쓰겠다고 했다. 과연 이번 편지에서 그는 집안
노비들에 대한 이야기를 집중적으로 하고 있다.

> 갑쇠(노비)가 시절병(전염병)으로 앓아 지내더니 무사히
> 출장을 시켜 지금은 염려를 놓사오나, 그 사이에 그런 심
> 려를 어찌 다 적겠사옵니까? 한의(노비)도 간병을 시키느
> 라 즉시 못 보내고 이제야 보내오며, 이 동네에도 차차 조
> 금씩 시절병이 진정되어 가니 다행이옵니다. 추시(노비)
> 가 죽었다 하니 여러 해를 쫓아 섬기던 것이 불쌍하옵니
> 다. 젖붙이(어린아이)나 있던 것이옵니까?
>
> 추사 언간 39

  1841년부터 조선은 전국적으로 전염병이 크게 유행했다. 그래
서 추사의 노비 중 갑쇠가 전염병에 걸렸다가 간신히 나아서 예산
으로 출장을 보냈다. 갑쇠가 아팠을 때 추사는 또 다른 노비인 한
의에게 간병을 시키며 돌보도록 했다. 또 예산 집에서도 오랫동안
자신들을 섬기던 노비 추시가 전염병에 걸려 죽었다는 소식을 들

— 추사 언간 39, 국립중앙박물관 소장

고 불쌍해한다. 비록 추신과 같은 짧은 편지지만 추사의 노비에 대한 인식과 태도를 잘 보여 준다.

딸이 죽는 슬픔을 어찌 견디어 내옵는고

그로부터 한 달이 지난 뒤 서울에서 2월 20일경에 보낸 편지가 비로소 도착했는데, 그야말로 청천벽력 같은 소식이 왔다. 바로 동생 김명희의 외동딸이 죽었다는 것이다. 지난해부터 유행한 전염병이 그 딸의 목숨도 앗아간 듯했다. 1842년 4월 9일, 추사는 급히 아내에게 편지를 써서 강경 포구의 배편에 보냈다.

> 한의(노비)가 돌아가는 편의 답장은 진즉 들어갔던가 하오며, 2월 20일 이후 서울에서 보낸 편지를 보니 나동의 이집(동생 김명희의 외동딸. 이원에게 출가해서 이집이라 함)의 슬픈 일은 그 어인 일이며 어인 말이옵니까? 통곡통곡밖에 참으로 비참하고 놀랍고 원통하니 어떻게 말이 나오지 아니하옵니다. 강동(동생 김명희)의 정리(情理)를 생각하면 살이 에이고 뼈가 사라지는 듯 어떻다 말할 길이 없사옵니다. 이런 참혹한 광경이 아니라도 근래에 오면서 그 늙고 쇠약해진 모양이 매우 심하온데, 또 딸이 죽는 슬픔을 당하여 어찌 견디어 내옵는고? 그 딸 하나가 무엇이 과하여 저 지경을 보오니, 하늘과 사람의 이치가 어찌 이러하온고? 아무래도 알 길이 없사옵니다.

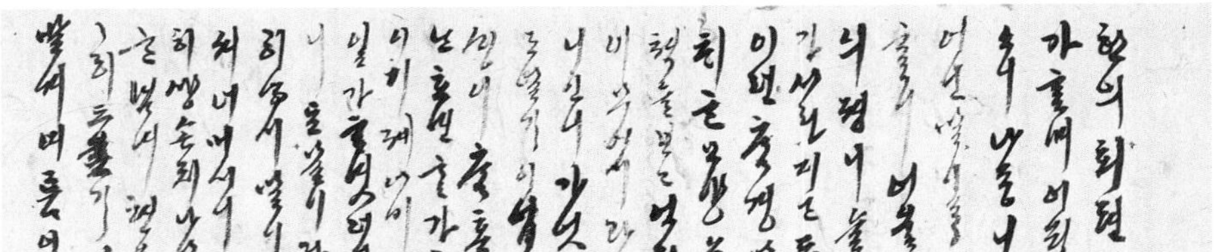

— 추사 언간 29, 국립중앙박물관 소장

죽은 아이는 25년의 인생이 참혹하고 참혹하옵니다. 제 신세에는 오히려 후련할까 하오나, 그래도 참으로 불쌍한 인생이기에 제 아비가 늘그막에 자식 잃은 슬픔이나 아니 시킬까 하였더니, 이때에 그 모양을 해 보이니 조물주가 다 그리 만들고 돕는 듯하여 어이가 없어 말이 나오지 아니하옵니다.

그 사이에 날이 벌써 넘었으니 강동의 범절은 어떠하옵니까? 지나치게 상심하지나 아니하옵니까? 천리 밖에서 걱정하는 마음을 어찌 형용하여 적사오리까. 소식도 속히 들을 길이 없어 더욱 마음만 쓰이옵니다.

벌써 여름이 되었으니 당신은 요새 어찌하시옵니까? 신상 (몸)은 조금 성하시옵니까? 이런 일 저런 일을 당하여 심사가 진정치 못하실 듯하오니 따로 신상이 어찌 편하겠사옵니까? 걱정스런 마음을 놓을 길이 없사옵니다.

강동은 곁에 젊은 아이들이 없지 아니하나, 누가 그래도 위로하여 마음을 눅여 가옵는고, 생각할수록 뼈가 에이는 듯하옵니다. 무슨 약이나 먹으며 원기를 보충하는지 가지가지 생각뿐이옵니다.

며느리(양자 상무의 처 풍천임씨)는 그 사이에 데려왔을 듯하옵니다. 이젠 집 모양을 조금 이루어 의지가 꽤 되는지 이리 빌어 볼 뿐이오며, 말과 행동을 보니 과연 어떠하옵니까? 오직 인도하여 가르치기에 달려 있사오니, 당신 혼자 추슬러 가시는 일이 오죽 신경이 쓰이겠사옵니까? 모두 가문의 운수거니와 인력을 어찌 아니 들이겠사옵니까. 산달이 가까웠다 하더니 그 사이에 어찌하였는지 염려를 떨치지 못하옵니다.

나는 아직 별로 탈 없이 지내 가옵니다. 아랫것들도 갑쇠(노비)가 시절병을 앓고 난 후에는 아직 별 탈 없이 지내오나, 용내(노비)가 끝내 쾌히 낫지 아니하여 이리 마음이 놓이지 않사옵니다. 마침 강경의 배편이 있기에 두어자 안부 편지만 이리 부치옵니다.

임인년(1842) 4월 9일 편지 올립니다. 추사 연간 29

동생 김명희의 외동딸이 죽었다는 소식을 들은 추사는 몹시 애통해한다. 그렇잖아도 동생이 요즘 요통으로 고생하는데 25세의 다 큰 외동딸까지 죽었으니 그 고통을 어찌 감당할지 모르겠다며 한없이 걱정한다. 심지어 그는 동생에게 그러한 고통을 안겨 준 딸과 조물주마저 원망한다. 그만큼 추사는 동생 김명희를 아끼고 사랑했다.

추사는 아내에게 동생이 지금 어떻게 지내고 있는지 묻고, 다시 한 번 그의 건강을 잘 보살펴달라고 부탁한다. 추사는 편지의 후반부에 가서야 아내의 안부를 묻는 한편, 새로 들어온 양자 며느리는 보기에 어떠한지 간단히 묻는다. 특히 며느리가 산달이 가까웠다고 들었는데 출산이 어찌되었는지 걱정스럽게 묻는다. 추사는 겉으로 표현은 안 해도 손이 귀한 집안인 만큼 손자의 탄생을 간절히 바랐을 것이다.

방은 옮기되 부엌은 아직 아니 되옵니다

앞의 편지를 보낸 지 얼마 안 있어 양자 며느리와 동생 김명희의
편지가 함께 도착했다. 그런데 상무를 양자로 들인 것에 대해 서자
상우가 크게 반발하면서 요새 집안에 심상찮은 분란이 일어나고
있는 듯했다. 이에 추사는 평소와 달리 아주 단호한 어조로 아내에
게 편지를 보내 집안 단속을 시켰다.

> 며느리(양자 상무의 처 풍천임씨)의 글씨를 보니 화려하
> 여 제가 친히 쓴 것이라면 기특하겠사옵니다. 강동(동생
> 김명희)의 편지에 놈이(서자 상우) 내외를 따로 내어 부
> 엌을 따로 쓰게 하자고 하였는데, 방을 변통하는데 부엌
> 을 따로 내지 못할 이유가 없겠으나 아직 부엌을 따로 쓰
> 게 하는 것은 부질없을 듯하옵니다. 어찌하여 이리 기별
> 한 것이온지, 무슨 기미와 조짐을 보고 그러한 것이옵니
> 까? 생각이 많이 드옵니다. 더구나 그럴수록 버릇이 될 수
> 있으니, 방은 옮기되 부엌은 아직 아니 되옵니다.
> 이번에 내려온 민어는 이전 것보다 많이 나아서 잘 먹겠
> 사옵니다. 기름을 여기에서 더는 얻어 쓸 수가 없어 아주
> 귀하오니 배편 같은 데로 기름을 한 말이라도 부쳤으면
> 좋을 뻔했사옵니다. 저번에 부친 낡은 의복은 서울에서
> 내려가면 그 사이에 아마 예산 집에 못 갔을 듯하옵니다.
> 이번에 무명 바지 둘을 보내오며, 마침 말린 전복 12개가
> 생겼기에 함께 보내옵니다. 자세히 세어 받으옵소서. 오

포 2첩도 보내옵니다.

놈이(서자 상우)의 싫어함은 계속해서 고약하며, 놈이 댁(서자 상우의 처 전의이씨)의 편지는 보되 놈이의 편지는 아니 부쳤으니 고약하옵니다.

추사 언간 40

먼저 양자 며느리의 편지를 처음으로 받아 본 추사는 글씨체가 화려하니 좋다고 아주 기특하게 여긴다. 그런데 함께 도착한 동생의 편지를 보니, 서자 상우가 방뿐만 아니라 부엌까지 따로 쓰게 해달라고 요구했던 듯하다. 다시 말해 살림을 따로 하는 분가(分家)를 요구한 것이다. 아마도 상우는 비로소 적서 차별의 현실을 분명히 인식했던 듯하다. 하지만 추사는 "방은 옮기되 부엌은 아직 아니 되옵니다"라고 아내에게 단호하게 말한다. 또 끝부분에서도 상우의 반발이 괘씸하고, 아버지한테 편지조차 하지 않으니 고약하다며 불쾌한 마음을 노골적으로 드러낸다. 추사 역시 적서 차별의 현실을 그대로 인정하는 여느 조선 후기 양반 사대부와 다름없었다.

마지막으로 추사는 이번에 보낸 반찬거리에 대해 간단히 알려주는데, 그는 과연 민어를 아주 좋아했던 듯하다. 또한 추사는 유배 생활 중에 어떻게 구했는지 전복과 오포 2첩도 편지와 함께 보내고 있다. 그는 서서히 유배 생활에 적응해 가고 있었던 것이다. 여기서 오포는 어포의 오기인지, 혹은 약인지 잘 모르겠다.

당신도 쾌히 나으신 소식 주야로 기다리옵니다

1842년 여름 내내 아내는 한 통의 편지도 보내지 않았다. 추사도 학질에 피부병, 팔의 통증으로 그동안 아내에게 편지를 쓰지 못했던 듯하다. 그런데 이해 가을에 아내가 노비들 편에 연달아 두 통의 편지를 보내왔다. 아내는 학질에다 이질까지 앓는다고 했다. 1842년 10월 3일. 추사는 팔의 통증이 심함에도 불구하고 아내의 병을 걱정하는 편지를 써서 다시 노비 편에 집으로 보냈다.

경득과 경호(노비)의 편에 연이어 편지를 적으시니 보고 든든하오나 학질(말라리아)로 불편하게 지내신다 하니 놀랍고 염려가 끝이 없사옵니다. 그저 학질이라도 당신의 근력에 견디기 어려운데, 하물며 이질(전염병)은 갑자기 낫기 어려운 것이니 어찌 이겨 갈까 보옵니다. 편지하실 적에 다행히 그 학질 증세가 조금 수그러짐이 있다 하시니 그 후로는 또 어떠하시옵니까? 여러 가지로 염려되어 마음이 불안해 잠시도 걱정을 떨칠 길이 없사옵니다. 갑자기 소식도 듣지 못할 터이니 신경이 어찌 아니 쓰이겠사옵니까? 그동안 범절은 어떠하시고, 즉시 병이 떨어졌는지 아득히 염려만 되옵니다. 어느덧 겨울이 되오니 모두 한결같이 지내시고, 당신도 쾌히 나은 소식을 주야로 기다리옵니다.
나는 별다른 큰 탈이 없이 있사오나 홀연 피부병이 생겨 몸에 아니 난 데가 없어 가려움증이 대단하여 밤에 잠을 못 자고 이리 고생하오니, 그것이 무슨 염려가 있는 병은 아니나 몸에만 괴롭기에 못 견디겠사옵니다. 50여 년에 앓아 보지 못한 병을 다 앓느라고 이리 겪는 일이니 어찌 할까 보옵니다.

아들과 손자의 병들은 그만치 하여 낫다 하니 다행이오며, 서울과 예산의 여러 곳은 다 한결같이 별일들 없다 하옵니까? 면면히 걱정스러우며, 경득(노비) 편에 보낸 의복과 반찬거리는 일일이 받았사옵니다. 20일이 못 되어 온 것이오니 별로 상한 것이 없고 잘 먹겠사옵니다.

여기는 지금까지 솜 넣은 옷을 썩 입지 못하오니 아마도 이번에 온 옷이 조금 두꺼워 그대로 입기 어려울 듯하옵니다. 내년 봄의 인편에는 바지를 썩 얇게 하여 보내게 하옵소서. 여기 있는 누비바지가 다 명주로 된 것이오니, 명주 바지를 차마 입기 어려워 겹바지를 껴입었으니 별도로 누비로 된 것 또 입을 도리는 없고 얇은 솜옷 한 벌을 누비옷처럼 무명 바지에 두어 하나 하여 보내면 마음 편히 입겠사옵니다.

반찬거리는 아직 그만하면 아니 먹겠사옵니까? 요새는 날이 추운 때이니 고기 맛도 여름과 달라 어찌 얻어 보며, 간장도 담은 것 맛있게 먹게 되어 겨울을 나는 데 걱정 없겠사옵니다. 제일로 기름이 아주 귀하니 훗날 배편에 기름을 매번 얻어 보내기 바라옵니다.

아이(양자 상무)는 서산 본가에 갔다 하더니 즉시 돌아왔사옵니까? 중배끼(유밀과의 일종)는 센 불에 구워도 단단하니 애닯사옵니다. 갑쇠(노비)를 바꾸어 보내고 싶되 과연 보내고는 아쉬운 일이 많을 듯하여 경득을 도로 보내옵니다마는 염려가 무궁하옵니다. 비통(臂痛: 팔의 통증)이 한결같이 심하여 겨우 그리옵니다.

임인년(1842) 10월 3일 편지 올립니다. 추사 연간 30

1841년부터 불어닥친 전염병은 생각보다 심각했던 듯하다. 앞에서처럼 추사의 노비와 동생 김명희의 외동딸이 희생되었을 뿐 아니라 아내도 학질에다 이질까지 걸려 고생했다. 다행히 아내가 편지를 쓸 때는 좀 나아졌다고 하는데, 추사는 여전히 불안한 마음을 떨칠 길이 없다.

추사 자신도 생전 처음 겪는 피부병으로 밤낮을 고생한다고 말한다. 또 보내준 의복과 반찬거리는 잘 받았는데, 솜 넣은 옷은 더워서 입기 어려우니 내년 봄에 얇은 바지를 지어 보내달라고 한다. 반찬거리도 그럭저럭 먹겠으나, 기름이 귀하니 다음번에 계속 얻어서 보내달라고 한다.

끝으로 양자 상무의 안부를 물으면서, 은근슬쩍 자신이 좋아하는 유밀과가 단단해서 먹을 수가 없다고 투정한다. 하지만 이번이 아내가 보낸 마지막 편지이자 의복과 반찬거리였다. 아내는 결국 병을 이기지 못하고 바로 다음 달인 1842년 11월 13일 55세의 나이로 세상을 떠나고 말았기 때문이다. 이렇게 아내는 죽기 전까지 추사의 옷과 음식을 장만하여 유배지로 보냈다. 훗날 추사는 이 사실을 알고 얼마나 원통하고 후회스러웠을까?

간절한 심사를 갈수록 진정치 못하겠사옵니다

지난번 편지를 보낸 뒤로 추사는 아내로부터 병이 나아졌다는 답장이 오기만을 애타게 기다렸다. 하지만 1842년 11월 13일에 이미 사망한 아내가 더 이상 소식을 보낼 리 만무했다. 뭔가 불안한 느낌을 받은 추사는 아내의 사망 하루 뒤인 11월 14일에 병이 낫기를 바란다는 간절한 편지를 써서 예산 집으로 보냈다. 팔의 통증이 심해 겨우 쓴 것으로, 인편이 없어 제주 관아의 사람을 통해 보낸 것이었다.

> 경득(노비)이 돌아가는 편에 보낸 편지는 어느 때 들어갔사옵니까? 그 후로는 배편의 왕래가 막혀 소식을 오래 못 들으니, 어느덧 동지가 가까운데 병환은 어떠하시옵니까? 그 증세가 돌연 떨어지기가 어려운데 그동안에 병의 차도와 동정이 어떠하시옵니까? 벌써 석 달이 넘었으니 원기와 범절이 오죽 쇠하여 계시리이까? 이리 멀리서 걱정과 염려만 할 뿐 어떻다 말할 길이 없사오며, 먹고 자는 모든 일은 어떠하옵니까? 그동안은 무슨 약을 드시며, 아주 자리에 누워 지내옵니까? 간절한 심사를 갈수록 진정치 못하겠사옵니다.
> 강동(동생 김명희)은 요새 어떠하며 추운 겨울철을 당하여 묵은 병이 예전처럼 자주 발작할 듯하니 종종 염려하고 걱정하오며, 아이들은 또 별고 없사옵니까?
> 나는 아직도 한결같은 모양이나 피부병으로 가려움증이

지금까지 낫지 않아 밤을 매번 새우니 가뜩이나 변변치 아니한 잠을 더구나 못 자고 실로 어렵사오나, 그밖에 먹고 마시는 모든 일은 별로 못하지 아니하오니 아니 견디어 가오리이까?

당신 병환으로 밤낮 없이 걱정하오며, 소식을 자주 듣지 못하니 더구나 가슴이 답답하고 타는 듯하여 못 견디겠사옵니다. 하속(下屬: 하인배)들은 다 한결같으니 다행이옵니다. 식사도 겨울 후에는 육미(肉味)를 얻어 맛보니 그럭저럭하여 이 겨울은 또 무사히 넘길 듯하옵니다.

인편이 하도 없기에 제주 읍성에나 무슨 인편이 있을까 하여 대강 두어 자 안부만 이리 부치오니, 병이 쾌히 나았다는 소식을 이리 날마다 기다리옵니다.

그 사이에 경초선(임금께 공물을 바치던 배로 추정됨) 편으로 응당 무엇이나 부쳤을 듯하나 병환 중에 심려하여 계실 일이 이리 걱정되오며, 서울에서는 어찌들 지내고, 미동(양가의 다섯째 누님 댁으로 추정. 이서와 결혼)에서는 겨울철을 당하여 오죽하시랴 잊을 길이 없사옵니다. 비통(팔의 통증)이 한결같이 심하여 겨우 이리 그리옵니다.

임인년(1842) 11월 14일 편지 올립니다.

　　　생신이 가까워오니 아이들하고 함께 지내실 일 아득히 생각뿐이옵니다.

추사 언간 31

지난달 노비 편에 편지를 보냈건만, 어찌된 영문인지 아내로부터 전혀 소식이 없었다. 못내 걱정스런 추사는 아내의 병에 차도가 있는지, 요즘 무슨 약을 먹고 있는지 묻는다. "간절한 심사를 갈수록 진정치 못하겠사옵니다"라는 글귀가 추사의 절박한 심정을 잘 대변해 준다. 그러고는 동생 김명희의 안부를 묻고, 여태 낫지 않은 자신의 피부병에 대해 이야기한다. 하지만 곧바로 다시 아내의 병환을 밤낮 없이 걱정하며 병이 쾌히 나았다는 소식을 날마다 기다리고 있다고 한다. 또 아내의 생일이 다가오니 아이들과 함께 잘 지내기를 바란다고 한다. 추사는 이미 죽은 아내에게 병이 빨리 낫고 생일을 잘 지내기를 바란다고 말하고 있다. 추사의 한글 편지 중 가장 비극적인 편지가 아닐 수 없다.

끝으로 미동은 이서와 결혼한 양가의 다섯째 누님 댁으로 추정되는데 다섯째 누님은 1814년에 이미 사망했으므로, 여기서는 매형 집이라 해야 할 듯하다.

멀리서 초조한 마음을 형용하지 못하겠나이다

앞의 편지를 보내고 며칠 뒤에 새로운 제주 목사가 부임해 오면서 막내 동생 김상희의 편지를 전해 주었다. 이 편지로 추사는 아내의 병이 심각하다는 것을 다시금 알게 되었다. 이에 그는 1842년 11월 18일 급히 '추신'과 같은 형식의 짧은 편지를 써서 노비 갑쇠 편에 예산 집의 아내에게 보냈다. 이것이 추사가 아내에게 보낸 마지막 편지였다. 물론 아내는 이미 죽은 뒤였다.

전편에 편지를 부친 것이 이 인편과 함께 갈 듯하옵니다. 그 사이에 제주의 새 본관이 오는 편에 영유(막내 동생 김상희)의 편지를 보니, 그 사이에 계속 병환을 떨치지 못하고 한결같이 좋았다 나빴다 하시나 보니 벌써 여러 달을 병이 낫지 않으셔서 근력과 범백(모든 일)이 오죽하여 계시겠사옵니까. 우록전(암사슴고기를 오래 끓인 탕약)을 드시나 보니 그 약에나 쾌히 동정이 계실지 멀리서 초조한 마음을 형용하지 못하겠사옵니다.

나는 이전과 같은 모양이오며, 그저 가려움증으로 못 견디겠사옵니다. 갑쇠(노비)를 아니 보낼 길이 없어 이리 보내나 그 가는 모양이 몹시 슬프오니, 객지에서 또 한층 심회를 정하지 못하겠사옵니다. 급히 떠나보내기에 다른 사연은 길게 못 하옵니다.

임인년(1842) 11월 18일 편지 올립니다. 추사 언간 32

막내 동생 김상희의 편지는 아내가 사망하기 전에 보낸 것이었다. 아내는 계속 병을 떨치지 못하고 좋아졌다 나빠졌다를 반복하는데, '우록전'이란 탕약을 복용하고 있다고 했다. 추사는 그 약을 먹고 쾌히 낫기를 간절히 기원한다. 또 이번에 노비 갑쇠도 함께 올려 보내는데, 그 가는 모습이 매우 안타깝다고 한다. 갑쇠는 지난 봄 전염병에 걸렸을 때 추사의 구호로 살아났는데, 아마 그 뒤로 추사에게 더욱 충실한 하인이 되었던 듯하다. 이처럼 추사는 유배 시절 노비들과도 정을 나누며 외로움을 달래곤 했다.

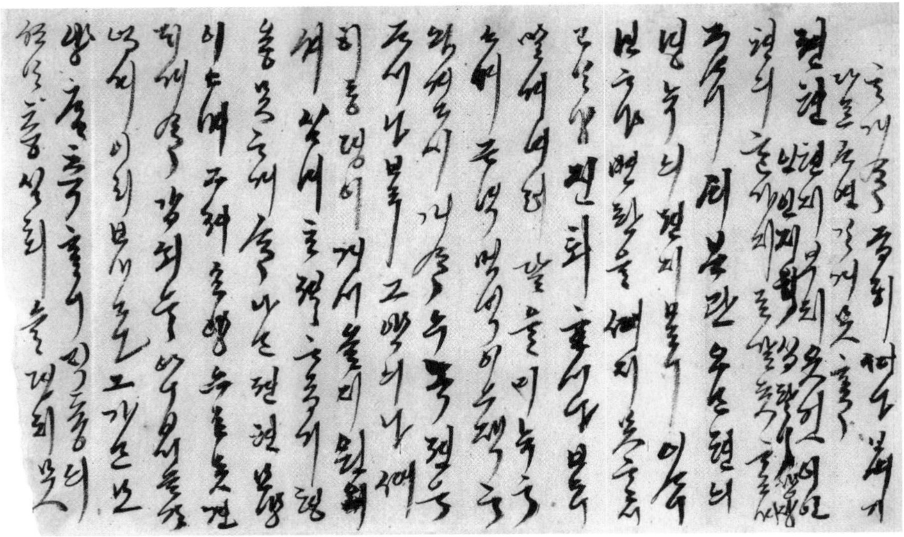

— 추사 언간 32, 개인 소장

부인 예안이씨 애서문

추사는 아내가 죽은 지 한 달 뒤인 1842년 12월 15일에야 부고를 받았다. 아내의 죽음을 몰랐던 추사는 앞에서와 같이 두 번이나 아내의 병이 빨리 낫기를 바란다고 편지를 써서 보냈다. 참으로 어처구니없는 현실이었다.

하지만 여전히 제주도 대정현에 위리안치된 추사는 아내의 부음을 듣고도 예산 집으로 달려갈 수 없었다. 추사는 「부인 예안이씨 애서문」[10]이란 제문을 지어 집으로 보내 아내의 영전에서 읊어 주도록 했다. 아내의 죽음에 대한 추사의 심정이 아주 잘 나타나 있는 글이다.

> 아아, 나는 형구가 앞에 있거나 유배지로 갈 때 큰 바다가 뒤를 따를 적에도 일찍이 내 마음이 이렇게 흔들린 적이 없었습니다. 그런데 지금 당신의 상(喪)을 당해서는 놀라고 울렁거리고 얼이 빠지고 혼이 달아나서 아무리 마음을 붙들어 매려 해도 그럴 수가 없으니 이 어인 까닭인지요. 아아, 무릇 사람이 다 죽어 갈망정 유독 당신만은 죽지 말아야 했습니다. 죽지 말아야 할 사람이 죽었기에 이토록 지극한 슬픔을 머금고 더없는 원한을 품습니다. 그래서 장차 뿜으면 무지개가 되고 맺히면 우박이 되어 족히 공

---

10   『완당전집』 7권에 수록되어 있다. 애서문(哀逝文)은 죽은 이를 슬퍼하는 글이다.

자의 마음이라도 뒤흔들 수 있게 되었습니다.

아아, 30년 동안 당신의 효와 덕은 온 집안이 칭찬했을 뿐 아니라 벗들과 남들까지도 다 칭송하지 않은 자가 없었습니다. 허나 당신은 이를 사람의 도리로 당연한 일이라며 즐겨 듣지 않으려 했습니다. 내가 그것을 어찌 잊을 수가 있겠습니까?

예전에 내가 희롱조로 말하기를 "당신이 만약 죽는다면 내가 먼저 죽는 게 도리어 낫지 않겠습니까?"라고 했더니, 당신은 깜짝 놀라 곧장 귀를 막고 멀리 달아나서 결코 들으려 하지 않았습니다. 이는 진실로 세속의 부녀들이 꺼리는 바이나 그 실상은 이와 같이 되는 경우도 많았으니, 내 말이 다 희롱에서만 나온 것은 아니었습니다.

지금 끝내 당신이 먼저 죽고 말았으니, 먼저 죽는 것이 무엇이 유쾌하고 만족스러워서 나로 하여금 두 눈만 빠히 뜨고 홀로 살게 한단 말입니까. 저 푸른 바다, 저 높은 하늘과 같이 나의 한은 다함이 없을 따름입니다.

추사는 불과 얼마 전까지만 해도 아내의 죽음을 전혀 예감하지 못했다. 그래서 병든 아내가 고생스럽게 마련해서 보낸 음식과 의복을 놓고도 꼬치꼬치 따지며 자주 투정을 부렸다. 아내의 부고를 받은 추사는 이러한 자신의 우둔함을 떠올리며 한없이 자책했다.

형벌을 받고 제주에 유배될 때도 흔들리지 않던 마음이 갑작스런 아내의 죽음 앞에서 요동쳤다. 추사는 모든 사람이 죽을지언정 당신은 죽지 말았어야 한다며 아내의 죽음을 원망한다. 이후 추사는 아내의 생전의 행적을 치하하면서 그것들을 결코 잊을 수가 없다고 한다. 또 예전에 아내와 했던 농담이 실제가 되어 버렸다면서 더욱 슬퍼한다.

도망시

추사는 아내의 죽음을 애도하는 도망시(悼亡詩)[11]를 지었다.

> 누가 월하노인[12]께 호소하여
> 내세에는 부부가 서로 바꿔 태어나
> 천 리 밖에서 나는 죽고 그대는 살아서
> 나의 이 슬픈 마음을 그대도 알게 했으면.

남녀의 인연을 주관한다는 월하노인께 호소하여 내세에는 부부가 서로 바꿔 태어나 자신의 이 슬픈 마음을 아내도 알게 해 주고 싶다는 것이다. 먼저 간 아내에 대한 원망의 크기만큼 추사는 평소 아내를 사랑하고 믿고 의지했다.

---

11   아내의 죽음을 슬퍼하며 지은 시를 말한다.
12   남녀의 인연을 맺어 준다는 전설상의 노인으로, 중매쟁이를 말한다.

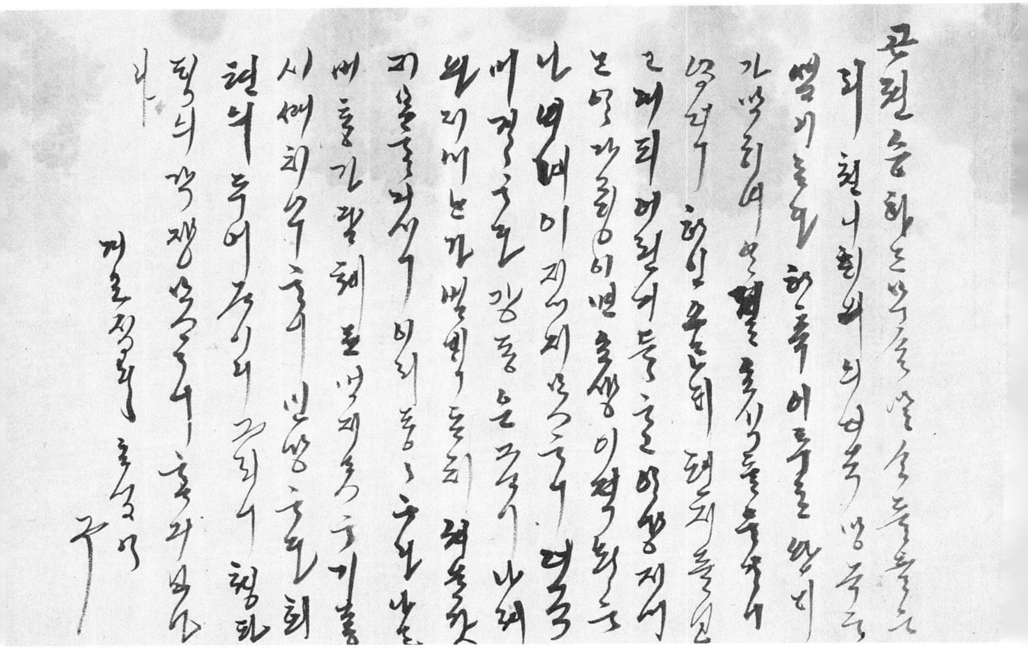

— 추사 언간 33, 국립중앙박물관 소장

며느리 풍천임씨에게 보낸 편지

소상을 예법대로 지내지 못하니 더욱 비통하다

아내를 잃은 추사는 한동안 몹시 슬퍼했던 듯하다. 그래서 오랜 벗인 초의 선사가 제주도까지 찾아와 그를 위로하기도 했다.

한편, 이듬해인 1843년 10월 10일, 추사는 아내가 죽은 지 1년 만에 지내는 소상(小祥)을 한 달 정도 앞두고 양자 상무의 아내 풍천임씨에게 편지를 보내 제사를 잘 지내 줄 것을 부탁했다. 아내를 잃은 슬픔이 아직 가시지 않아서인지, 혹은 며느리에게 보내는 편지라서 그런지, 앞의 편지들과 달리 내용이 상당히 간략하고 힘이 없어 보인다.

곤전(왕후)[13]의 승하는 무슨 말씀을 하리. 천리의 바다 밖에서 더욱 망극할 뿐이로다. 하추(여름에서 가을로 접어드는 시기) 이후로 왕래가 막혀 일절 소식을 들을 길이 없

---

13   헌종의 정비(正妃) 효현왕후(孝顯王后) 김씨. 1837년(헌종 3) 왕비에 책봉되었다가 1843년(헌종 9) 8월 25일에 승하했다.

더니, 하인이 오는데 편지들 보고 모두 어린것들하고 한결같이 잘 지내니 다행하며, 소상이 한 달 정도 남았으나 예법대로 지내지 못할 듯하니 더욱 비통하다.

강동(동생 김명희)은 그 사이에 예산으로 내려와 지내는가? 모든 일과 조치를 서울과 같이 못 할 것이니 이리 걱정스럽다. 나는 비통(팔의 통증)과 담체(담으로 뭉친 것)로 먹지 못하기에 끝내 쾌차하지 않으니 민망하다. 돌아가는 편에 두어 자 이리 그리니, 청파댁(서자 상우의 처 전의이씨로 추정)에게는 편지를 각 장으로 못 하니 함께 보아라.

계묘년(1843) 10월 10일 구(시아버지) 추사 연간 33

이해 8월 헌종의 왕비인 효현왕후가 승하했는데, 추사도 비록 유배객이지만 함께 망극해하면서 나랏일을 먼저 걱정한다. 그리고 아내 예안이씨의 제사가 한 달 정도 남았으나 형편이 좋지 않아 제물을 제대로 차리지 못할 듯하다며 몹시 슬퍼한다. 추사가 얼마나 아내를 깊이 생각하고 있는지 알 수 있는 대목이다. 또 동생 김명희의 안부를 물으며 그의 처지를 걱정하기도 한다. 이처럼 추사는 이제 집안일을 며느리와 상의하고 있다. 추사 집안의 살림은 이제 며느리가 주관한다.

이름을 천은이라 지어 보내니 그리 불러라

이듬해인 1844년 봄 며느리 풍천임씨로부터 편지가 왔는데, 남편인 상무의 친어머니가 돌아가시고 그 사이에 자신은 아들을 낳았다는 것이다. 추사는 1844년 3월 6일 풍천임씨에게 답장을 보내 친가의 상사(喪事)를 위로하고 며느리의 출산을 축하했다. 이것이 바로 현재까지 남아 있는 추사가 쓴 한글 편지 중 마지막 편지다.

생가의 시어머니(상무의 친어머니 안동권씨) 상사는 통곡 밖에 무슨 말을 하리. 1년 사이에 두 곳(상무의 양어머니와 친어머니)에서 상사를 당하니 남에게 없는 정리인 듯 분통하고 효절(孝節)하기에(효성과 절개를 다하기에) 오죽하랴. 슬픈 마음이 끝이 없으며 즉시 달려가 곡도 못 했을 듯하니 더욱 안타깝게 생각된다. 우리에게는 대상(大祥)과 담제(禫祭)[14]가 지났으나, 너희 내외는 또 상사를 당하여 예법대로 지내지도 못하니 그 정경이 눈에 보이는 듯하다. 그 사이에 순산을 하고 아들을 낳았다 하니, 종손의 경사를 우리 집에서 처음으로 보는구나. 조상이 보살펴 주신 듯 네 몸에 와서 이리 공(功)과 복(福)이 있어 종사의 광채가 되니 집안의 운이 차차 열려 가는 듯 멀리서 더욱 경사스럽고 다행하며, 오히려 즉시 보지 못하는 것이 궁금하나 어찌하리. 아이가 생긴 것이 비범하다 하니 마음에 더욱 단단하고 든든하다.
아이를 낳은 때가 납월(12월) 그믐날이라 하던데 그날은

---

14   대상은 죽은 지 두 돌 만에 지내는 제사. 담제는 대상을 치른 그 다음다음 달에 지내는 제사.

— 추사 언간 34, 추사 언간 34 봉투 (봉인) 며느리 봉, 개인 소장

'천은(天恩) 상길일(上吉日)'[15]이니, 그도 또한 우연하지 아니하다. 생가의 선친(김노경)께서 천은일에 나오셔서 아명까지 '은' 자를 넣어 지어 계시더니, 이 아이가 또 이 러하니 그 아니 기이하고 신통한 일이더냐. 이름을 '천은' 이라 지어 보내니 그리 불러라.

봄이 다 되고 날이 화창하니 산후 범절에 아무 탈이 없고, 어린것은 계속해서 잘 있느냐? 부디 조심조심하여 기르도 록 하여라.

나는 구창(口瘡: 입안에 나는 부스럼)으로 오랫동안 고생 하니 민망하다. 겨우 그린다.

갑진년(1844) 3월 6일 구 추사 연간 34

이태 전인 1842년 양어머니(예안이씨)의 상을 당한 상무는 이 듬해인 1843년 12월 27일 친어머니(안동권씨)의 상을 당했다. 추 사는 상무 내외의 처지를 안타까워하며 예법대로 장사를 잘 지내 라고 한다.

그런 다음 며느리가 순산을 하고 집안의 대를 이을 종손을 낳 은 것에 대해 매우 기뻐한다. 추사는 아이가 증조할아버지와 같이 '천은 상길일'에 태어났다면서 이름을 '천은'으로 부르도록 한다. 나아가 부디 아기를 조심히 기르라고 당부한다. 하지만 이 아이도 얼마 안 있어 사망했던 듯하다. 상무 역시 자식이 없어 나중에 추 사처럼 김한제를 양자로 들여 집안의 대를 잇게 했기 때문이다.

---

15   천은은 임금의 은혜. 상길일은 가장 좋은 날.

— **권돈인 필 세한도** 권돈인, 19세기, 종이에 먹, 22.1×101.5cm, 국립중앙박물관 소장

추사의 말년

결국 추사는 63세인 1848년 12월 6일 만 8년 3개월 만에 유배에서 풀려났다. 벗인 조인영과 권돈인(權敦仁, 1783~1859),[16] 제자 허련(許鍊, 1809~1892) 등의 도움을 받아 가까스로 해배되었다. 이듬해인 1849년 1월 7일에 제주도 대정현 유배지를 떠난 추사는 서울로 돌아와 한강변에 머물며 계속 글씨를 쓰는 등 작품 활동을 했다.

하지만 1851년 7월 22일, 66세의 추사는 진종(眞宗, 1719~1728)의 조천(祧遷) 문제로 또다시 함경도 북청에 1년여간 유배되었다. 진종은 영조의 큰아들로 일찍 죽어 진종으로 추존되었다. 조천이란 종묘에서 5대조가 된 신주를 영녕전으로 옮기는 것을 말한다. 철종이 즉위한 후 이 문제를 둘러싼 예송(禮訟)이 벌어졌는데, 외척인 안동김씨는 당연히 진종의 신주는 영녕전으로 옮겨 가

---

16   권돈인은 추사의 가장 절친한 벗으로, 평생 동안 서화(書畵)로 교유했다. 권돈인도 〈세한도〉를 남겼는데, 추사의 〈세한도〉와 화풍이 유사하다.

— **판전** 서울 봉은사 판전의 현판

야 한다고 주장했고, 권돈인을 비롯한 반외척 세력들은 진종이 철종의 고조(4대)에 해당되니 옮겨서는 안 된다고 주장했다. 그런데 당시 수렴청정을 하고 있던 순원왕후가 외척인 안동김씨의 손을 들어줌으로써, 권돈인은 왕실의 예를 함부로 거론했다는 죄목으로 낭천현(강원도 낭천현, 현 화천군)에 유배되고, 추사는 그의 배후 조정자로 지목되어 또다시 북청에 유배되었던 것이다.

이후 추사는 1856년 10월 10일에 71세의 나이로 세상을 떠날 때까지 경기도 과천의 과지초당에서 살았다. 그는 말년에 과천에서 4년을 살면서 끊임없이 글씨를 썼는데, 대표적으로 봉은사의 〈판전〉(板殿)과 같은 빼어난 작품을 남기기도 했다. 이 작품은 지금도 봉은사에 가면 볼 수 있다.

추사 김정희의 인물과 생애 및 업적에 대해선『철종실록』7년(1856) 10월 10일조의 졸기에 간단명료하게 기록되어 있다.

전 참판 김정희가 죽었다. 김정희는 이조판서 김노경의 아들로 총명하고 기억력이 투철하여 여러 가지 책을 널

─ **김정희 초상** 이한철, 1857년, 비단에 채색, 131.5×57.7cm, 보물 제547호, 개인 소장.
1856년 추사가 세상을 떠나고 그의 벗 권돈인이 1857년에 이한철을 시켜 관복을 입은 추사의 초상화를 그리
게 하여 예산 추사 고택 뒤편의 재각에 봉인하였다. 권돈인은 재각의 현판인 추사영실(秋史影室)을 직접 쓰고
초상화의 찬문을 써서 추사를 기리는 마음을 담았다.

리 읽었으며, 금석문과 그림, 역사에 깊이 통달했고, 초서와 해서, 전서, 예서에서 참다운 경지를 깨달았다. 때로 거리낌 없이 행동하기도 했으나 사람들이 시비하지 못했다. 그의 아우 김명희와 더불어 서로 화목하여 당세의 대가가 되었다. 어려서부터 영특하다고 이름을 드날렸으나, 중간에 가화(家禍)를 만나 남쪽으로 귀양 가고 북쪽으로 유배 가서 온갖 풍상을 다 겪었으며, 혹은 세상에 쓰임을 당하고 혹은 버림을 받으며 나아가기도 하고 물러나기도 했으니, 사람들이 그를 송나라의 소동파에 비교하기도 했다.

이렇게 추사는 명문가에서 태어나 어려서부터 많은 책을 읽고 다방면의 학문과 예술을 접했는데, 특히 글씨에서 탁월한 재능을 보였다. 그래서인지 간혹 거리낌 없이 행동하기도 했으나, 워낙 실력이 뛰어나 사람들이 뭐라고 할 수 없었다. 젊은 시절 과거에 급제하여 높은 벼슬에 올랐고, 인생의 황금기인 55세에 제주도에 유배되고 말았다. 사람은 누구나 일장일단이 있고, 인생길엔 오르막이 있으면 내리막도 있다는 말이 그에게 딱 들어맞는 말인 듯하다. 다만 추사는 그런 온갖 풍상 속에서도 결코 포기하지 않고 글씨로 일가를 이루고 최고의 경지에 도달했다.

마치며

허울뿐인 조선의 가부장제

자유롭고 당당한 여성의 삶

추사 집안의 한글 편지는 5대라는 다양한 세대의 가족 구성원이 주고받은 편지라는 점에서, 18~19세기 가족의 생활과 문화, 언어, 의식 등을 생생하게 엿볼 수 있는 중요한 가족사 자료다. 특히 추사 집안의 한글 편지에는 당시 여성들의 역할과 의식뿐 아니라 남성들의 집안일 참여 모습이 구체적으로 잘 나타나 있다. 추사 집안의 한글 편지 검토 작업을 마치며, 이제 끝으로 추사 집안의 한글 편지에 나타난 남녀의 역할 및 의식을 종합적으로 정리하면서 조선 후기의 가부장제란 과연 무엇이었는지 살펴보고자 한다.

일반적으로, 조선 후기에는 전 사회적으로 가부장제가 완전히 정착하여 여성들은 집안에 유폐된 채 오로지 의복과 음식 수발 등 남성의 뒷바라지만 하면서 평생 동안 희생적인 삶을 살았던 것으로 알려져 있다. 하지만 추사 집안 여성들의 경우를 보면 실제로는 그것과 상당히 달랐다. 그들은 남편이나 아들이 지방관에 임명되면 자주 자식과 손자 등을 데리고 부임지에 따라가 생활했다. 대표적으로 추사의 조모 해평윤씨는 출가한 딸들과 손자, 손녀를 데리

마치며   289

고 큰아들 김노영의 부임지에 가서 살았다. 그 대신 서울 집에 있는 아들이나 며느리, 손자며느리 등에게 끊임없이 편지를 보내 안부를 묻고 각종의 집안일을 처리하곤 했다.

해평윤씨는 추사 집안의 여가장으로서 의식주 등 갖가지 집안 살림을 주관했다. 가족의 의복 수발과 음식 수발, 장 담그기, 물건 보내기 등을 주관했으며, 항상 아들과 며느리, 손주들의 건강을 염려하고 그들의 생활 습관이나 인성을 교육하기도 했다. 심지어 그녀는 집안이 위기에 처했을 때, 남편 김이주가 있음에도 불구하고 자신이 직접 나서서 원만히 처리하곤 했다.

한편, 추사 집안의 한글 편지를 보면 출가외인이라는 말이 무색할 정도로 출가한 딸들이 친정과 밀접한 관련을 맺고 살아가고 있음을 확인할 수 있다. 예컨대 추사의 어머니 기계유씨나 아내 예안이씨의 경우 자주 친정에 가서 지냈는데, 그들의 친정어머니도 시집간 딸과 시댁 가족의 안위를 한없이 걱정할 뿐만 아니라 사돈집의 제수나 잔치 음식을 대신 마련해 주는 등 딸을 위해 뭐든지 하는 헌신적인 모습을 보여 주었다.

추사 집안의 한글 편지에는 소실(첩)의 역할과 지위도 구체적으로 보이는데, 그들은 추사 집안의 당당한 일원으로 살아가고 있었다. 예컨대 김노경의 소실 안동댁의 경우 한글 편지를 쓸 정도의 교양을 갖추고 있었고, 서울 장동의 월성위궁 근처에 살면서 살림이나 제사 등 집안일을 도왔다. 그래서 시어머니 해평윤씨는 기계유씨와 안동댁을 처첩으로 엄격하게 구분하지 않고 한 가족으로 대했고, 훗날 추사도 안동댁과 두 서누이들을 아주 살갑게 대했다.

이와 같이 추사 집안의 여성들은 살림 주관, 집안 단속, 자식 돌보기, 집안 행사 주관 등 다양한 역할을 수행하며 자유롭고 당당하게 살아갔다.

조선의 살림하는 남자들

조선 후기는 완고한 가부장제 사회로 남성은 사랑방에 앉아 오로지 책만 읽고, 집안일은 대부분 여성의 몫이었다고 널리 알려져 있다. 또 그러한 가부장제 의식이 현대에까지 이어져 남성은 여전히 집안일에 무관심한 채 사회 활동, 즉 밖에 나가 돈만 벌어오면 되는 것처럼 말하기도 한다.

하지만 그것은 큰 오해이고, 왜곡일 수 있다. 가부장제가 지배하는 조선 사회는 하나의 단면일 뿐, 실제 조선 후기 남성들은 학문 연마와 관직 생활 등 바깥 활동을 하면서도 부인과 집안일을 함께하고 또 매우 적극적으로 참여했다.

추사 집안의 한글 편지만 보더라도 당시 남성들은 여성들보다 오히려 더 많은 집안일에 참여했다. 추사 집안의 여성들이 의식주 등 안살림을 주관하며 출산과 육아에 집중한 반면, 남성들은 가문 관리, 아내와 아들(며느리), 손주 등 가족 돌보기, 의복과 음식 등 살림살이 관리, 기타 집안의 일꾼인 노비 관리, 제사나 혼인 등 집안 행사 주관에 이르기까지 많은 부분에 참여했다.

추사 집안의 남성들은 자기 가족과 주변의 일가친척뿐 아니라 출가한 누님이나 처가 사람들도 일일이 챙겼다. 추사의 아버지 김노경은 평소 아내 기계유씨의 부모와 형제뿐 아니라 아내의 할머니인 장조모 광산김씨와도 편지를 주고받으며 가깝게 지냈다. 또한 김노경은 이미 출가한 두 누님과도 계속 연락을 주고받으며 안부를 묻고 건강을 염려하기도 했는데, 그들은 마치 한 집에서 계속 같이 살고 있는 다정한 형제와도 같았다.

　추사 역시 집안의 종손으로서 가문 관리에 많은 신경을 써야 했다. 특히 그는 여덟 살 무렵 큰아버지 김노영의 양자가 되었기 때문에 생가(生家)의 형제들만이 아니라 양가(養家)의 다섯 누님들까지 모두 챙겨야 했다. 훗날 추사는 제주도에 유배되어 있을 때도 넷째 누님의 회갑이 다가오자 두 달 전부터 미리 아내에게 편지를 보내 회갑 준비에 대해 의논하고, 회갑이 지난 뒤에도 편지를 보내 잔치를 잘 치렀는지 묻기도 했다.

　임신과 출산, 육아는 여성의 영역에 속하지만, 조선 후기 남성들은 그 부분에 대해서도 많은 신경을 쓰며 집안의 대를 잇고자 했다. 예컨대 추사의 아버지 김노경은 평소 며느리들의 임신과 출산 및 손주 양육에 대해 많은 관심을 갖고 적극적으로 참여했다. 조선 시대 여성들에게 임신과 출산은 목숨을 담보로 하는 아주 위험한 일이었고, 의학이 발달하지 않아 유아 사망률이 매우 높았기 때문이다. 마찬가지로 추사도 두 제수씨와 며느리 등 가족들의 임신과 출산, 육아에 많은 신경을 썼다. 특히 추사는 바로 밑의 동생 김명희를 무척 아끼고 사랑했는데, 그의 자식에게도 애정을 쏟았다. 적자(嫡子)가 없어서인지, 추사는 동생 김명희의 아들을 무척이나 예뻐했다.

　조선 시대엔 의복과 음식 등 안살림은 주로 여자들의 몫이었지만, 추사 집안의 남자들은 여자들 못지않게 의복과 음식에 대해서

292

도 잘 알고 있었다. 또 옷감이나 반찬거리 등 재료를 뒷바라지했으며, 상황에 따라선 직접 옷 짓기나 요리에 참여하기도 했다.

평소 의복에 대해 잘 알았던 추사의 아버지 김노경은 며느리들에게 의복을 어떻게 지어서 보낼지 상세히 알려주곤 했다. 추사 또한 아버지 김노경처럼 의복에 대해 잘 알고 있었는데, 제주도에서 9년여 동안 유배 생활을 할 때는 자신의 의복을 직접 관리했다.

김노경은 고금도에 유배되어 있을 때 며느리들에게 편지를 보내 자신이 좋아하는 반찬거리를 손수 챙길 뿐 아니라 아들의 생일에는 직접 만두를 해 먹기도 했다. 물론 요리는 데리고 있는 노비들이 하고 자신은 지시만 했을 수도 있으나, 조선 시대 양반 사대부라고 해서 부엌일에 관여하지 않는다는 금기는 없었던 듯하다. 추사도 역시 아버지처럼 제주도에 유배되어 있을 때 자신이 직접 음식을 관리하곤 했다. 특히 추사는 그 꼼꼼한 성격만큼이나 음식도 매우 꼼꼼하게 관리했다. 그래서 아내가 보내준 음식이 혹 상하여 먹을 수 없거나 입에 맞지 않으면 모자란 부분들을 꼼꼼히 편지에 적어 보내며 다시 장만해서 보내달라고 하기도 했다.

끝으로 추사 집안의 남성들은 집안 행사 중 제사 모시는 것을 매우 중시했다. 그들은 대개 제사란 부부가 함께 준비하여 최대한 정성스럽게 지내야 한다고 생각했다. 예컨대 김노경은 관직 생활이나 유배 등으로 인해 제사에 참여하지 못하면 항상 집에 편지를 보내 원통하다고 말하곤 했다. 월성위가의 종손인 추사는 더욱 제사를 중시할 수밖에 없었다. 추사가 제주도에서 유배 생활을 할 때 아내 예안이씨가 이미 결혼한 상무를 양자로 들였는데, 이때 추사는 상무의 아내가 집에 들어오면 맨 먼저 제사의 중요성과 제사상

차리는 범절을 가르치라고 아내에게 지시했다. 실제로 추사는 조부모를 비롯한 양부모, 친부모 등 많은 제사를 지냈고, 아내가 없으면 혼자 제사를 주관하여 지내곤 했다.

　이와 같이 추사 집안의 남성들은 집안일에 적극 개입했고, 또 깊이 이해했다. 이것이 과연 추사 집안만의 특징일까? 조선 후기 남성들은 집안일에 무지하고 무관심했을 것이라는 일반적인 인식이 잘못된 것은 아닐지, 그동안 고정관념처럼 가지고 있던 우리의 인식을 되짚어 볼 필요가 있다.

조선 후기 남성의 집안일은 일상적이었다

조선 후기는 여전히 전근대 사회로 국가보다는 집안의 비중이 훨씬 컸고, 집안에서 해야 할 일들이 많았다. 당시 집안은 의식주 등 일체의 생산과 소비 활동뿐 아니라 교육과 의료, 종교, 복지, 문화 등 거의 모든 사회 활동이 이루어지는 곳이었다. 조선 시대의 집안은 오늘날 중소기업과 맞먹는 작은 사회였고, 집안일도 엄연한 사회 활동이었다. 그러므로 아무리 가부장제가 엄격한 국가라 할지라도 남성들도 늘 집안일에 신경 쓰며 적극적으로 참여하지 않을 수 없었다. 게다가 여성들의 주요 역할인 의복 수발과 음식 수발 등 안살림, 임신과 출산 및 육아는 혼자서 하기에는 너무 벅차고 시간도 많이 걸리는 일이었다. 그래서 남성들은 평소 학문과 예술, 관직 생활 같은 대외적인 활동뿐 아니라 각종 집안일까지 처리했다. 이렇게 조선 시대 집안일은 남녀 간 협력으로 이루어졌고, 어쩌면 남성이 여성보다 훨씬 많은 집안일을 수행했을 수도 있다. 다시 말해 조선 후기에 남성의 집안일은 일상이었고, 남성은 그저 집안의 대표자에 불과했지 결코 가부장적인 권력의 향유자가 아니었다.

그렇다면 오늘날 한국 사회는 어떠한가? 지금도 여전히 아내 혼자 살림과 육아, 자녀 교육뿐 아니라 사회 활동까지 감당해야 하는 불합리한 가정이 많다. 당연히 남녀 모두 자유롭고 공평하게 사회 활동과 집안일을 할 수 있어야 하며, 여성의 일-가정 양립이 중요한 만큼 남성도 일-가정 양립이 중요하다. 남성이 대외 활동뿐 아니라 집안일에도 적극적으로 참여할 때에야 비로소 우리나라의 저출산 문제도 조금은 해결의 기미가 보이지 않을까 싶다.

추사 집안 가족 연보

1758년(영조 34)	증조부모 김한신·화순옹주 사망.
1775년(영조 51)	7월 19일, 조부모 김이주·해평윤씨의 셋째 아들 김노명 사망.
1786년(정조 10, 추사 나이 1세)	6월 3일, 추사 김정희 출생.
1791년(정조 15, 추사 나이 6세)	9월, 김이주·해평윤씨의 큰아들 김노영이 황해북도 수안 군수에 제수됨. 넷째 아들이자 추사의 아버지인 김노경이 현륭원 영에 제수됨.
1792년(정조 16, 추사 나이 7세)	2월, 김노경이 첨정에 임명됨.
1793년(정조 17, 추사 나이 8세)	2월, 김노영이 황해북도 개성부 유수가 됨. 4월 12일, 김노경의 장인 유준주 사망. 1793년경, 추사가 큰아버지 김노영의 양자로 들어감.
1794년(정조 18, 추사 나이 9세)	2월 20일, 김이주·해평윤씨의 둘째 아들 김노성 사망.
1796년(정조 20, 추사 나이 11세)	8월 8일, 조모 해평윤씨 사망(68세).
1797년(정조 21, 추사 나이 12세)	7월 4일, 양부 김노영 사망. 12월 26일, 조부 김이주 사망.
1800년(정조 24, 추사 나이 15세)	추사가 한산이씨와 혼인함.
1801년(순조 1, 추사 나이 16세)	8월 21일, 어머니 기계유씨의 사망(35세).
1805년(순조 5, 추사 나이 20세)	아버지 김노경의 과거 합격. 2월 12일, 추사의 첫째 부인 한산이씨 사망.
1808년(순조 8, 추사 나이 23세)	추사가 예안이씨와 재혼함.

1809년(순조 9, 추사 나이 24세)	김노경이 동지부사로 중국에 감. 추사도 자제군관으로 동행함.
1816년(순조 16, 추사 나이 31세)	7월, 벗 김경연과 함께 북한산 순수비를 확인함. 11월, 김노경이 경상 감사에 제수됨.
1817년(순조 17, 추사 나이 32세)	4월, 추사가 경주 무장사비 조각을 찾아냄. 6월, 벗 조인영과 함께 북한산 순수비를 재조사함. 7월 12일, 추사의 서자 상우 출생.
1819년(순조 19, 추사 나이 34세)	4월, 추사가 대과에 합격함.
1822년(순조 22, 추사 나이 37세)	10월, 김노경이 동지정사로 중국에 감. 둘째 아들 김명희가 동행함.
1826년(순조 26, 추사 나이 41세)	추사가 충청우도 암행어사에 제수됨.
1828년(순조 28, 추사 나이 43세)	김노경이 평안 감사에 제수됨. 김명희가 창녕 현령에 제수됨. 김상희가 동몽교관에 제수됨. 추사와 평양 기녀 죽향의 스캔들이 불거짐.
1830년(순조 30, 추사 나이 45세)	10월, 김노경이 고금도에 유배됨.
1833년(순조 33, 추사 나이 48세)	9월 22일, 김노경이 유배에서 풀려남.
1836년(헌종 2, 추사 나이 51세)	7월, 추사가 병조참판에 제수됨.
1837년(헌종 3, 추사 나이 52세)	3월 30일, 김노경 사망(72세).
1840년(헌종 6, 추사 나이 55세)	6월, 추사가 동지부사에 제수됨. 9월, 추사가 제주도에 유배됨.
1841년(헌종 7, 추사 나이 56세)	6월 16일, 추사 양가(養家)의 넷째 누님(민치항의 처) 회갑. 7월 5일, 양가의 넷째 누님 사망. 12월경, 추사의 아내 예안이씨가 김상무를 양자로 들임.
1842년(헌종 8, 추사 나이 57세)	2월경, 김명희의 외동딸 사망. 11월 13일, 추사의 아내 예안이씨 사망(55세).
1843년(헌종 9, 추사 나이 58세)	12월 30일, 양자 김상무의 아내가 아들을 낳음.
1848년(헌종 14, 추사 나이 63세)	12월 6일, 추사가 유배에서 풀려남.
1851년(철종 2, 추사 나이 66세)	7월 22일, 추사가 함경도 북청에 1년여간 유배됨.
1856년(철종 7, 추사 나이 71세)	10월 10일, 추사 사망.

참고문헌

저서

『고어대사전』, 선문대학교 중한번역문헌연구소, 2016.

『필사본 고어대사전』, 학고방, 2010.

『한국어대사전』, 고려대학교 민족문화연구원, 2009.

『표준국어대사전』, 국립국어원, 1999.

『국어대사전』, 금성출판사, 1995.

『완당전집』 1~4, 민족문화추진회, 1989.

『조선시대 풍속화』, 국립중앙박물관, 2002.

『추사가 보낸 편지』, 추사박물관, 2014.

『추사 김정희: 학예 일치의 경지』, 추사박물관, 2006.

『추사박물관 개관도록』, 추사박물관, 2014.

황문환·임치균 외, 『조선시대 한글편지 판독자료집』 2, 역락, 2013.

황문환·임치균 외, 『조선시대 한글편지 판독자료집』 3, 역락, 2013.

강창훈, 『추사 김정희, 글씨로 세상에 이름을 떨치다』, 사계절, 2015

김일근, 『언간의 연구』, 건국대학교출판부, 1998.

박동춘, 『추사와 초의』, 이른아침, 2014.

백승종, 『조선의 아버지들』, 사우, 2016.

석한남, 『다산과 추사, 유배를 즐기다』, 시루, 2017.

심현섭 외, 『추사 가문 글씨의 위상』, 추사박물관, 2017.

유홍준, 『완당평전』 1~3, 학고재, 2002.

유홍준, 『추사 김정희』, 창비, 2018.

이충구 역주, 『추사 친필 동몽선습』, 추사박물관, 2015.

정창권, 『조선의 부부에게 사랑법을 묻다』, 푸른역사, 2015.

최완수, 『추사 명품』, 현암사, 2017.

최완수 역, 『추사집』, 현암사, 2014.

최준호, 『추사, 명호처럼 살다』, 아미재, 2012.

후지츠카 치카시 지음, 후지츠카 아키나오 엮음, 윤철규, 이충구, 김규선 옮김, 『추사 김정희 연구』, 과천문화원, 2009.

논문

김기현, 「추사 산문에 나타난 부부상」, 『고전문학연구』 4, 한국고전문학회, 1988.

김일근·황문환, 「김노경이 아내와 어머니에게 보내는 편지」, 『문헌과 해석』 5, 문헌과해석사, 1998년 겨울호.

김일근·황문환, 「어머니 해평윤씨가 아들 김노경에게 보내는 편지」, 『문헌과 해석』 6, 문헌과해석사, 1999년 봄호.

김일근·황문환, 「김상희가 아내와 누이에게 보내는 편지」, 『문헌과 해석』 7, 문헌과해석사, 1999년 여름호.

김일근·황문환, 「서제 김관제가 적형 김한제에게 보내는 편지」, 『문헌과 해석』 9, 문헌과해석사, 1999년 겨울호.

김일근·황문환, 「아내 기계유씨가 남편 김노경에게 보내는 편지」, 『문헌과 해석』 10, 문헌과해석사, 2000년 봄호.

박주, 「영조의 딸 열녀 화순옹주의 삶과 죽음」, 『한국사상과 문화』 64집, 한국사상

　문화학회, 2012.

박철상, 「추사 김정희 간찰의 정리방안 모색」, 『추사의 편지와 그림』, 추사박물관, 2013.

박철상, 「완당평전, 무엇이 문제인가?」, 『문헌과 해석』 21, 문헌과해석사, 2002년 겨울호.

배영환, 「언간에 나타난 경어법과 관련된 몇가지 문제」, 『영주어문』 29, 영주어문학회, 2015.

송수영, 「추사 김정희 연구자료의 고찰과 제언」, 『서예학연구』 19, 한국서예학회, 2011.

양순필, 「추사 김정희의 한문서한고」, 『탐라문화』 9집, 제주대학교 탐라문화연구소, 1989.

윤치부, 「추사의 제주 유배시 한글편지 쓰기와 읽기」, 『논문집』 30, 제주교육대학교, 2001.

이병기, 「추사가 한글편지의 국어학적 고찰」, 『국어학』 66, 국어학회, 2013.

이종덕, 「추사가 한글편지에 대한 개괄적 고찰」, 『추사의 삶과 교유』, 추사박물관, 2013.

이종덕, 「추사 한글편지의 판독과 해석」, 『추사의 삶과 교유』, 추사박물관, 2013.

정창권, 「추사가 한글편지에 나타난 남성들의 살림참여 양상」, 『국어문학』 70, 국어문학회, 2019.

한창훈, 「추사 김정희의 제주유배기 언간과 그 문학적 성격」, 『제주도연구』 18, 제주도연구회, 2000.

한해혈, 「《완당척독》의 문예미」, 『한자한문교육』 39, 한국한자한문교육학회, 2016.

찾아보기

ㄱ

가족사 5, 6, 8, 27, 289
갑쇠(노비) 234, 235, 237, 259, 264,
 269, 272, 273
격쟁 125
경득(노비) 267~270
경복(노비) 85, 87~89, 91, 108, 109,
 111, 112
경호(노비) 267
고금도 123, 125, 133, 153, 293, 297
권돈인 284~286
근친 42, 47, 143, 144, 195~197, 199,
 200
기계유씨 5, 21, 23, 24, 27, 31, 41, 43,
 44, 46, 47, 49, 51, 56, 58, 62, 64,
 67, 69, 70, 72, 75, 77, 78, 81~83,
 85, 86, 88, 89, 91~93, 97, 104,
 105, 109~111, 117, 166, 177, 187,
 190, 192, 290, 291, 296
김경연 170, 297
김관제 27, 159, 162
김교희 173, 179, 200, 244, 246, 249,
 251
김노경 5, 19~21, 23, 24, 27, 31,
 40~49, 51, 52, 54~59, 61, 64, 67,
 69, 70, 72, 75, 82, 83, 85, 86, 89,
 93~105, 107~109, 111, 113~115,
 117~119, 121~123, 125~128, 130,
 131, 134~141, 143~145, 147~151,
 153, 155~157, 165~167, 169, 172,
 176, 181, 199, 204, 218, 227, 228,
 233, 283, 285, 290~293, 296, 297
김노명 20, 31~33, 59, 61, 69, 173,
 296
김노성 20, 31~33, 35~38, 44, 45, 49,
 52~55, 58, 59, 65, 68, 69, 72~74,
 99, 159, 173, 179, 212, 296
김노영 19, 20, 31, 35, 37, 40~45, 48,
 49, 51, 53~55, 57, 58, 60, 62, 63,
 69, 72, 73, 77~79, 99, 101, 102,
 117, 119, 136, 159, 166, 185, 199,
 244, 246, 290, 292, 296
김노직 31~33, 36~39, 54
김명희 75, 82, 93, 118, 119, 122, 131,
 133, 136, 138, 150, 151~153, 157,
 173, 197, 200, 203, 205, 207, 208,
 213~215, 221, 223, 228, 230, 234,
 238, 239, 244, 246, 251, 254, 256,
 258, 261, 264, 265, 269, 270, 272,

280, 287, 292, 297

김상무 20, 253, 258, 263, 265, 268, 269, 279, 281, 283, 293, 297

김상우 167, 168, 181, 222, 223, 233, 235, 249, 254, 255, 257, 258, 265, 266, 280, 297

김상희 27, 75, 77, 82, 93, 119, 121, 122, 127, 128, 131, 134, 135, 145, 148~153, 155~158, 173, 175, 178, 185, 195, 197, 205, 207, 213, 215, 229, 234, 249, 272, 273, 297

김우명 123

김이주 20~22, 31, 32, 40, 67, 70, 72, 92, 93, 117, 148, 149, 159, 166, 290, 296

김한신 15~22, 28, 32, 171, 296

김한제 19, 20, 159, 161, 162, 283

김흥경 15, 20

깨끼적삼 62~64, 67, 68

꽉쇠 119, 131, 139, 143~145, 147, 157

꽉이 119, 121, 122, 126, 127, 129, 135

꽉출 119, 121, 122, 205

ㄴ

내행 173, 193

노인잔치 70~72, 74

ㄷ

담바고 58, 60~62

대정현 216~222, 275, 284

덕년(노비) 137, 138, 141, 142

두창 89

등거리 230

등전밀 21, 95

ㅁ

만두 133, 134, 293

만열이 179, 181, 183, 184, 194

명필 21, 23, 82

무쇠(노비) 235, 237

민어 229, 231, 241, 243, 245, 250, 251, 265, 266

ㅂ

발기 73, 74, 114, 115, 155

복학(학질, 말라리아) 52

북어 128~130, 227

비통 269, 271, 280

ㅅ

서송 170

서자 159, 162, 167, 208, 222, 223, 233, 235, 249, 251, 254, 255, 265, 266, 280, 297

성득(노비) 127~130, 147

시절병(전염병) 259, 264

ㅇ

안동대 49, 51, 59, 61, 64, 65, 67, 69, 70, 72, 93, 117, 141, 145, 156, 157, 177, 179, 181, 184, 186, 187, 190,

194, 215, 216, 290

양재완 228, 230, 234, 235, 237

어란 229, 243, 245, 246

여성사 6, 27

영생 모 178, 179, 181~183

예안이씨 5, 20, 23, 24, 126, 128, 130, 131, 138, 140, 141, 143~145, 153, 155, 157, 165, 167, 172, 175, 185, 187, 196, 199, 204, 208, 211, 218, 231, 247, 255, 275, 280, 283, 290, 293, 296, 297

온양 140, 145, 165, 167, 181, 182, 185, 186, 196, 200, 201, 204, 250, 251

옹방강 170

완원 170

월성위궁 15, 16, 20, 32, 39, 51, 67, 85, 101, 166, 290

위리안치 218, 219, 275

유계환 48, 49, 92, 110

유준주 41, 42, 46~49, 75, 82, 83, 86, 91, 92, 104, 296

윤득(노비) 57, 62

윤득화 31

윤상도 125, 218

의복 수발 107, 126, 128, 143, 158, 218, 289, 290, 294

이정원 170

이질 108, 110, 148, 156, 205, 267, 269

인절미 228, 229, 231, 237~240

ㅈ

장동 83, 85, 86, 87, 101, 166, 180,
290

점동(노비) 60, 67

젓무우 225, 238, 245

정인 44, 45, 59, 114

정조 18, 29, 41, 42, 166, 296

조강 170

조인영 171, 218, 219, 284, 297

주학년 169, 170

죽향 210~212, 297

중배끼 268

중치막 191, 192

ㅊ

참외 182~184

창동 41, 46, 48, 49, 65, 67, 73, 91

창의 105

천담복 111~113

첩(소실) 24, 49, 51, 61, 64, 67, 70, 93, 117, 141, 145, 156, 157, 167, 178, 179, 181~183, 191, 192, 208, 290

청연공주 29, 30

초의 선사 219, 279

총총 73, 119, 141, 177, 185, 187, 193, 207, 209, 215

최희 67, 98~100, 102, 103

침채 133, 223, 225, 229, 245, 254

ㅍ

풍천임씨 165, 197, 199, 253, 257, 263, 265, 279~281

ㅎ

학질(말라리아) 52, 54, 89, 91, 92,
　104, 178, 241, 243, 244, 246, 267,
　269
한산이씨(추사의 외조모) 27, 75, 77,
　78, 80~82, 109
한산이씨(추사의 장모) 140, 145, 204
한산이씨(추사의 첫째 부인) 20, 167,
　208, 296
한의(노비) 235, 237, 240, 256, 259,
　261

해평윤씨 21, 23, 24, 27, 31~33,
　36~49, 51, 52, 54~56, 58, 61~64,
　67~72, 74, 77~80, 82, 83, 85, 87,
　89, 91, 93, 98, 100, 101, 103, 111,
　114, 115, 117, 159, 166, 189, 289,
　290, 296
허련 164, 236, 284
현륭원 41, 42, 83, 86, 89, 93, 101,
　104, 107, 111, 113, 114, 296
혜경궁 홍씨 27~30, 42
화순옹주 16~20, 27~30, 32, 296
황육(소고기) 77~79